박정희와 유신체제

박정희와 유신체제

초판 1쇄 발행 | 2006년 12월 4일

지은이 | 김행선
펴낸이 | 윤관백
편　집 | 이혜영
표　지 | 서혜미
교정·교열 | 김은혜·이수정
펴낸곳 |

등　록 | 제5-77호(1998. 11. 4)
주　소 | 서울시 마포구 마포동 324-1 곶마루B/D 1층
전　화 | 02) 718-6252/6257
팩　스 | 02) 718-6253
Home | www.suninbook.com
E-mail | sunin72@chol.com

인　쇄 | 한성인쇄
제　본 | 바다제책

정가·14,000원
ISBN 89-5933-066-3　93900

· 저자와의 협의에 의해 인지 생략.
· 잘못된 책은 바꾸어 드립니다.

박정희와 유신체제

책을 펴내며

　『박정희와 유신체제』라는 저서를 출간하게 된 계기는 우선 그간 출간한 한국현대사에 관한 책들의 후속편으로 집필한 것이라 할 수 있지만, 무엇보다도 한국현대사를 전공하는 연구자로서 박정희 시대를 짚고 넘어가지 않으면 안 된다는 생각에서였다. 그만큼 박정희 시대는 한국현대사에 있어서 긍정적인 의미에서건 부정적인 의미에서건 중요한 위치를 차지하고 있기 때문이다. 특히 박정희 정권의 절정이라 할 수 있는 유신체제는 독재정치의 상징이자 자유와 인권문제의 억압적 체제로서 각인되어 왔지만, 박정희 시대에 이룩된 경제성장으로 인해 아직까지도 그의 신화는 계속되고 있다. 더욱이 그의 신화는 신화로서 그치는 것이 아니라 그의 딸인 박근혜가 한나라당의 대표로 활약한 바 있으며, 더 나아가 대권에도 도전함으로써 지속되고 있다. 또한 그의 새마을운동은 중국의 농촌개혁운동의 모델이 되고 있고, 박정희는 한국경제를 이룩해 낸 영웅적 지도자로서 다른 나라에서도 그가 이룬 경제성장 모델을 연구하고 있다.

본인은 유신체제가 시작되던 1973년 고려대학교 불어불문학과에 입학하여 1977년에 졸업을 했기 때문에 온전히 유신체제기에 대학을 다닌 유신체제의 피해자이기도 하다. 1973년부터 1975년 사이에 유신체제에 저항하는 학생들의 데모가 그치지 않아서 대학시절 공부했던 기억보다는 어영부영하며 지냈던 기억이 더 많다. 그 당시 학생들은 데모를 하거나 이에 소극적으로 참여하거나 혹은 이에 참여하지 않았던 학생들로 나뉘어져 있었다. 그러나 데모에 참여하지 않은 학생들도 나름대로 부채를 짊어진 채 역사와 인생에 있어서 고민을 많이 했다.

특히 1975년 4월 데모를 벌이고 있던 고려대학교에 휴교를 명했을 때 우리는 망연자실하며 폐쇄된 교문을 바라보고 학교 주변에서 서성거리곤 했다. 군인들이 학교에 진주하고 있었고, 닭장 차들이 학교 정문 앞에 세워져 있었던 살벌함이 아직도 기억에 생생하다. 당시 데모를 하지 않았어도 우리는 정부 차원에서 데모방지를 위해 들여 온 실존주의와 허무주의에 매료되어 까뮈와 싸르트르 및 니체의 저서들을 읽고, 인생과 역사의 실존과 허무에 대해 고민했다. 때문에 대학시절의 방황과 혼돈은 유신체제기 대학생활을 하던 학생들에게 특히 심하게 나타났던 것이 아닐까 한다. 본인은 당시 불문학을 전공하고 있었기 때문에 특히 실존주의와 허무주의의 영향에 깊숙이 빠져 들어갔다. 더구나 그때 까뮈를 전공하고 고려대학교 교수로 들어오신 김화영 교수님의 인기는 대단했으며, 그분의 학문적 영향을 깊이 받게 되었다. 그리하여 본인은 무신론자 및 허무주의자가 되어 대학시절을 그야말로 허무하게 보내고 말았다.

본인은 지금보다 더 나은 삶을 살 수 있을 가능성이 잘못된 대학시절에 꺾이고 말았다는 생각을 자주 한다. 그리고 그 폐해의 근원을 유신체제에 있다고 보고 있으므로, 본인은 비록 유신체제에 저항하는 데모에 참여하여 피해를 보지는 않았지만 유신체제의 간접적인 피해자임을 고백하지 않을 수 없다. 유신시대의 사회적 불안과 좌절감, 패배의식과 허무주의, 염세주의 및 부정적인 사고방식, 무기력 등은 유신체제의 또 다른 폐해였다 유신체제는 그 체제를 합리화시키는 통치이념으로 대중들을 세뇌시키면서도, 또 한편으로는 대중들과 학생들에게 아무런 희망도 주지 못한 채 허무주의, 염세주의, 부정적 사고방식, 좌절감, 무기력, 불안감 등을 심어주었던 것이다.

그 당시에 쓴 본인의 낡은 일기 노트를 꺼내어 감회에 젖은 채 읽었다. 그 일기 안에서 동아일보가 박정희 정권으로부터 핍박을 받았을 때 큰 언니의 심부름으로 본인이 동아일보 격려 광고를 낸 것을 알았다. 그때 격려 광고를 내고 일기에 쓴 것이 "무기력이란 가장 비겁한 자기도피, 무관심이란 가장 비겁한 현실도피"라는 구절이었다. 그때 돌아가신 큰 언니가 "너는 왜 그렇게도 무기력 하냐? 너의 친구들과 함께 동아를 도와라. 자유를 위해 싸워!"라고 말했는데, 큰 언니의 그 같은 말은 당시 본인의 무기력한 정신상태에 일침을 가한 것이었다. 그리하여 본인은 지금 속죄하는 마음으로 박정희와 유신체제에 관한 저서를 출간하여 유신체제의 통치이념과 그 실상을 밝히고, 유신체제에 동원된 학성단체인 학도호국단을 고찰하고자 한다.

한편 본인은 비록 민주화는 어느 정도 이루어져 참여정부까지

들어서게 된 이 시대에도 경제문제로 인해 또다시 희망 없이 살고 있는 학생들에게 희망과 용기를 주기 위해 이 책을 쓰게 되었다. 특히 2006년도 새학기에 본인의 조카가 고려대학교에 입학했다. 그래서 우리 조카를 비롯한 학생들이 보다 긍정적이고 적극적인 사고방식으로, 삶을 기쁨과 감사함으로 살기 바라는 마음에서 미력하나마 이 책을 출간하게 된 것이다.

토인비는 역사나 인생에 있어서 생명의 본질이란 도전에 대한 응전이며, 발육정지되거나 불구화된 사회를 다시 일으켜 세워 올바른 미래사회로 나아가게끔 하는 인간의 자기결정 능력에 있다고 밝힌 바 있다. 이러한 인간의 자기결정 능력은 바로 인생을 적극적이고 낙관적으로 살아갈 때 얻을 수 있는 것이다. 특히 인생이나 역사에 있어서 방향감각을 찾는 것이 중요한데, 그러한 방향감각은 바로 미래사회, 미래인생에 대한 적극적이고 긍정적인 발전 가능성에 대한 확신에서 온다. 그리고 그러한 확신은 미래에 대한 장기적인 시야를 갖는 데서 올 수 있다.

본인은 사랑하는 조카나 이 땅의 젊은이들이 보다 적극적이고 긍정적인 자세로 자신의 인생과 역사를 개척해 나가기를 바란다. E.H. 카아는 "진보를 믿는다는 것은 인간능력의 진보적인 발전을 믿는 것을 뜻한다. 진보의 끝에 대한 지표는 우리들이 나아감에 따라 비로소 시야에 들어오게 된다"고 하면서, 진보의 개념을 이렇게 정의하고 있다. "진보란, 말 그대로 계속 움직이는 것 - 인간이 신념을 가지고 노력할 가치가 있다고 생각된 목적을 향한 의식적인 움직임이다."

사랑하는 조카와 젊은이들이여! 그대들이 힘들고 어려움에 처할지라도 두려워 마시고 계속 움직이십시오. 푯대를 세우고, 목표를 향해 나아가십시오. 그대들은 젊고 용기있는 자들입니다. 그대들의 작은 힘으로 그대들의 인생과 역사를 바꾸어 나가십시오. 다음과 같은 이사야 41장 10절을 우리 젊은이들에게 주는 복음의 말씀으로 삼고자 한다.

"두려워 말라. 내가 너와 함께 함이니라. 놀라지 말라. 나는 네 하나님이 됨이니라. 내가 너를 굳세게 하리라. 참으로 너를 도와주리라. 참으로 나의 의로운 오른손으로 너를 붙들리라."

끝으로 이 책을 쓰는 데 영감을 주시고 출간하게 해 주신 예수님께 감사드리며, 사랑하는 노모와 돌아가신 큰 언니의 영혼에 이 책을 바친다. 특히 큰 언니가 하나님 곁으로 가신 후 우리 형제들이 더욱 하나님의 믿음 안에서 서로 사랑하며 살아갈 수 있게 되어 하나님께 감사드리며, 홀로 외롭게 살아가시는 큰 형부의 안위와 행복을 기도드린다. 그리고 상업성이 없음에도 불구하고 한국현대사에 대한 사명감을 가지고 이 분야의 책들을 출판하시며, 이 책을 출간하는 데 선뜻 응해 주신 선인문화사의 윤관백 사장님과 책의 편집 디자인을 맡아주신 이혜영 선생님을 비롯한 출판사 직원들에게도 감사를 보낸다. 그리고 본인에게 역사학을 통해 제2의 인생을 살게 해 주신 강만길 교수님과 유영익 교수님에게 감사드린다.

차례

책을 펴내며 ‖ 5

제1장 유신체제의 통치이념 ‖ 13
1. 머리말 ‖ 13
2. 유신체제의 성립배경 ‖ 24
    1) 국외적 상황 ‖ 24
    2) 국내적 상황 ‖ 36
3. 유신체제의 통치이념 ‖ 62
    1) 평화통일 ‖ 62
    2) 국력의 배양과 총력안보 ‖ 74
    3) 한국적 민주주의 ‖ 96
    4) 성장주의 ‖ 105
    5) 주체적 민족사관의 정립과 민족문화의 창달 ‖ 113
    6) 사회혁신 ‖ 127
    7) 복지국가 건설 ‖ 137
4. 맺음말 ‖ 142
▶ 참고문헌 ‖ 152

제2장 유신체제기 학도호국단의 조직과 활동 ‖ 159

1. 머리말 ‖ 159

2. 학도호국단의 조직배경 ‖ 163

    1) 인지(印支)사태 ‖ 163

    2) 반유신체제 저항운동 ‖ 168

3. 학도호국단의 조직 ‖ 202

    1) 결성 ‖ 202

    2) 학도호국단의 설치령 ‖ 206

4. 학도호국단의 활동 ‖ 229

    1) 국가안보의식의 강화 ‖ 233

    2) 면학학풍의 조성 ‖ 236

    3) 군사훈련 ‖ 241

    4) 새마을운동 및 사회봉사활동 ‖ 252

    5) 서클활동 ‖ 259

    6) 문제점 ‖ 262

5. 총학생회의 부활 ‖ 271

6. 맺음말 ‖ 275

  ▶ 참고문헌 ‖ 283

찾아보기 ‖ 287

제1장 유신체제의 통치이념

1. 머리말

한국 근현대사를 둘러싼 논쟁의 중심에는 항상 박정희(朴正熙)가 있다. 친일파, 한국 현대사에서 군부의 역할, 경제발전의 공과과, 한일국교정상화, 베트남 파병, 각종 인권탄압, 지역감정 같은 해묵은 쟁점에서 그는 약방의 감초처럼 등장한다. 그는 전현직 대통령을 대상으로 한 인기도 조사에서 50%를 훨씬 넘는 수치로 수위를 차지하기도 한다.1) 그리하여 박정희 신화는 오늘날까지도 계속되고 있다. 4·19를 미완성의 혁명으로 만들고 통치 18년간 독재정권을 수립해 인권을 탄압하고 자유를 억압했음에도 불구하고 그의 통치는 그가 이룩한 경제성장으로 정당화되고 있다. 즉 박정희 체제는 개발과 독재가 공존했던 체제이다. 그리고 개발과 독재가 공존했기 때문에 경제성장을 위해서는 어느 정도 독재가 필요했다는 '필요악' 논리가 의외로 설득력을 갖고 학계에 확산되고 있다. 그리하여 박정희 시대에 대한 재평가와 그를 둘러싼 논쟁이 계속되

---

1) 김일영, 「박정희 시대 연구의 쟁점과 과제」, 정성화 편, 『박정희 시대 연구의 쟁점과 과제』(선인, 2005), 11~12쪽.

고 있는 것이다.2)

　일반적으로 기존 연구들은 박정희 시대(1961~1979)를 여러 시기로 구분한다. 두 시기로 구분하는 연구들은 유신을 기준으로 전반부와 후반부로 또는 제3공화국과 제4공화국으로 구분하고 양자의 단절성을 강조한다. 또한 박정희 시대를 다음과 같이 나누기도 한다. 첫째로 군정기와 민간정부로서 유신 이전과 유신 이후로 나누는 견해와, 둘째로 군정기(1961~1963)와 유사 민정기(1964~1972)와 유신기(1973~1979), 셋째로 주도세력과 정치지향을 중심으로 교도적 민족주의(1962~1967)와 산업화 민족주의(1967~1972)와 국가 민족주의(1970년대 후반), 넷째로 정치체제와 경제발전의 유형을 중심으로 군정시기(1961~1963)와 제한적 민주주의(1963~1967)와 권위주의 이행기(1968~1971) 그리고 권위주의 시기(1972~1979)로 나누기도 한다. 마지막으로 국가성격적 측면에서 국가재건시기(1961~1963), 조국근대화시기(1964~1971), 국민총화시기(1972~1979)로 나누기도 한다.3)0

　이러한 시기구분에서 박정희에 의해 단행된 유신체제란 1971년 12월 6일의 국가비상사태 선언에서부터 1972년 말 유신헌법의

---

2) 이에 대한 논문은 다음과 같다. 황대권, 「지금도 계속되는 박정희 패러다임」, 『창작과 비평』 128, 2005 여름; 조석권, 「박정희 신화와 박정희 체제」, 같은 잡지; 백낙청, 「박정희 시대를 어떻게 생각할까」, 같은 잡지; 「박정희 정권 18년을 재평가한다」, 『역사비평』 23, 1993 겨울; 류상영, 「박정희와 그 시대를 넘기 위하여」, 한국정치학회 편, 『박정희를 넘어서』(푸른 숲, 1998); 정해구, 「박정희 신드롬의 양상과 성격」, 한국정치학회 편, 『박정희를 넘어서』(푸른 숲, 1998); 김일영, 「박정희 체제 18년 어떻게 평가할 것인가」, 『계간 사상』 1995 겨울; 조희연, 「박정희 시대의 강압과 동의」, 『대중독재』 2(책세상, 2005); 조희연, 「박정희 체제의 복합성과 모순성」, 『대중독재』 2(책세상, 2005); 임지현·이상록, 「대중독재와 포스트파시즘」, 『대중독재』 2(책세상, 2005).
3) 전재호, 「박정희 체제의 민족주의 연구」(서강대학교 대학원 정치외교학과 박사학위논문, 1997), 50~58쪽.

제안 및 선포에 이르기까지 일련의 조치들을 통하여 성립되어 1979년 10월 26일 박정희 살해사건까지 지속되었던 지배체제를 일컫는다. 박정희는 1972년 10월 17일 대통령 특별선언의 형식으로 기존 헌법을 폐지하고 국회를 해산하여 대중들에게 강압적인 정치체제를 받아들이도록 강요했다. 무엇보다도 유신체제는 1972년 이전까지 적어도 형식적으로나마 존속했던 경쟁적 선거를 통한 정권교체의 가능성을 제도적으로 원천 봉쇄했다.[4]

이러한 유신체제와 민주주의의 관계에 대해서는 당시 기존의 정치학자의 입장에서 세 가지 각도로 고찰되어 왔다. 첫째는 유신정치는 민주주의와는 전혀 무관하다는 입장이다. 더 심하게 말한다면 유신정치는 민주주의의 부정이요, 종말이라고 보는 비관주의적 관점이다. 둘째는 유신정치는 민주정치체제가 너포하는 취약성을 보강하기 위한 하나의 비상수단이라는 현실주의적 관점이다. 셋째는 유신정치는 한국민주주의의 원동력이요, 출발점이라는 낙관주의적 관점이다.[5] 유신체제가 반민주주의라는 입장의 경우 오늘날 유신체제의 성격을 아르헨티나의 정치학자 오도넬(G. O'Donnell)이 1973년에 발표한 관료적 권위주의론을 원용하여 '권위주의'라고 규정하거나, 또는 '독재'라고 규정하거나, '종속적' 내지 '신식민지적 파시즘'으로 규정하고 있다.[6] 특히 김세균은 유신체제를 한

---

4) 최경숙, 『한국현대사의 이해』(부산외국어대학교 출판부, 2001), 271~272쪽.
5) 한승조, 「민주주의와 유신정치」, 『정경연구』 136, 1976.5, 70쪽.
6) 임현진·송호근, 「박정희체제의 지배이데올로기」, 역사문제연구소 편, 『한국정치의 지배이데올로기와 대항이데올로기』(역사비평사, 1994), 171쪽; 유신체제를 독재로 규정하고 있는 연구자는 최장집, 이수인, 고성국, 정관용, 이병천 등이다. 최장집, 「한국국가의 성격」, 『한국민주주의의 이론』(한길사, 1993); 최장집, 「한국국가와 그 형태변화에 대한 이론적 접근」, 한국산업사회연구회 편, 『경제와 사회』 4(이론과 실천, 1989 겨울); 이수인·고성국·정관용, 『한국정치의 구조와 진로』(실천문학사, 1990); 이병천, 「개발독재의 정치경제학과 한국의 경험」, 이병천 엮

국적 파시즘체제의 가장 완성된 형태로 규정하기도 한다. 유신체제를 한국적 파시즘체제의 완성된 형태라고 하는 것은 그 체제가 한국사회의 독점자본주의적 발전을 폭력적·억압적으로 뒷받침하는 정치체제로 기능할 뿐만 아니라, 민주공화국의 형태 유지가 부여한 제약을 최종적으로 벗겨버리고 파시즘체제에 걸맞는 제도적·법적 형태들을 완비한 군부 파시즘체제였다는 것, 더 나아가 유신체제가 그 나름의 고유하고 정당한 논리 및 통일주체국민회의와 유정회 같은 유신 주도세력의 장기집권을 가능케 하는 그 나름의 고유한 제도적 틀을 갖춘 체제로 나타났기 때문이라는 것이다.7) 그러나 유신체제의 성격에 관한 이러한 논쟁도 중요하지만 실제 유신체제에 대한 보다 역사적이고 객관적인 규명이 필요하다고 하겠다.

음, 『개방독재와 박정희 시대』(창비, 2003); 유신체제를 권위주의로 규정하고 있는 연구자는 한배호, 한용원, 강민, 정연택, 한상진, 김태일, 김영명, 유영옥, 유영재, 최완규 등이다. 한배호, 『한국의 정치과정과 변화』(법문사, 1993); 한용원, 『한국의 군부정치』(대왕사, 1993); 강민, 「관료적 권위주의의 한국적 생성」, 『한국정치학회보』 17(한국정치학회, 1983); 정연택, 「관료적 권위주의 체제의 성립과정과 원인분석」(고려대학교 행정학과 석사학위논문, 1984); 한상진, 「관료적 권위주의와 한국사회」, 서울대학교 사회학연구회 편, 『한국사회의 전통과 변화』(법문사, 1983); 김태일, 「권위주의 체제 등장 원인에 관한 사례연구」, 최장집 편, 『한국자본주의와 국가』(한울, 1985); 김영명, 「한국의 정치변동과 유신체제」, 한국정치학회 편, 『현대한국정치와 국가』(법문사, 1986); 유영옥, 「관료적 권위주의의 조직체로서 유신체제의 등장배경과 성립과정 분석」, 『한성대학교 논문집』 13, 1989.12; 유영재, 「유신체제의 성립원인에 관한 연구」(한양대학교 정치외교학과 석사학위논문, 1984); 최완규, 「유신권위주의체제의 성립요인에 관한 연구」(경희대학교 정치학 박사학위논문, 1986); 유신체제를 파시즘으로 규정하고 있는 연구자는 김세균, 이성형, 송주명, 조희연, 조형제 등이다. 김세균, 「한국에서의 민주주의 논의에 대한 비판적 검토」, 『사회비평』 6(나남, 1991); 김세균, 「한국적 민주주의」, 『역사비평』 47, 1999 여름; 이성형, 「신식민지파시즘론의 이론구조」, 『현실과 과학』 2(새길, 1988); 송주명, 「신식민지파시즘론의 테제들」, 한국산업사회연구회 편, 『경제화 사회』 1989 겨울; 조희연, 『현대 한국 사회운동과 조직』(한울, 1993); 조형제, 「한국국가에 대한 신식민지파시즘론의 적용」, 한국산업사회연구회 편, 『경제와 사회』 1989 겨울.
7) 김세균, 「한국적 민주주의」, 앞의 잡지, 290·295쪽.

왜냐하면 유신체제가 성립되었을 때 대중들은 이 가혹한 체제의 성립 앞에서 항거 한번 제대로 하지 못하였다 그 이유는 무엇이었을까? 이에 대해 이종석은 분단상황과 연결해서 남한에서는 북한의 남침 가능성에 대한 실제적인 두려움이 있었고, 정치권력은 그것을 사회동원화에 이용하고 나아가 권력의 안정화에 이용했다고 설명하고 있다.8) 그러나 이 외에도 당시 대중들이 유신체제에 즉각적으로 저항하지 않은 이유는 바로 유신체저를 성립시키면서 이를 정당화시키기 위해 박정희 정권이 제시한 통치이념에서 찾을 수 있다. 이런 점에서 정해구는 오늘날까지도 박정희 신드롬이 양상 되는 현상은 박정희 시대에 공유되었던 지배적인 통치이념을 대체할 수 있는 새로운 패러다임 구축에 실패함으로써 야기된 현상으로 보기도 한다.9)

박정희 정권이 제시한 유신체제의 통치이념은 바로 유신체제를 정당화시키고 안정화시키는 데 중요한 역할을 했다. 통치이념은 정치권력 스스로가 정당성을 얻기 위해 내놓은 정치이념으로서 통치자가 제시하는 이데올로기이기 때문이다.10) 즉 유신체제의 통치이념은 사람들이 유신체제에 집결하도록 만들어 그 시대를 이끌어가는 구심적 역할을 했던 것이다.

유신체제의 통치이념에 관한 연구는 우선 윤정원에 의한 「유신체제의 총화이데올로기에 관한 연구」가 있다. 이 논문은 그동안 유신체제에 대한 논의가 그것의 강압적 속성에만 치우친 점을 보완하기 위해 그것의 이데올로기적 특성에 초점을 맞추어 분석한 것

---

8) 이종석, 「유신체제의 형성과 분단구조」, 이병천 엮음, 앞의 책, 279쪽.
9) 정해구, 「박정희 신드롬의 양상과 성격」, 앞의 책, 65쪽.
10) 탁희정, 「유신시대 박정희 통치이념의 역할」(성신여자대학교 정치외교학과 석사학위논문, 2002), 15 · 17쪽.

이다. 이 글에서는 유신체제의 이데올로기를 '총화이데올로기'라고 칭하고 '총화이데올로기'가 어떻게 형성되고 전개되었으며, 변화되었는가를 중점적으로 고찰하여 유신체제에 대한 이해의 폭을 넓히려고 했다. 그리고 '총화이데올로기'의 부분적 범주로서 국민총화론, 한국적 민주주의론, 민족주체론을 살펴보고 있다.11) 그러나 이 논문은 유신체제의 통치이념을 단순히 '총화'라는 개념으로 묶어서 통찰하고 있다는 점에서 유신체제의 통치이념에 대한 보다 구체적인 분석과 더불어 유신체제 통치층의 자기 정당화 논리가 명확하게 드러나지 못하고 있다.

이 밖에도 탁희정의 「유신시대 박정희 통치이념의 역할」에 관한 논문이 있다. 이 논문은 유신체제기 통치이념을 반공주의, 한국적 민주주의, 성장주의, 민족주의로 규정하고 이 네 가지 통치이념이 유신체제를 안정화시키고, 유신을 정당화시키는 수단으로 이용되었음을 고찰하고 있다.12)

또한 박정희 시대의 전반적인 통치이념에 대한 연구로서는 전재호의 「박정희 체제의 민족주의 연구」라는 박사학위논문과 이우영의 「박정희 통치이념의 지식사회학적 연구」라는 박사학위논문 및 구경서의 「박정희 정치연설 연구」라는 박사학위논문이 있다. 이밖에도 리우 쑨 따에 의한 『박정희 대통령의 통치철학』이라는 저서가 있다.13) 전재호는 박정희 체제가 자신의 지배담론을 어떻게

---

11) 윤정원, 「유신체제의 총화이데올로기에 관한 연구」(서울대 대학원 정치학 석사학위논문, 1989).
12) 탁희정, 앞의 논문.
13) 전재호, 앞의 논문; 이우영, 「박정희 통치이념의 지식사회학적 연구」(연세대학교 사회학과 박사학위논문, 1991); 구경서, 「박정희 정치연설 연구」(건국대학교 정치학과 박사학위논문, 1998); 리우 쑨 따, 『박정희 대통령의 통치철학』(크라운출판사, 2002).

민족주의 담론으로 생산했는가를 분석하고 있다. 이를 위해 박정희 체제의 정책 목표들의 변화추이를 통해 박정희 시기를 구분하고 정책목표에 담겨 있는 지배담론을 추출하고 있으며, 이 담론의 내용과 구호가 시기별로 어떻게 변화했는지를 검토하고 있다. 그 결과 전재호는 박정희 체제의 지배담론으로서 반공주의, 경제발전, 민주주의, 국민총화를 제시하고 있다. 또한 이우영은 박정희의 통치이념을 민족주의, 성장주의 그리고 집권주의로 파악하고 있으며, 이러한 이념들을 사회적 지식현상의 하나로 보고 통치이념에 영향을 미치고 있는 사회적 조건으로서 박정희의 개인적 배경과 사상적 배경 그리고 박정희가 살았던 시기 한국사회의 사회경제적 배경을 연관하여 박정희의 통치이념의 성격을 규명하는 것을 논문의 목적으로 하고 있다. 그리고 구경서는 정치지도자와 대중들 간의 정치적 커뮤니케이션을 절실히 필요로 하는 현대국가의 정치적 환경 속에서 매스 미디어를 통한 정치연설은 정치지도자 또는 정부가 의도하는 방향으로 대중들을 유도하기 위한 중요한 수단으로 작용한다는 점에 착안하여 박정희의 정치연설을 탐색하고 있다. 그 결과 구경서는 박정희가 정치연설 중 군사정부에서는 민주질서 및 체제구축을 강조했고, 제3공화국에서는 조국근대화를 강조했으며, 유신체제에서는 조국통일을 가장 많이 전파했고, 경제목표는 전 시대를 통해 가장 많이 강조하였다고 주장했다. 그리고 그는 박정희가 이러한 정치연설을 통해 첫째로 대중들을 설득하여 의식 일체화를 시도하면서 동시에 정치적 지배의 공고화를 구축하고자 했으며, 둘째로 각종의 정치연설을 통해 정치체제 존환에 따른 정치적 정당성과 정치권력의 정통성 확보를 시도했으며 셋째로 권력획득과 유지 그리고 권력연장에 대한 지지를 획득하려 했다고 주장했다. 또한 리우 쑨 따의 저서는 박정희를 긍정적으로 평가하여 박정희 정권의 입장을 대변하고 있는 듯한 책이다. 따라서 박정희의 통치철학에 대한 객관적인 평가가 결여되어 있다.

한편 김종호 역시 연구범위를 1960년대와 1970년대를 대상으로 하여 박정희 정권 전반에 관한 이데올로기를 분석하면서 유신체제 통치이념의 형성과 작용에 관해 고찰하고 있다. 그의 논문에서는 유신체제의 통치이념을 반공이데올로기, 발전이데올로기, 한국적 민주주의로 나누어 분석하고 있으며, 이것이 당시 한국사회 및 세계체제에 작용하여 어떠한 영향을 미쳤는지를 규명하고 있다.14) 그리고 임현진·송호근은 박정희 체제의 지배이데올로기를 규명하는 의미는 박정희 정권의 권력유지와 재생산을 위한 지배관계를 지속시키는 데 봉사하는 방식을 고찰하는 것이라고 하면서 박정희 체제의 지배이데올로기는 반공주의, 성장주의, 권위주의라는 세 개의 이념적 요소로 구성되어 있다고 했다. 특히 이들은 반공이데올로기는 여타의 지배이데올로기가 취약해지는 상황에서 초래될 지배체제에 대한 위기국면을 대사회통제력의 물리적 정당화를 통해 파국적으로 종결되지 않도록 하는 최후의 안전판으로 작용했다고 주장했다.15)

그러나 이 논문들은 박정희 체제의 전반적인 성격의 변화에 초점을 맞추어 분석한 결과 유신체제의 통치이념에 대한 집중적인 분석은 하지 못하고 있다. 따라서 유신체제의 성격이 잘 드러나지 못하고 있다. 특히 이들 논문에서 강조하는 반공주의는 냉전체제하에서의 통치이념이었지, 유신체제기 당시 남북한의 '평화적인 통일'을 강조하는 분위기 속에서는 전면적으로 부각되지 않은 통치이념

---

14) 김종호, 「유신체제 통치이념의 형성과 작용」(경북대학교 정치학 박사학위논문, 1996).
15) 임현진·송호근, 「박정희 체제의 지배이데올로기」, 역사문제연구소 편, 앞의 책.

이었다. 유신체제의 통치이념은 기존의 통치이념과는 달리 대중들에게 식상한 반공주의보다는 보다 설득력 있는 강력한 명분을 제시해 주는 것이어야 했기 때문이다.

또한 이들 논문에는 유신체제의 통치이념이 지니고 있는 자체 논리의 정당성에 관한 과학적인 분석이 없다. 즉 기존의 연구들은 유신체제의 역동성을 간과하고 있다. 앞서 언급했듯이 박정희에 대해서는 상반되는 평가가 상존하고 있으며 오늘날까지도 그의 독재성을 인정하면서도 긍정적으로 평가하는 경향이 있다. 그것은 그가 경제적인 신화를 이루어냈다는 데 그 배경이 있지만 박정희 정권이 끊임없이 대중들을 상대로 유신체제의 정당성, 다시 말해 통치이념을 부각시킴으로써 대중들을 탈정치화시키고 있었기 때문이다. 즉 대중부문은 자체의 독자적인 조직기반과 커뮤니케이션의 체계를 가지고 기존의 사회질서를 위협하는 세력으로 등장할 수 있는 가능성이 봉쇄되었던 것이다.16)

그리하여 유신체제의 붕괴는 한국의 기본적인 정권구조나 국가의 성격, 사회체제의 구조를 바꾸어 놓지 못했다. 그것은 비록 후술하는 바와 같이 유신체제에 대한 학생층과 종교계 및 야당과 재야세력의 저항운동이 있었지만 이는 베트남의 공산화 이후 움츠러들었고, 궁극적으로 유신체제의 붕괴가 대중들의 정치연합세력의 대공세로 이루어진 것이 아니라 이러한 공세에 영향을 받긴 했으나 정권 내의 분열로 인한 집권자의 피살에 의한 것이었기 때문이

---

16) 한상진은 이에 대해 유신체제하에서 형식적인 민주주의 체제마저 부정되거나 수정됨으로써 민중부문이 정치과정에 접근할 수 있는 통로와 수단들이 차단되어 정치과정으로부터 배제되었다고 설명하고 있다. 특히 집권층이 이미 정보력과 강제력의 면에서 민중부문을 통제할 수 있는 힘을 충분히 신장시켰기 때문에 유신체제가 성립되었다고 말하고 있다. 한상진, 「관료적 권위주의와 한국사회」, 앞의 책, 282~283・285쪽.

다. 다시 말해 쓰러진 것은 개인적 독재자이지 유신체제의 기본구조는 아니었던 것이다.17) 그 결과 유신체제의 붕괴는 새로운 정치체제의 등장을 가져오지 못했고, 같은 군부 내 세력에 의해 군사정권이 또다시 들어서게 되었던 것이다. 이후 대중들의 민주화 투쟁에 의해서 문민정부, 국민의 정부, 참여정부 등이 들어섰지만 한국사회에서 박정희 정권에 의해 확실하게 구축된 보수층의 뿌리는 강고했다. 그 결과 5·31 지방선거 결과가 한나라당의 압승으로 나타나게 되었던 것이다. 이는 노무현 정권의 무능에 대한 대중들의 심판이기도 했지만 그동안 침체해 있던 보수층의 화려한 승리이기도 했다.

요컨대 유신체제의 통치이념에 관한 연구의 목적과 필요성은 박정희 정권의 장기독재가 어떻게 가능할 수 있었는가를 밝히는 데 있다. 즉 박정희 정권이 제시한 유신체제의 통치이념을 보다 객관적으로 분석함으로써 유신체제의 정당성과 존립이념을 규명하여 유신체제가 대중적 지지를 확보해 나갔던 자기논리를 도출하고자 한다. 이에 본 저서에서는 당시 박정희의 연설문과 담화, 정부기관의 논설, 정부의 기관지인 서울신문의 기사 등을 중심으로 유신체제의 성립배경18)과 박정희 정권이 제시한 유신체제의 통치이념에

---

17) 김영명, 「한국의 정치변동과 유신체제」, 앞의 책, 402쪽.
18) 유신체제의 수립원인에 관한 연구성과와 그 분석은 김영순, 「유신체제의 수립 원인에 관한 연구」(서울대학교 정치학 석사학위논문, 1988) 참고; 유신체제의 성립에 대해서는 대체로 한국자본주의의 구조적 모순, 특히 차관경제의 위기와 중화학공업화로의 심화 필요성이 원인이라는 '경제결정론적' 시각과 박정희의 장기집권 의욕 등 정치적 요인이 결정적이었다는 '정치결정론적' 시각이 맞서고 있다. 즉 오도넬의 관료적 권위주의 모델을 원용하여 유신체제의 수립원인을 찾는 견해는 사회·경제적 변화의 결정론적 견해를 대변하고 있다. 즉 산업화 과정에서 산업구조의 수직적 통합이 이루어지지 못하면 만성적 인프레와 국제수지의 위기가 발생하게 되며, 이와 같은 인플레와 국제수지의 위기는 사회·정치적 혼란의 원인이 된다는 것이다. 따라서 민중주의적 사회·정치세력에 의해 야기된

관해 구체적으로 살펴보기로 하겠다.

또 한편 유신체제의 통치이념에 대한 고찰은 박정희 신화의 허구성을 깨고 박정희 정권의 실체를 규명해내는 데 있다. 즉 박정희 정권이 제시한 유신체제의 통치이념의 실과 허를 엄정하게 규명함으로써 일정 정도 대중동원과 통제가 가능했던 이데올로기 측면과 함께 그 허구성을 밝혀 유신체제의 실체를 고찰하고자 한다. 이러한 작업은 박정희 정권에 대한 보다 객관적이고 역사적인 평가를 위한 작업의 일환이자 1970년대 반유신체제 민주화 운동의 역사적 배경을 규명하는 선행작업이 될 것이며, 더 나아가 앞으로 21세기 동아시아의 평화를 구축하기 위해 동아시아 3국의 열려진 민주주의와 민족주의의 필요성을 환기시켜 줄 것이다.

정체와 위기를 극복하기 위해 억압적이고 강력한 관료적 권위주의 체제가 등장한다는 것이다. 이러한 경제적 결정론과는 달리 정치적 결정론의 이론은 과대성장국가론에서 잘 나타나고 있다. 이 이론은 제3공화국의 권위주의적 유산이 사회·경제적 요인보다는 폭력의 독점이나 정보통제능력의 독점과정을 통한 국가권력기구의 비대화 현상에서 비롯된 것이라고 보고 있다. 따라서 유신체제는 제3공화국의 사회·경제적 위기에서 결과되었다기 보다는 정치체제의 위기에서 만들어진 체제변혁이라고 해석하고 있는 것이다. 장달중, 「제3공화국과 권위주의적 근대화」, 한국정치학회 편, 『현대 한국정치론』(법문사, 1987), 225~226·244~245쪽; 과대성장국가론의 입장은 박광주, 「국가론을 통한 한국정치의 패러다임 모색」, 『현상과 인식』 9집 2호, 1985 여름; 최장집, 「과대성장국가의 형성과 정치균열의 구조」, 『한국사회연구』 3, 1985; 그리고 장달중, 「경제성장과 정치변화」, 한국사회과학협의회 편, 『한국사회의 변화와 문제』(법문사, 1986) 등이다.

2. 유신체제의 성립배경

1) 국외적 상황

유신체제의 성립배경에 대해 당시 문화공보부에서 간행한 10월 유신 홍보자료에 의하면 다음과 같이 설명되어 있다.[19]

"개인이나 국가가 그의 생존과 발전을 위해서 스스로의 활로를 개척하려는 노력을 기울이는 것은 지극히 당연한 일이다. 따라서 내외적 상황이 생존권을 위협하는 어려운 요인으로 전환된다든지 또는 그 위협이 가중되어 자체의 역량이 그러한 내외적 위협요인을 극복할 수 없게 될 경우 그를 극복하기 위한 자체 역량의 배양과 태세 정비를 서두르는 것 또한 당연한 일이다. 개인이나 국가가 스스로 그러한 노력을 하지 않는다거나 또는 할 수 없을 때 그 결과는 오직 죽음과 멸망이 있을 뿐이다. 우리 민족은 5천년의 역사를 통해 대소간에 200여 회에 걸쳐 외침을 받아 왔다. 우리의 태세가 잘 갖추어져 있고 힘이 있을 때는 어떠한 외난도 능히 물리치고 생존권을 유지하고 민족적 발전을 견지하였지마는 우리의 힘이 약하고 대비가 소홀할 때는 갖은 민족적 수난을 면할 수 없었다. 이것은 우리가 역사를 통해 얻은 값진 교훈이다. 이제 외부적 상황이 우리에게 예측할 수 없는 위협적 요인으로 전개되고 있다. 그리고 그것은 날이 갈수록 더욱 세차게 또한 급격하게 우리를 위협하는 작용을 더해 가고 있다. 그럼에도 불구하고 우리 자체의 태세는 그에 대처하기에 너무나 미흡한 점이 한 두가지가 아니다. 그러므로 적어도 우리에게 자기생존과 발전을 희구하는 강한 의지가 있다면 그를 위한 현명한 노력이 없을 수 없다. 10월 유신-이것은 바로 이러한 판단 아래 민족의 활로를 개척하기 위한 노력으로서 취해진 민족지도자의 영단인 것이다."

---

[19] 문화공보부, 『10월 유신의 의의와 전망』(문화공보부, 1972.11.10), 7~8쪽.

이처럼 박정희 정권은 10월 유신을 한반도를 둘러싼 내외적 상황, 특히 외부적 상황이 한반도의 생존권을 위협하는 상황에서 민족의 활로를 개척하기 위한 노력으로써 취해진 민족지도자의 영단이라고 지적했다.

그리고 박정희 정권은 한반도에 대한 국제정세의 위협요인이 증대되고 있는데, 그 위협은 종전의 냉전체제하에서의 정치적·사회적 체제로서는 도저히 극복할 수 없을 만큼 중압적인 것으로 보았다. 그러므로 이를 능히 극복하고 한국의 생존과 번영을 보장할 수 있는 태세확립 및 체제개혁 또한 불가피하여 10월 유신을 단행하게 되었다고 설명했다.[20]

특히 박정희는 1972년 10월 9일 제526주년 한글날을 맞이하여 담화를 발표했는데, 그 내용에서 "지금 우리 주변 정세를 살펴볼 때 이른바 주변의 열강들은 자신들의 국가이익을 추구하는데 급급한 나머지 기존의 국제질서에 커다란 변화를 가져오면서 우리에게 새로운 시련을 안겨 주고 있으며, 우리는 이를 슬기로써 극복해야 할 중대한 시점에 처해 있다"고 언급한 바 있다.[21] 또한 그는 1972년 10월 17일 전국에 비상계엄을 선포하면서 이번 조치가 남북대화의 적극적인 전개와 주변 정세의 급변하는 사태에 능동적으로 대처하기 위한 일대 유신적 개혁이라고 말하고, 이는 결코 한낱 정권의 입장에서가 아니라 국권을 수호하고 영광스러운 통일과 중흥을 이룩하려는 실로 우리 민족의 운명과도 직결되는 불가피한 조치라고 강조했다.[22] 이처럼 당시 박정희는 급변하는 국제정세와 남북문제의 새로운 국면을 맞이하여 효율적인 대응태세를 정비하

---

20) 같은 책, 15쪽.
21) 「국제질서 변화의 시련」, 『서울신문』 1972.10.9.
22) 「전국에 비상계엄선포」, 같은 신문, 1972.10.18.

려는 고차원적인 의도를 바탕으로 10월 유신을 단행하게 되었음을 주장하고 있다.

구체적으로 박정희는 기존의 미·소 냉전체제가 와해됨으로써 긴장완화를 가져오고 있지만 이러한 긴장완화의 본질은 열강들의 또 하나의 새로운 문제해결 방식에 지나지 않으며, 긴장완화라는 이름 밑에 이른바 열강들이 제3국이나 중소국가들을 희생의 제물로 삼는 일이 충분히 있을 수 있다는 점을 경계해야 한다고 주장했다.23) 즉 과거 냉전체제하에서는 자유진영 속에서의 유대를 굳게 유지하는 것으로서 우리의 안전을 기하고 국가이익을 신장할 수 있었지만, 이제는 강대국들이 그들의 이익, 그들의 이기주의를 중심으로 외교를 펴는 시대가 되었고, 강대국 외교의 틈바구니에서는 약소국가들의 권익이 흔히 소홀하게 되며, 또 그 운명이 강대국 외교의 거센 바람 앞에 휘둘리기가 쉽다는 것이다. 특히 한국은 일본·중공·소련 등 강대국가들의 이해관계가 교차하는 지점에 있기 때문에 강대국 외교에서 민감한 영향을 받지 않을 수 없다고 보았다. 이에 차차 쓸모 없이 되어 가는 체제의 정비와 혁신이 필요하게 되었다는 것이다.24)

1970년대에 들어서면서 한반도를 둘러싼 국제정치상황은 과거의 미·소를 중심으로 한 양극화의 냉전체제가 해빙되고 평화공존을 모색하는 과정에서 미·소·일·중공을 중심으로 한 다원화체제로 진전되었다. 특히 한국과 함께 제2차 세계대전 후 타의에 의해 분단된 서독의 브란트(Willy Brandt) 수상이 동독과의 회담을 추진하고, 1970년에 두 차례에 걸친 동·서독 수상회담을 열었을 때 박정희는 서독의 과감한 동방정책과 동독과의 협상이 장차 한국

---

23)「박대통령 10·17특별선언 전문」, 같은 신문, 1972.10.18.
24)「민주적 일체화 체제로의 새 전기」, 같은 신문, 1972.10.18.

과 북한과의 관계개선, 더 나아가 남북통일에 참고가 될 것이라 생각하고 큰 관심을 가지고 예의 주시했으며, 비서실에 대해 가급적 많은 정보를 수집해서 올리라는 지시를 내렸다.25)

또한 1970년 2월 10일에 선언된 닉슨 독트린(Nixon Doctrine)은 미국이 과거와 같이 세계경찰로서의 역할을 더 이상 수행하지 않겠다는 것이었기 때문에 그때까지 한미안보협력체제가 국가안보의 관건이었던 한국으로서는 이에 당황하지 않을 수 없었다. 북한·소련·중공과의 군사동맹 강화, 그리고 북한의 남침 위험성 가중은 한반도에 위기를 조성했다. 그리하여 주변 국제정세의 해빙무드에도 불구하고 유독 한반도에서는 긴장이 고조되어 이른바 평화의 사각지대를 형성했다.26)

그리하여 박정희는 국제정세의 격동과 긴장완화 기운의 고조시기에 우리는 어떻게 대처해 나가야 하는가에 대해 골똘히 생각하기 시작했다.27) 그는 "중공은 점증하는 국제적 비중을 배경으로 그 영향력을 강화해 나가고 있으며, 소련은 전통적인 극동진출의 꿈을 버리지 않고 있고, 미국은 불개입 원칙의 정책기조에 따라 아시아에서 점차 물러서려 하고 있는 등 심상치 않은 변화의 물결이 우리들 주변에 일어나고 있는 것입니다. 이러한 변화는 우리의 가상 적국들이 이 지역에 힘의 진공상태가 생겼고, 공산세력이 자유진영에 비해서 상대적으로 힘의 우위의 입장에 올라섰다고 그릇 판단하기 쉬운 소지를 가지고 있다는 점에서 우리의 국가안보에 일대 시련을 던져 주고있는 것입니다. 더욱이 모든 전쟁준비를 완료하고 초조하

---

25) 김정렴, 『아, 박정희』(중앙M&B, 1997), 149~150쪽.
26) 조영석, 「10월 유신의 결정요인에 관한 연구」, 『혜전전문대학논문집』 7, 1989.7, 44쪽.
27) 김정렴, 앞의 책, 151쪽.

게 무력적화통일의 기회만을 노리고 있는 북한공산집단이 이러한 정세를 오판한 나머지 또다시 6·25 동란과 같은 참화를 일으킬 가능성이 많다는 것을 고려한다면 올해부터 앞으로 2, 3년간이 국가안보상 중대한 시기가 될 것입니다"라고 주장했다.28)

특히 박정희 정권은 냉전체제의 기둥이 되어 온 미·소의 화해, 적대관계에 있었던 미·중공의 접근과 일·중공의 수교, 상호 간 우방관계에 있었던 소·중공의 반목 등 양극 대립의 냉전체제가 다극화하여 화해·공존체제로 이행되고, 더구나 각기 열강들이 실리추구를 위한 치열한 경쟁을 벌이게 된 현실은 확실히 우리에게는 새로운 도전적 요인이라고 보았으며, 이러한 외부적 위협을 직감하고 있는 우리가 그에 능동적으로 대처하기 위해 자체의 활로를 모색하는 노력으로서 태세를 정비, 강화해야 함은 지극히 필요하고 또한 타당하다고 주장했다.29)

이처럼 동북아시아에서의 정세변화는 강대국이 자국의 실리를 추구하기 위해서 한국을 고립화시킬 우려가 있으며, 이러한 가운데 남북한 간의 균형이 와해되어 북한의 전쟁도발이 있을지도 모른다는 우려를 낳게 하는 요인이 되기에 이르고, 결과적으로는 한국에 체제변혁이 필요하다는 주장의 근거로 이용되기에 이르렀다. 여기서 살펴볼 수 있는 것은 강대국 간의 긴장완화가 전통적인 세력균형상태를 변경시킴으로써 약소국의 안보에 위협을 줄 수 있을 뿐만 아니라 강대국들이 약소국의 이익을 희생하면서까지도 자국의 실리만을 추구할지도 모른다는 인식이다. 이러한 인식은 미국과 일본이 중공과의 관계개선을 촉진하기 위하여 남한에 불리한 막후협상을 전개하지 않을까 하는 우려에서 기인된 것이라 볼 수 있다.

---

28) 박정희대통령 연설문선집, 『평화통일의 대도』(대통령비서실, 1976), 27~28쪽.
29) 문화공보부, 『10월 유신의 의의와 전망』, 22쪽.

이와 같은 인식과 더불어 긴장완화 추세 속에서 약소국 간의 분쟁 등에 강대국이 개입을 회피하리라는 점을 이용하여 북한이 대남도발을 자행할지 모른다는 판단이 당시의 긴장완화가 오히려 한국의 국가안보를 위태롭게 할지 모른다는 우려를 낳게 했던 것이다. 이와 같은 인식은 어느 정도 타당하다고 인정되어 일반대중들에게도 적지 않은 설득력을 갖게 되었던 것이다.30)

요컨대 박정희 정권은 전후의 냉전체제가 화해, 평화공존체제로 급선회하는 국제정세에 능동적으로 적응하기 위해서는 냉전시대의 구체제로는 한국의 생존과 번영을 기약할 수 없다고 하면서 마땅히 새 시대에 대처해 나갈 새로운 체제를 갖추어야 한다고 주장했던 것이다.

한편 닉슨 독트린과 미·중공 관계개선으로 동북아 냉전구조가 해체됨에 따라 미국의 대한정책이 변화되어 미국은 주한미군의 철수를 선언했다. 이에 박정희 정권이 유신체제를 선포한 또 다른 이유는 주한미군의 부분철수에 있었다. 당시 닉슨 득트린의 한국화로 나타난 주한미군감축설은 1969년 6월 3일 미하원세출위원회에서 레어드(Melvin R. Laird) 미국방장관의 증언을 통해 처음으로 제기된 바 있으며, 7월 6일 실제 미국정부는 한국정부에 대해 주한미군 일부의 감축을 정식 통고했다. 이러한 미군감축설은 공산 측의 상대적 위협의 증대와 비교할 때 힘의 불균형을 불러일으킴으로써 적의 침략을 유혹하는 결과를 초래할 수 있다는 우려를 낳았다. 이것은 1950년의 애치슨(Dean Gooderham Acheson) 성명과도 같은 것으로 공산주의자들이 오산할 위험성을 그대로 갖고

---

30) 윤정원, 앞의 논문, 48~49쪽.

있는 것으로 보았다.31) 그러나 이러한 철군계획에 대한 미국 정부의 방침은 확고했고, 결국 1970년 8월 27일 주한미군 1개 사단(약 2만 명)의 철수가 완료되었다. 이 과정에서 양국 정부는 주한미군감축에 따른 보완책에 대한 논의를 함께 진행시켰고, 그 결과 미국은 지상군 감축에 대한 보상으로 한국군의 현대화를 위해 향후 5년간 10~15억 달러의 군사원조 제공을 약속했다.32)

그럼에도 불구하고 주한미군의 철수가 박정희 정권에 미친 영향은 무엇보다도 안보위기감의 고조였다. 6·25 전쟁의 종식 이후 20여 년간 한국의 방위와 안보에 있어 중추적 역할을 수행했던 주한미군의 일부 철수는 냉전적 분단구조 아래에서 반공의 첨병으로 미국의 강력한 보호와 지원을 받아 온 박정희 정권에게 큰 충격을 주었다. 이와 더불어 중공과의 관계개선과 대만과의 외교단절이라는 미국의 새로운 외교정책에 의해 한국도 미국의 세계적 전략구도에서 차지하는 비중이 달라짐에 따라 언제라도 베트남이나 대만처럼 방기될 수 있다는 현실적 인식을 갖은 박정희 정권의 위기감은 한층 더 고조되었던 것이다.33) 더 나아가 당시 잇따른 북한의 도발과 미군철수설로 6·25 전쟁의 재판이 오지 않을까 우려하는 대중들이 많았다.34)

이러한 국제정세의 변화 속에서 한반도에도 역시 남북 간의 평화적 통일과 남북대화의 문제가 대두되었다. 당시 박정희 정권은 "우리에게는 남다른 문제, 즉 민족의 자주적 평화통일을 달성하기 위해 남북대화를 성공적으로 추진해야 할 민족적 과제가 있다. 동

---

31) 『동아일보』 1970.5.30, 7.8~7.9.
32) 김영순, 앞의 논문, 50쪽.
33) 김종호, 앞의 논문, 115·117쪽.
34) 『동아일보』 1970.6.30.

족이면서도 서로 대치해서 동족상잔의 비극을 겪고 드높은 장벽으로 서로를 가로막고 날카롭게 대립했던 남과 북이 대화를 통해 민족의 동질성을 회복한다는 것은 이만 저만 어려운 문제가 아니다. 종래의 무력대결시대의 체제로는 도저히 그 지난한 과업을 성취시킬 수는 없다. 더구나 북은 우리와는 다른 판이한 사상과 사회제도로 근 30년간 주민의 의식구조마저 뒤바꾸었기 때문에 민족의식이나 국가관, 역사관과 세계관을 비롯한 모든 가치관이 우리와는 너무나 다르며, 사회구조 역시 조직화되어 비조직사회인 우리와는 엄청나게 다르다. 그러한 상대와 대화를 성공적으로 추진하기 위해서는 그를 뒷받침할 수 있게끔 우리의 체제를 정비·강화하지 않으면 안 된다"라고 주장했다.35)

이처럼 박정희 정권은 위와 같은 국제정세의 변화 속에서 남북통일의 문제는 종래와 같은 무력대결로는 도저히 이룩될 수 없다고 보았다. 그리하여 박정희는 국제정세의 변화에 적극적이고 능동적으로 대처하며 남북대화를 더욱 굳게 뒷받침할 수 있는 체제의 정비가 시급하다고 보았다. 특히 우리 헌법과 각종 법령 그리고 현 체제는 동서양극체제하의 냉전시대에 만들어졌고, 하물며 남북의 대화 같은 것은 전연 예상치도 못했던 시기에 제정된 것이기 때문에 오늘과 같은 국면에 처해서는 마땅히 이에 적응할 수 있는 새로운 체제로의 일대 유신적 개혁이 있어야 하겠다고 표명했다.36) 더

---

35) 문화공보부, 『10월 유신의 의의와 전망』, 10~11쪽; 이러한 남북대화의 강조는 1960년대 말에 청와대 기습을 목표로 하는 1·21 사태와 미해군 정보 수집함 프에블로호 납북사건, 그리고 울진, 삼척지구의 공비침투사건, KAL기 납북사건 등 북한의 호전성을 나타내는 일련의 사건이 연속하여 발발함으로써 남북분단이 주는 긴장이 더욱 고조되었음에도 불구하고 진행되었다는 점에서 주목할 만하다. 정연택, 앞의 논문, 90쪽.
36) 「10월 17일 대통령특별선언」, 『동아일보』 1972.10.18.

나아가 기존의 헌법은 냉전시대의 역사적 배경 위에 북진통일론이 저류에 깔려 있었음을 부정할 수 없다는 것이다. 그러나 남북대화가 시작되고 평화적이며 선의의 경쟁시대에 접어든 오늘의 내외정세에서 통일방향의 일대 전환을 단행하고, 평화통일에의 지향을 제도적으로 정립하지 않으면 안 될 단계에 왔다고 보았다.37)

뿐만 아니라 타율에 의한 조국의 분단은 우리에게 이질적 체제를 가진 동포와의 대화를 통한 조국의 평화적 통일에의 역사적 사명을 부여하고 있다는 것이다. 이러한 현실에 대처하고 조국의 평화적 통일의 신성한 사명을 완수하기 위해서는 체제를 효율적으로 정비·강화하고 민족의 총력을 집결할 수 있는 그 어떠한 혁신적 조치가 취해지지 않으면 안 된다고 보았다. 그러나 현행 헌법의 정치체제에 있어서는 모방적·서구적·민주주의적 정치체제에 대한 미숙과 그 과도한 권력분립의 원리에서 오는 비능률화로 인하여 응당 집결되어야 할 국민의 역량은 분산되고, 추구되어야 할 능률의 극대화는 저해되고 말았다는 것이다. 물론 우리 헌법의 기본적 질서에 속하는 자유민주주의적 정치체제가 개인의 자유와 사회의 발전을 위한 최량의 정치체제임에는 틀림없으나, 현재와 같이 대내외적으로 긴박한 비상적 사태에 있어서 서구적 민주주의의 이념에 충실한 현행 헌법의 국가적 기구가 그 운용에 대한 미숙과 오해에서 낭비와 비능률의 대명사로 전락될 때에는 조국의 평화통일이 지연됨은 물론 마땅히 수호되어야할 자유민주주의 자체 마저 그 투쟁의 대상인 독재주의적 정치체제에 의해 정복되게 된다는 것이다. 즉 민족의 생존과 국가의 안전, 자유민주주의의 수호, 조국의 평화적 통일을 위해서는 새로운 헌법의 개정이 불가피하다는 것이

---

37) 「유신헌법 안에 담긴 의지」, 『서울신문』 1972.11.1.

다.38) 그리하여 박정희가 10월 유신을 선포하게 된 배경에 대해서 당시 헌법학자들의 견해는 1970년대에 접어들면서 한국을 둘러싼 주위의 국제정세가 돌변했다는 점과 조국의 통일문제가 한민족에게 지난한 과제로 등장했기 때문이라는 데 거의 일치하고 있었다.39)

특히 박정희를 비롯한 유신체제 수립의 주역들이 이 체제의 명분론적 근거로서 가장 중시한 것 중의 하나가 바로 남북대화였다. 유신체제 출범의 시점을 남북대화의 진행시기에 맞춘 것은 헌정을 중단시키고 대통령의 비상조치로써 체제개혁을 단행해야만 하는 데서 올 수 있는 정당성의 위기문제를 통일이라는 명분으로 상살시키려는 의도의 일환이라고 볼 수 있다.40) 즉 한반도의 분단구조는 집권자가 분단극복을 향한 국민적 열망을 이용하여 통일 지향적 언술을 남발하는 것을 용인하고 통일을 명분으로 유신체제가 성립하는 것을 방치했던 것이다.41) 그리고 박정희 정권의 이와 같은 주장들은 실제 남북대화의 진행과 더불어 제기되었기 때문에 당시 일반대중들에게 상당한 설득력을 갖는 것이었다.

박정희는 1970년 8월 15일의 광복절 경축사에서 북한이 무력도발을 포기한다면 북한과 평화적 교섭을 벌일 용의가 있음을 밝혔다. 그 후 1971년 8월 12일에는 대한적십자사가 남북적십자회담을 제의함에 따라 역사적인 남북적십자회담이 진행되었다. 그리고 1972년 7월 4일에는 자주적인 조국통일, 평화적인 방법에 의한 통일, 사상과 이념 및 제도의 차이를 초월한 민족적 대단결 도

---

38) 「헌법개정안 무엇이 담겼나」, 같은 신문, 1972.10.27.
39) 김승환, 「유신헌법 하에서의 헌법학 이론」, 『JURIST』 386(청림인터렉티브, 2002. 11), 100쪽.
40) 최완규, 앞의 논문, 122~123쪽.
41) 이종석, 「유신체제의 형성과 분단구조」, 앞의 책, 250쪽.

모를 내용으로 하는 7·4 남북공동성명이 발표되어 남북조절위원회가 설치되고 남북한의 평화적 교섭이 구체화되었다.42)

　　이러한 남북대화는 유신체제의 성립에 큰 영향을 미쳤던 것이다. 박정희 측근 인사들은 대체로 유신체제의 발상이 남북대화에서 크게 영향을 받았다고 회고하고 있다. 당시 대통령 비서실장을 지낸 김정렴(金正濂)은 박정희가 유신을 하게 된 결정적 요인을 남북적십자회담 과정에서 찾고 있다. 즉 북한과 대화를 시작해 놓고 남과 북의 체제를 비교해 보니 앞으로 북한 공산주의자들과 대화를 지속적으로 해 나가고 교류를 하는 데 있어서 우리의 서구식 자유민주주의 체제에는 여러 가지 취약점이 많다는 것을 발견했고, 더 나아가 북한의 예비회담 대표일행이 처음 서울에 왔을 때 우리 측 대표나 만찬 등에 초대된 우리 측 인사들은 기탄 없이 자기 의견을 제시하며 서로 다른 목소리를 내는 데 비해 북측 대표들은 누구를 막론하고 하는 얘기가 똑같았다는 것이다. 또 박정희 대통령도 비밀리에 청와대를 방문한 북한의 박성철 부수상이 수첩을 꺼내놓고 적혀 있는 대로 끝인사말까지 낭독하는 것을 보고 김일성의 유일체제가 얼마나 강한지 체험했다는 것이다. 그리하여 이렇게 유일성이 강한 북한 공산정권과 대화나 협상을 국가적으로 유리하게 끌어나가기 위해서는 국내결속이 필요하고 국내결속을 다지기 위해서는 체제를 강화해야 한다는 체제개편의 필요성이 관계당국에 의해서 제기되었고, 이 중에서 박정희는 중앙정보부장의 건의에 찬의를 표했다고 한다.43)

　　그리고 박정희는 1972년 10월 17일 비상조치를 선언하면서 조

---

42) 조영석, 앞의 논고, 44쪽.
43) 김정렴, 앞의 책, 165~168쪽; 이종석, 「유신체제의 형성과 분단구조」, 앞의 책, 277쪽.

국의 통일과 번영을 바라는 국민들은 이러한 비상조치를 지지할 것으로 믿으며, 그러나 만일 국민이 비상조치에 다른 헌법개정안에 찬성하지 않는다면 이것을 남북대화를 원하지 않는 것으로 받아들이고 조국통일에 대한 새로운 방안을 모색할 것임을 부언했다.44) 이는 대중들의 최대 염원인 남북통일문제를 담보로 비상대권과 정권안보를 도모한 것이기도 했다.

그리하여 박정희의 특별선언이 있자 방일 중이던 김대중(金大中)은 "이것은 통일을 사칭해서 박대통령 자신의 독재적 영구집권을 꾀하는 것으로서 완전한 헌법위반이다. 한국 내에서의 민주주의적 역량의 성장을 통해 남북통일을 성취하려는 국민의 염원을 짓밟는 행위이다"라고 비판했던 것이다.45)

이처럼 박정희 정권은 당시 한반도를 둘러싼 국제정세가 위기 상황이라고 진단하면서 세계정치의 신국면, 소위 긴장완화로 특징지어진 새로운 시대환경의 변화 속에서 자국의 안보를 위해서는 이에 적극적이고 능동적으로 대처하지 않으면 안 되고, 더 나아가서 남북통일의 문제도 냉전시대와는 달리 무력대결이 아니라 남북대화로써 풀어나가야 한다는 입장이었다. 그리하여 이러한 정세의 변화는 종래의 냉전체제로는 도저히 해결해 나갈 수 없으며 새로운 체제정비를 단행하지 않을 수 없다고 주장했던 것이다. 이로써 당시 국제정세의 변화는 박정희 정권이 단행한 유신체제에 정당성을 부여하며 한반도를 둘러싼 국제정세의 위기를 극복할 수 있는 강한 대통령제로의 요구와 이에 상응하는 헌법의 개정이 있어야 한다는 외침으로 귀착되었던 것이다. 그리고 박정희 정권은 남북대화를 적극 전개하고 나아가 통일과업을 효과적으로 수행하기 위해

---

44) 「10월 17일 대통령특별선언」, 『동아일보』 1972.10.18.
45) 리우 쑨 따, 앞의 책, 190~191쪽.

서는 체제 재정비가 필요하다고 하면서 10월 유신을 선포했던 것이다. 이는 남북통일을 담보로 박정희 정권의 영구집권을 도모한 것이기도 했지만 대중들은 박정희 정권의 이러한 홍보전략에 어느 정도 수긍함으로써 유신체제가 등장했을 때 이에 대해 즉각적인 저항을 하지 않았던 것이다.

2) 국내적 상황

한편 박정희 정권이 감지하고 있었던 것으로서 유신체제가 탄생하게 된 또 다른 배경은 국내 정치·경제상황의 불안정과 그로 인한 박정희 정권의 위기감이었다.

박정희는 5·16으로 정권을 탈취한 후 경제개발과 조국근대화를 정통성의 뿌리로 삼았다. 제3공화국은 1,2차에 걸친 경제개발계획의 성과로 상당한 지지기반을 확보했다. 그러나 그 지지기반도 무리한 삼선개헌의 추진으로 1970년대로 들어서면서 불안정한 상황이 드러났다. 그 징표는 1971년의 대통령 선거와 국회의원 선거에 그대로 나타났다. 박정희 후보는 온갖 부정과 관권을 동원했으나 김대중 후보를 94만여 표로 간신히 이겼으며, 국회의원 선거에도 야당이 개헌 저지선인 3분의 1을 넘게 확보함으로써 정상적인 방법으로는 다음 집권이 어렵다는 사실이 확인되었다. 이와 동시에 학생과 재야, 야당의 박정희 정권에 대한 도전도 거세져만 갔다.46)

1971년 제7대 대통령을 뽑는 4·27 대통령선거에서 박정희 후보는 번영·안정의 1970년대를 이룩할 것을 약속하고 우리의

---

46) 임영태, 『대한민국 50년사』(들녘, 1998), 25쪽.

운명을 4대국에 맡길 수 없으며, 부정부패는 내 손으로 근절하자는 슬로건을 내걸면서 1970년대는 희망과 동시에 큰 시련기가 될 것이라고 전망하고 정신을 똑바로 차리지 않으면 6·25같은 수난을 또다시 겪게 될 것이라고 경고했다. 반면에 김대중 후보는 정권교체로 새 자유를 약속하면서 부정부패를 없애기 위해서라도 삼선을 막아야 한다고 역설했으며, 더 나아가 향토예비군과 대학교련은 국방을 위해 필요한 것이 아니라 박정희 정권이 독재정치를 해가는 데 청년과 학생들을 군사적으로 묶기 위해 필요한 것이라고 주장했다.47) 이처럼 김대중 후보는 삼선개헌의 부당성을 비롯하여 장기집권으로 인한 박정희 정권의 부정부패와 분배정책 등을 맹렬히 비난하고 평화적 정권교체를 강조함으로써 대중들에게 상당한 호응을 받았다. 특히 1971년 4월 18일 서울 장충단공원에서 있었던 김후보의 유세에는 50만 명 이상의 청중이 운집함으로써 그의 인기는 절정에 달했다. 김후보는 서울 유세에서 이번에 정권교체를 못하면 영구집권의 총통제가 실시되어 선거도 없을 것이라고 경고했다. 또한 박정희 정권의 급속한 경제성장 정책의 추진과정에서 비교적 소외된 전라도 지역에서는 김대중 후보가 그 지역의 총아답게 박정희보다 많은 득표를 했다.48)

이처럼 야당에서 박정희가 총통제를 추진하고 있다며 종신집권 의혹을 집요하게 공격했고, 이에 따른 표 이탈은 걷잡을 수 없었다.49) 그리하여 박정희 후보는 유세에서 "이번이 대통령으로 출마하는 마지막 기회"임을 밝혀 1975년 선거에는 다시 출마하지 않을

---

47) 『동아일보』 1971.4.1, 4.12.
48) 최완규, 앞의 논문, 157~158쪽.
49) 이기훈, 「유신체제 성립의 정치적 배경과 7·4성명」, 『역사비평』 42, 1998 봄, 221~222쪽.

뜻을 분명히 하고 다음 임기 중에 부정부패를 기어이 뿌리뽑고 물러나가겠다고 약속하지 않을 수 없었다. 그는 "야당은 총통제 운운해서 내가 두 번이고 세 번이고 언제까지나 집권할 것같이 허위선전을 일삼고 있으나 삼선개헌 국민투표에 한 번만 더 할 수 있도록 여러분이 허락한 것이지 몇 번이고 해도 좋다고 지지한 것은 아닐 것이며, 여러분이 나를 다시 뽑아 주면 이 기회가 나의 마지막 정치연설이 될 것"이라고 호소했다.50) 장기집권에 대해 몰아치는 야당의 공세에 대응하여 박정희의 이러한 호소는 대중들에게 받아들여졌다.51)

그리하여 선거 결과 박정희 공화당 후보의 삼선이 확정되었다. 이에 대해 공화당에서는 안정을 희구하는 유권자들이 현 시점에서 정권교체를 바라지 않고 또 당의 방대한 조직관리가 주효해서 압승하게 됐다고 밝혔다.52) 그러나 신민당의 김대중 후보는 이번 선거가 3·15 부정선거를 무색케 하는 전면적인 부정·불법선거라고 주장하며 박정희 후보의 승리는 결코 정당한 것이 아니라고 말했다.53) 이러한 문제들은 박정희 정권의 집권기간에 드러난 주요한 부정적 측면이었으며, 그것들은 박정희 정권의 정통성을 상당부분 침식하는 것이었다.54) 더 나아가 1971년 5월 25일 제8대 국회의원 총선에서는 신민당이 예상 외로 강세를 보였다. 신민당은 서울, 부산 등 대도시에서 뿐 아니라 시골에서까지 예상 외로 호전의 진출을 보였다. 그리하여 신민당은 개헌을 저지할 수 있는 호헌선인 69석을 20석이나 넘어 89석을 획득하여 원내견제세력

---

50) 『동아일보』 1971.4.26.
51) 김정렴, 앞의 책, 42~44쪽.
52) 『동아일보』 1971.4.28.
53) 같은 신문, 1971.4.29.
54) 김태일, 「권위주의 체제 등장 원인에 관한 사례연구」, 앞의 책, 72~73쪽.

을 확보함으로써 박정희 정권의 재집권을 위한 개헌 자체를 불가능하게 만들었다. 그 결과 합법적인 방법으로는 박정희의 장기집권 의지를 현실화할 수 있는 수단을 찾을 수가 없었다.55) 특히 공화당은 정치의 중심지라고 할 수 있는 서울의 19개 의석 가운데 1개의 의석만을 차지했고, 부산에서도 전체 의석수 8개 가운데 2개만을 차지하는 참패를 당했다. 그리고 공화당의 중진인사들 가운데 상당수가 낙선의 고배를 들었다.56)

이러한 야당세력의 급격한 성장은 박정희 정권으로 하여금 대단히 큰 위기의식을 갖게 했으리라고 본다. 대통령 선거에서뿐만 아니라 국회의원 선거에서조차 야당이 급격한 세력의 신장을 보이자 박정희 정권의 위기의식은 한층 고양되었던 것이다.57) 그리하여 이번이 대통령직의 마지막이라고 호소했던 박정희 정권으로서는 정권유지를 위해 또 다른 획기적인 유신카드를 생각하지 않을 수 없었던 것이다.

한편 1960년대 산업화로 노동자계급이 크게 증가하여 노동자계층의 현저한 소요가 기존의 자본주의 구조와 지배체제를 크게 위협했다. 이들의 대표적인 시위로 1967년 광산노조의 광화문 시위, 1968년 전매철도 노동쟁의, 조선공사쟁의, 1969년 면방쟁의, 부두노조쟁의 등이 발생했고, 1970년에는 노동쟁의가 1,656건 발생했는데 이는 1969년에 비해 10배 증가한 것이다. 노동쟁의와 더불어 1970년 11월 13일 전태일 분신자살, 1971년 조선호텔 분신기도 등 노동자들의 극한투쟁이 발생했고, 1971년 9월에는 한진상사 파월 노동자들의 대한항공 빌딩 방화사건 등이 일어났다.

---

55) 『동아일보』 1971.5.26; 최완규, 앞의 논문, 154・161쪽.
56) 최완규, 같은 논문, 158쪽.
57) 김태일, 「권위주의 체제 등장 원인에 관한 사례연구」, 앞의 책, 73쪽.

이 외에도 도시빈민투쟁(1970년 와우아파트도괴사건, 1971년 광주대단지사건)과 14개 언론기관의 언론자유수호운동(1971), 사법파동(1971.7.7), 대학자유화선언운동, 실미도사건 등이 일어났다.58) 특히 전태일 분신자살사건은 그간의 노동자 계급의 상태가 어떠했는지를 목숨을 건 항쟁으로 보여줌으로써 사회전반에 비상한 충격을 주었다. 기독교운동과 재야 및 학생운동의 노동운동에 대한 관심이 급격히 고조되었고, 침묵했던 언론까지 이에 동조함으로써 비인간적인 노동자들의 생활상에 대한 사회적 관심과 정부의 노동정책에 대한 비판이 크게 고조되었던 것이다.59) 이러한 일련의 민중주의적 압력이 집권층으로 하여금 커다란 위기의식을 갖게 함으로써 이에 대한 구조적 대응으로 유신체제가 성립되었던 것이다.60)

특히 이와 같은 정치적 저항 중 가장 위협적인 것은 학생들의 지속적인 반정부 데모였다. 공화당 정권하에서 군부가 가장 중요한 지지세력이었다면 박정희 정권을 항상 불안하게 만든 중심적 반대세력이 바로 학생들이었다. 학생세력의 강력한 반정부운동은 1964년부터 1965년에 이르는 한일회담 반대와 1969년의 삼선개헌을 둘러싸고 절정에 이르렀다가 수그러진 후 다시 1971년도의 양대 선거부터 1972년도의 10월 유신 직전까지 강화되었다.61)

1969년 1월부터 시작된 삼선개헌 논란은 냉전 이데올로기에 의해 은폐되었던 군사정권의 반민주성을 보다 분명히 드러내었다. 학생들의 삼선개헌반대투쟁은 방학 전과 방학 후로 나뉘어 전개되

---

58) 최경숙, 앞의 책, 277쪽; 한용원, 앞의 책, 313쪽.
59) 김영순, 앞의 논문, 36쪽.
60) 정연택, 앞의 논문, 42쪽.
61) 조영석, 앞의 논고, 46쪽.

었다. 최초의 삼선개헌반대투쟁은 1969년 6월 12일 서울대 법대에서 5백여 명이 모여 가진 헌정수호성토대회였다. 학생운동세력 내부에서는 박정권이 삼선개헌의 움직임을 표면화할 때 반대투쟁을 벌여야 한다는 의견과 그때에는 이미 때가 늦으므로 음성적으로 진행될 때 터뜨려 여론을 환기해야 한다는 주장이 맞서다가 서울대 법대생들이 가장 먼저 투쟁의 깃발을 올린 것이었다.[62]

이처럼 6월 들어 대학생을 중심으로 대학 내에서 진행되던 헌정수호 및 개헌반대운동은 6월 27일 고려대생들의 거리 진출을 계기로 전국적으로 확산되기 시작했다.[63] 그리고 몰아치는 삼선개헌 태풍 속에서 1969년 7월 잇따른 학생데모로 서울대 문리대와 법대가 휴교에 들어간 데 이어 서울대 사대·공대·치대 등이 7월 4일 휴교했고, 5일부터 고려대, 단국대가 조기방학에 들어간 데다가 서울대 약대·가정대와 연세대, 외국어대 등이 휴강 또는 학기말 시험을 연기하여 서울시내 많은 대학이 하기방학에 들어갔다. 지방에서도 7월 5일 경북대와 전남대가 조기방학에 들어가고 광주고, 광주제일고, 조대부고, 광주농고 등이 이날부터 임시휴교령을 내리는 등 전국 대학이 여름방학을 앞당길 움직임을 보이고 있었다.[64]

학생들의 개헌반대투쟁은 2학기에 들어와 '삼선개헌반대투쟁위원회' 등을 중심으로 조직적으로 전개되었다. 1939년 8월 25일부터 다시 가두투쟁이 전개되었고,[65] 경북대학생 3백여 명은 8월 28일 삼선개헌반대성토대회를 벌였다. 이 성토대회에서 학생들은

---

62) 서중석, 「3선개헌반대, 민청학련투쟁, 반유신투쟁」, 『역사비평』 1, 1988 여름, 72쪽.
63) 김석준, 「박정희 시대 민주화 운동에 대한 고찰」, 『부산대학교 사대논문집』 38, 1999.12, 222쪽.
64) 『동아일보』 1969.7.5.
65) 서중석, 앞의 논고, 73쪽.

"학생처벌 철회하라"는 등 8개 구호를 외치며 삼선개헌반대를 위해 한사코 싸우겠다는 선언문을 낭독하고 이어서 전국 학도들과 국회에 보내는 메시지를 채택했다.66) 이에 경북대는 1969년 9월 2일 학기말 시험을 중단하고 무기휴교에 들어갔다.67) 연세대학생들 2천여 명 역시 9월 3일 13차 시국선언대회를 가졌으며, 이날 학생들은 시국선언대회에서 위정자는 "삼선개헌작업을 즉시 중지하고 민주지도자로서의 본분을 다하라. 정부 당국은 언론탄압을 즉시 중지하고 언론인은 언론의 자유를 고수하라"는 등 4개 항목의 결의문과 국회에 보내는 메시지를 채택한 후 데모에 들어갔다. 동아대도 학생들이 삼선개헌반대데모를 벌일 움직임을 보이자 9월 3일 무기휴교에 들어갔다. 이어서 대전대학, 영남대학에서도 삼선개헌에 반대하는 시위를 벌였다.68) 그리고 청주대학과 대전실업초급대학은 개헌반대 학생데모에 대비하여 1969년 9월 12일부터 무기휴강을 실시하기로 했다. 인하공대와 동부설초급대학도 학생들의 성토대회에 자극을 받아 무기휴강을 하기로 했다.69) 이 밖에도 이화여대, 전남대, 한국신학대, 부산대생들도 삼선개헌에 반대하는 시위를 전개했다.70)

이처럼 학생들은 박정희 정권의 장기독재를 획책하는 삼선개헌에 반대하는 운동을 전개하여 박정희 정권을 불안하게 만들었던 것이다. 특히 삼선개헌반대운동의 시기부터 학생운동은 박정희 정

---

66) 「경북대생들 데모」, 『동아일보』 1969.8.28.
67) 같은 신문, 1969.9.2.
68) 같은 신문, 1969.9.3.
69) 같은 신문, 1969.9.12.
70) 같은 신문, 1969.9.12; 삼선개헌반대데모에 대한 학생들의 의견을 조사한 바에 의하면 이번 데모는 학생 전체의 의견을 반영한 것이었는가에 대해 55%의 학생이 학생 전체의 의견이라고 답한 바 있다. 오병헌·고영복·이영덕, 『학생문제연구』 (유네스코한국위원회, 1970), 288쪽.

권에 대한 비판의 방향이 단순히 정치적인 것에서 사회경제적인 문제와의 결합으로 선회되었으며, 전태일 사건을 계기로 이를 좀 더 분명히 하기 시작했다. 즉 사건 직후 11월 18일 서울대 상대생 2백 여명은 노동운동과 학생운동을 결부시켜 추진해 나가기로 결의하고 근로조건 개선을 요구하며 무기한 단식농성에 들어갔다. 이는 1970년대 학생운동이 노동운동과 연계되는 최초의 사건이었다. 이어 11월 20일 서울대 법대·문리대, 이화여대, 고려대, 연세대 등에서 전태일의 추모식을 거행하고 "근로조건을 개선하라"는 결의문을 채택했다.71) 그리고 민권수호학생연맹의 준비위원회를 결성한 학생들은 수차례의 추도집회를 통해 그리고 사건의 전모와 근로자의 실태를 조사한 팜프렛 등을 통해 선전활동을 강화해 나갔다. 이들은 "이제 문제의 해결을 위해서는 단 하나 우리의 행동, 민중 속에 들어가고 민중을 조직하고 민중과 더불어 생존권 보장을 위하여 싸우는 것만이 남았다"고 주장하면서, 근로자의 인간적 삶의 기초를 보장하고 구체적 대책을 마련할 것, 근로조건의 개선과 노조결성의 자유보장, 근로기준법의 준수와 더불어 소득 불평등의 시정을 요구하면서 박정희 정권의 경제정책과 툰배정책을 격렬히 비판했고, 노동자·농민의 실태조사와 현장 참여를 통해서 학생운동과 대중운동 특히 노동운동과의 결합을 모색해 갔던 것이다.72)

또한 삼선개헌저지운동은 합법야당 조차 체제외적 경향으로 극화시켰으며, 그밖에도 지식인·종교인 다수가 모두 참가하는 대대적인 저항운동으로 발전되었다.73) 신민당은 개헌안의 국회 통과 저지를 위한 극한적인 원내 대책의 하나로 당을 해산하기로 결정

---

71) 이재오, 『해방 후 한국학생운동사』(형성사, 1984), 308~309쪽.
72) 김영순, 앞의 논문, 67쪽.
73) 김태일, 「권위주의 체제 등장 원인에 관한 사례연구」, 앞의 책, 64쪽.

하고 1969년 9월 7일 정식 해산했다. 그 결의안은 조국의 민주체제를 파탄시키는 삼선개헌을 기어코 저지하기 위해 눈물을 머금고 사랑하는 당을 바친 우리들은 무거운 책임감과 숭고한 사명감을 한층 되새기면서 다음과 같이 결의한다고 했다. 첫째, 공화당과 박정희대통령은 이제라도 삼선개헌을 즉시 철회하라. 둘째, 우리는 총력을 경주하여 삼선개헌 분쇄의 싸움을 더욱 강화한다. 우리는 먼저 개헌안이 국회에서 부결되도록 하기 위해 모든 악조건 속에서 싸우고 있는 국회의원들에게 최대의 지원을 보낸다. 셋째, 박정권은 개헌안의 강행을 위하여 민권을 억압하고 국민의 정당한 의사표시를 방해하고 있다. 우리는 이러한 ○법사태를 엄중히 규탄하며 아울러 일체의 부당한 민권강압행위를 즉시 중지할 것을 요구한다. 넷째, 박정권은 개헌안의 강행을 위하여 정부의 예산과 기재와 공무원을 불법으로 동원하고 있다. 이는 국민의 혈세와 공복을 사용하는 것으로서 명백한 범죄다. 우리는 이러한 범죄를 역사에 고발하면서 모든 양심적인 공무원이 범법행위를 거부하고 국민의 편에서 총궐기할 것을 촉구한다. 다섯째, 고난 속에서 굳게 뭉쳐 싸워 온 우리 동지들은 우리의 불가피한 당의 해체가 가져올 모든 과도적 혼란과 부작용, 그리고 악랄한 정보정치의 파괴공작을 엄중히 경계하면서 최단 시일 내에 당을 재건할 것을 다짐한다.74)

또한 1969년 9월 12일 변호사 11명은 대한변호사협회 유지일동이라는 이름으로 삼선개헌을 반대하는 호헌선언문과 국회의원들에게 보내는 메시지를 발표했다. 이들은 호헌선언문에서 삼선개헌은 헌법에 위배되고 특정인의 영도력에 의존하는 장기집권을 위한 개헌이라고 하면서 이는 있을 수 없으며, 장기집권은 부패와 독

---

74) 『동아일보』 1969.9.5, 9.8.

재가 따르기 마련이므로 헌법과 법률준수를 천부의 사명으로 하고 있는 우리 재야 법조인들은 현정권의 위헌행위를 수수방관할 수 없어 삼선개헌에 반대하고 민주헌법을 수호할 것을 선언한다고 밝혔다.75) 이처럼 학원에서뿐만 아니라 야당이나 법조계에서도 삼선개헌에 반대하는 운동을 전개하여 사회가 불안하게 되었던 것이다. 특히 학생들은 삼선개헌에 반대하는 운동을 전개하여 무기휴교 및 무기휴강에 들어가기도 했다.

더 나아가 1970년 4월 8일 서울 YMCA 8층 회의실에서 학계, 언론계, 법조계, 종교계, 문학계 등 각계를 망라한 저명인사들이 모임을 갖고 4·27 대통령 선거와 국회의원 선거에서의 공명을 다짐하는 민주수호선언을 채택하고 '민주수호국민협의회'(이하 국민협의회)를 결성하기로 합의했다. 그 후 1971년 4월 19일 서울 대성빌딩에서 각계 인사들이 모여 동단체를 결성허 민주수호선언과 결의문을 채택하고 임원구성을 했다. 그 결의문은 다음과 같다.76)

- 우리는 민주적 기본질서가 파괴된 오늘의 현실을 직시하고, 그 회복을 위해 국민의 총궐기를 촉구한다.
- 우리는 이번 양대 선거가 민주헌정사의 분수령임을 자각하여 반민주적 부정불법을 감행하는 자는 역사의 범죄자로 인정하고 이를 민족의 이름으로 규탄한다.
- 우리는 국민 각자가 이번 선거에서 권력의 압력과 금력, 기타 모든 유혹을 일축하고 신성한 주권을 엄숙히 행사할 것을 호소한다.
- 우리는 학생들의 평화적 시위를 탄압하는 정부 당국의 처사에 공분을 느끼며, 이에 엄중 항의한다.

---

75)「변호사 11명 개헌반대선언」, 같은 신문, 1969.9.12.
76) 이재오, 앞의 책, 289~291쪽.

| 제1장 | 유신체제의 통치이념

그리고 4·27 선거가 부정으로 치러지자 국민협의회는 5·25 국회의원선거 거부운동을 주선하기도 했으며 점차 민주수호운동을 전개하여 박정희 정권과 대결의 양상을 띠게 되었다.77)

이렇게 각계·각층의 인사들 역시 민주수호운동을 전개함으로써 박정희 정권과 대결하게 되었던 것이다. 특히 1971년 대통령 선거를 전후해서 삼선개헌반대 이후 또다시 대학가에서는 교련반대와 언론자유수호 등을 슬로건으로 내세운 데모가 전개되었다. 1971년 1월 정부가 교련강화교육방안을 확정하자 이에 학생운동 세력은 격렬히 반발하고 나섰다.

1971년 4월 2일 연세대생들의 교련거부 성토대회를 시발로 4월 6일 성균관대학생들의 투쟁으로 시작된 교련반대 투쟁은 전국의 각 대학으로 광범위하게 확산되어 나갔다. 즉 4월 6, 7, 8일 사흘째 고려대생을 비롯해서 서울대학교 일부 단과대학생들과 연세대생은 데모를 벌였다. 4월 8일 서울대 농대생들은 '교련강화반대 성토대회'를 갖고 교관이라는 이름의 유사정보원의 침투를 통해 학생을 철저하게 통제하고 감시하는 것을 목적으로 하는 교련강화를 반대한다고 주장했다. 4월 8일 경북대학교 총학생회도 확대간부회의를 열어 교련강화를 전면 반대하기로 결의했다. 특히 4월 9일 서울대 사범대학 학생들은 4·19 기념탑에 모여 교련반대성토대회를 가졌다. 이날 학생들은 성토대회가 끝난 후 "철폐하라 군사교육, 수호하자 학원자유"라고 쓴 플래카드를 앞세우고 교내를 맴돌다 교문을 나서 경찰과 한때 투석전을 벌였다.78) 교련반대를 외치는 학생들의 데모사태가 일주일 동안 계속되자, 서울대 문리대와 법대 등 2개 단과대학은 당분간 임시휴강을 하기로 하고 교문을

---

77) 같은 책, 293쪽.
78) 서중석, 앞의 논고, 76쪽; 김석준, 앞의 논고, 223쪽; 『동아일보』 1971.4.8, 4.9.

굳게 닫았다. 그럼에도 불구하고 성균관대학교 학생들과 고려대 학생들은 교련반대성토대회 및 민주수호선언대회를 열고 결의문을 채택했으며 국방장관에게 학원에 상주하는 현역 군인을 즉각 철수시킬 것을 요구했다.79) 특히 서울대 문리대·법대·상대·사대·공대 및 고려대, 연세대, 서강대, 성균관대 그리고 경북대, 전남대 등 11개 대학 학생대표 2백여 명은 서울대 상대 도서관에 모여 '민주수호전국청년학생연맹'을 결성하고 교련철폐운동과 공명선거 캠페인을 벌이기로 결의했다. 이날 학생대표들은 대학이 폐쇄되는 한이 있더라도 끝까지 교련철폐투쟁을 계속할 것과 공명선거를 저해하는 온갖 부정부패를 사직 당국에 고발하고 대학단위로 선거참관운동을 벌인다는 등 10개 항목의 행동강령을 채택했다.80) 이 밖에도 서울대 공대 및 교양과정부 학생들, 한국외국어대학생, 감리교 신학대학생, 한양대생, 숭전대생, 서강대생, 서울신학대학생, 경희대생, 전남대생, 서울대 약대생 및 치대생, 충남대생 등 전국 14개 대학의 학생들이 교련반대 성토대회 농성을 감행했다. 이러한 시위과정에서 학생들이 요구한 것은 대학의 자유를 짓밟는 교련철폐와 언론자유 보장, 학원사찰 중지, 교련교육을 빙자한 교관단들의 학원사찰 즉각 중단, 휴강조치 철폐 등이었다.81)

   학생들의 주장은 교련을 완화하는 것이 아니라 완전히 철폐하라는 것이었다. 당시 주요 대학의 교련수강상태를 보면 고려대의 경우 90%에 가까운 학생이 수강신청을 거부했고, 연세대는 대부분 수강신청은 했으나 1학년 10% 내외, 2학년 30~40%, 3학년 40~50% 가량 되고 있다. 서울대는 전교적으로 보아 60~70%

---

79) 『동아일보』 1971.4.13.
80) 같은 신문, 1971.4.14; 이재오, 앞의 책, 311~312쪽.
81) 『동아일보』 1971.4.15~4.16.

정도가 교련을 받고 있다고 학교당국이 밝히고 있으나 문리대·법대·상대 등에는 수강자가 거의 없는 형편이었다. 대학의 교련제도는 1969년부터 실시되어 2년 동안 주 2시간씩 예비역 교관이 실시하다가 1971년 1학기에 이를 대폭 강화, 주 3시간의 학과교육과 방학 동안의 집체교육 등 모두 71시간을 현역 교관한테 수강토록 했다. 그러나 학생들의 반발로 다시 완화되어 1971년에는 주 2시간씩의 교육을 현역 교관으로부터 받고 졸업 후 3개월간 재영기간 단축의 혜택을 받게 되었다. 당시 정부 측에서는 한국의 안보상 대학생들의 교련이 절대적으로 필요하며 교련내용을 완화했으므로 더 이상 양보할 수 없다는 방침이었다. 그러나 학생들은 정부가 대학교련을 실시하는 의도와 시기부터가 석연치 않다고 주장하고, 교련은 학원의 자율성에 어긋나고 진리탐구의 학원을 병영화하기 쉽다고 반발을 했던 것이다. 참고로 당시 군사훈련을 받지 않는 학생에겐 징집연기가 인정되지 않았고, 교양필수인 교련학점을 취득하지 않으면 졸업을 할 수 없게 되어 있었다.[82]

한편 학생들은 교련강화를 단순한 학내문제로 보지 않고 "냉전체제의 해체를 기조로 하는 세계의 대세에 역행하면서 시대착오적인 냉전체제로의 복귀를 획책하는 것"이며, "민족안보를 위한 것이 아니라 정권안보를 위한 병영국가적 통치질서의 일환"이라고 규정하고, 이는 박정희 정권이 국내적 모순을 대외적 긴장강화로 상쇄하려는 의도에서 취한 위기조작을 통한 '정권안보책'이라고 비판했다. 게다가 이들은 "오늘의 위기적 상황의 본질은 안보위기가 아니라 지배층의 부패와 타락, 특권의 확대와 민권의 위축, 부의 부당한 편재 등으로 인한 민심이반"에 있다고 공격했다. 이는 당시의

---

82) 「대학 교련」, 같은 신문, 1971.10.2.

긴장완화가 전 국민적 위기가 아니라 긴장강화를 통치의 명분으로 삼던 박정희 정권의 위기에 불과함을 폭로했던 것이다.83)

　이에 문교부에서는 휴강을 종용했다. 그리하여 서울대 약대, 감리교 신학대, 서울대 농대 등이 휴강을 했다. 그러자 1971년 4월 17일 서울대학교 총대의원회는 종묘에서 임시총회를 열어 제1시국선언문을 발표하고 "전 대학인의 주장이 곤봉과 최루탄 앞에 무참히 짓밟혔고 학원의 자유를 지키려는 우리의 운동은 안녕과 질서라는 미명하에 휴강이라는 교육포기를 가져왔으며, 학원의 자율성은 물론 교권까지 유린당했다"고 주장하고 수업 중인 강의실에 경관이 난입함은 교권침해며 교수의 정당한 항의가 없음은 스스로 지켜야 할 교권을 팽개친 결과가 됐다고 하면서 모든 교수와 학생은 학원수호에 앞장설 것을 촉구했다.84) 그리고 학생들은 다시 평온을 되찾아 다가오는 4·27 선거에 크게 관심을 표명하고 공명선거 캠페인을 벌이는 등 공명선거를 촉구 또는 계몽하는 활발한 움직임을 폈다.85) 또한 4·27 선거가 부정선거로 드러나자 학생연맹 대표들은 5월 3일 정오 서울대 법대 도서관 휴게실에 모여서 선거 참관 학생들의 보고서를 종합한 결과 이번 선거는 반민주적 세력에 의해 자행된 부정불법 관권선거라고 주장하고 민주질서의 회복을 위해 끝까지 투쟁하겠다고 선언했다. 이로써 학생운동은 학원자유, 교련철폐에서 민주주의적 제반 질서를 정상화시킬 것을 요구하는 반독재운동으로 발전하였던 것이다.86)

　특히 1971년 9월 5일 고려대에 무장군인이 난입한 이후 이를

---

83) 김종호, 앞의 논문, 143쪽.
84) 『동아일보』 1971.4.16~4.17.
85) 같은 신문, 1971.4.23.
86) 이재오, 앞의 책, 313쪽.

규탄하는 데모가 전개되었다. 고려대, 연세대, 성균관대, 서강대 등 4개 대학 총학생회 대표들은 1971년 9월 10일 연세대 학생회관에서 회의를 갖고 "전 대학인은 심야의 무장군인, 학원난입사태에 대해 학원의 자유와 자율성을 보장키 위해 투쟁할 것을 결의한다"는 내용의 공동선언문을 채택했다. 이들 학생대표들은 "무장군인 학원난입이라는 반민주적 범죄행위에 대해 현 정부당국은 전 책임을 져라. 부정축재자 명단을 공개하고 처단하라. 중앙정보부는 즉각 해산하라. 학원은 신성불가침의 영역임을 재인식하고 어떠한 형태의 군사적 침투도 용납할 수 없다"는 4개항을 결의했다.[87] 또한 서울대학교 총학생회는 1971년 10월 9일 '정보정치의 종결과 부패특권의 폐지를 위한 성명서'를 발표했다. 이 성명서는 중앙정보부의 철폐와 국회의원 연행조사 관계 책임자를 철저히 색출, 처단할 것과 부패특권분자의 처단과 민중의 생존권을 보장하고 고려대학교에 난입한 무장군인을 비롯하여 학원탄압에 앞장서고 있는 관계자의 철저한 처단을 요구했다.[88] 이어서 연세대생, 전남대생, 서울대 상대·문리대생들은 부정규탄, 교련철폐, 중앙정보부 해체, 학원을 침입한 무장군인을 엄단하라는 구호 아래 데모를 했다.[89]

　　이처럼 학생들은 삼선개헌 반대에 이어서 교련철폐를 요구하면서 교련강화는 시대착오적인 냉전체제로의 복귀를 획책하는 것으로써 박정희 정권이 주장하는 국가안보위기는 박정희 정권이 조작한 것이며, 이는 박정희 정권의 위기에 불과한 것이고 교련실시는 박정희 정권에 저항하는 학생들을 통제하고 감시하기 위한 목적을 지닌 것으로서 결국 장기집권을 위한 것이라고 비판했다. 그리고

---

87) 『동아일보』 1971.10.11.
88) 「국회 앞서 데모」, 같은 신문, 1971.10.9.
89) 같은 신문, 1971.10.12~10.13.

이러한 학생들의 데모가 박정희 정권으로 하여금 비상한 조치를 취하지 않으면 안 되게끔 했던 것이다.

박정희는 1971년 10월 15일 학원의 데모, 성토 등 난동행위에 대해 경찰이 학원 내에 들어가서라도 주동학생을 색출할 것과 군은 필요할 때는 절차에 따라 문교부나 내무부의 요청에 협조할 것을 정부관계기관에 지시했다. 그가 이날 지시한 9개항의 학원질서 확립을 위한 대통령의 특별명령은 청와대에서 공식 발표했다. 이는 첫째, 학원질서를 파괴하는 모든 주동학생을 학원에서 추방하라. 둘째, 앞으로 학생들의 여하한 불법적 데모, 성토, 농성, 등교거부 및 수강방해 등 난동행위는 일체 용납할 수 없다. 이러한 행동을 주도한 학생은 전원 학적에서 제적케 하라. 셋째 제적된 자에 대해서는 즉일부터 학생신분상의 모든 특권을 부인하라. 넷째, 학술목적을 제외한 각 대학 내의 모든 서클은 곧 해산케 할 것이며, 학술서클이라 할지라도 주임교수가 그 지도와 결과에 대해 책임을 지도록 하라. 다섯째, 대학에서 정당히 인가한 이외의 여하한 신문, 잡지, 기타 간행물은 발간할 수 없다. 여섯째, 학원의 자유·자주·자치는 이를 향유하기에 앞서 응분의 책임이 강조되어야 한다. 불법적 데모, 성토, 농성, 등교거부 및 수강방해 등으로 학원질서가 파괴된 대학에 대해서는 학원의 자유·자주·자치 등을 인정할 수 없다. 따라서 이들 학교에 대해서는 모든 학생단체를 해산케 하고 학교 당국이 직접 지도 감독케 하라. 경찰은 학원 내에 들어가서라도 주동학생을 색출하여 치안유지에 만전을 기하라. 일곱째, 군은 필요할 때에는 절차에 따라 문교부·내무부 및 지방장관의 요청에 협조하라. 여덟째, 군사교련은 중단될 수 없으며 교관단은 긍지와 사명감을 갖고 충실한 교련강의에 임하라. 아홉째, 각 학교의 학칙을 더욱 엄격히 보강케 하여 학교 자체의 질서 확립과 교권

확립을 기하게 하라.90)

그리하여 이러한 특별지시에 따라 실제 무장한 군경들이 각 대학에 투입되어 강의실 문을 열고 최루탄을 발사하기도 했으며, 데모 주동자를 구속하고 교련거부 학생들은 즉각 입영조처 되었다.91) 그리고 1971년 10월 15일 서울 지구에 위수령이 내려지고 문교부는 서울대학교 문리대·법대·상대 및 고려대, 연세대, 서강대, 성균관대, 경희대, 외국어대, 전남대 등 8개 대학에 무기한 휴업령을 내렸다.92) 심창유(深昶裕) 문교부차관은 1971년 10월 18일 전국 각 대학에서 보고해 온 학원질서확립을 위한 각종 조치결과를 중간 집계한 결과 이날 오전 현재 학생 제적이 23개 대학에서 125명, 교련거부학생 등 병무신고가 30개 대학에서 1만 598명, 문제된 학생서클 해체가 40개, 무인가 학생간행물 폐간이 13종, 학생자치단체 기능정지 조치가 6개 대학이라고 발표했다.93)

이처럼 유신체제가 선포되기 직전 학원 내의 시위행동은 철저하게 배격되었으며, 이를 주동하는 학생들에 대해서는 학생신분을 박탈하도록 했던 것이다. 더 나아가 데모의 온상일 수 있는 서클활동을 학술목적 이외에는 못하게 했으며, 학술서클도 주임교수의 지도 아래 이루어지도록 감시했다. 이로써 학원의 자유는 거세되었고 더 나아가 경찰과 군대를 학교에 투입시킬 수 있도록 했다. 이는 실질적인 계엄선포나 다름없는 초강경한 조치로서 유신체제를 안전하게 선포하기 위한 포석이었던 것이다. 그리고 이러한 강경한 조치가 내려지게 된 것은 박정희 정권의 위기의식이 유달리 높았

---

90) 같은 신문, 1971.10.15.
91) 같은 신문, 1971.10.15.
92) 같은 신문, 1971.10.15~10.16.
93) 같은 신문, 1971.10.18.

기 때문인 것으로 유추된다.

　한편 유신체제는 사회경제적 위기에 의해 촉발된 것이기도 했다. 즉 박정희 정권의 최대의 업적으로 선전되었던 경제에도 위기가 닥쳐왔다. 한국은 1960년대에 추구해 온 1·2차 경제개발계획이 당초 계획을 초과하는 고도성장을 이룩함으로써 국민생활의 향상은 물론 앞으로의 지속적인 성장발전을 위한 하나의 터전을 마련해 놓았다. 그러나 제1·2차 경제개발계획은 이른바 불균형적 성장모형에 의한 개발방식에 의해 촉진되어 공업화에 주력한 결과 농촌지역은 개발의 기회를 제공받지 못하여 구조적으로 낙후를 면치 못했으며, 외채의 증가와 국제수지가 악화되고 소득 간 격차가 확대되었다.94) 즉 세계경제의 구조적 불안정기인 1968년부터 1970년대 초반까지의 경제적 위기상황이 대표적이라 할 수 있는데, 이 시기에 한국경제는 성장이 둔화되고 수출도 급격히 감소했으며, 악성 인플레와 기업구조의 취약성이 심각하게 대두되었던 것이다.95)

　특히 무차별적으로 끌어들인 외자도입에 대한 원리금 상환의 부담이 1969년을 고비로 본격화하여 국제수지와 기업수지에 큰 부담이 되기 시작함으로써 이른바 부실기업의 도산사태가 발생했고 또 같은 기간에 외자의 도입량이 급격히 줄어듦에 따라 경기위축을 가속화시켰다. 또한 이에 따른 세수 증대의 현저한 감소와 산업 간의 불균형 및 소비재 부문에의 과잉투자가 불황의 원인이 되었고, 미·일 등 선진 제국의 경기침체가 한국의 경기후퇴에 치명적인 영향을 주었다.96) 정부는 경제위기를 해결하기 위해 1969년

---

94) 조영석, 앞의 논고, 46~47쪽; 김영순, 앞의 논문, 23쪽.
95) 정연택, 앞의 논문, 52~53쪽.

| 제1장 | 유신체제의 통치이념

부실기업정리조치를 내렸으나 경제성장률의 하락은 계속되었고, 외채압박은 심각했으며 만성화된 인플레이션으로 경제위기는 구조화되었다.97) 특히 물가는 걷잡을 수 없이 치솟아 가계를 짓눌렀다. 그리하여 주부들도, 택시운전사도, 공무원도, 장사꾼도, 기업인도 이구동성으로 지르는 비명소리가 "물가 때문에 못살겠다"는 것이었다.98)

특히 업계의 불황으로 대학졸업자들은 취직을 하지 못해 1971년 3월 서울대 졸업자 중 군입대와 진학자를 제외한 완전 취업자는 46% 정도였으며, 고려대의 직업보도 담당자는 작년보다 추천 의뢰가 70% 정도밖에 안 들어온다고 걱정했다.99) 그리고 중소기업체의 폐업도 잇따라 일어났다. 서울 시내 3,107개소의 중소기업체 가운데 1971년 들어 휴폐업을 하는 업체수가 부쩍 늘어나 날로 심각해지는 시중 불황의 단면을 드러내고 있었다.100) 또한 연평균 임금상승률은 점차 하락하여 1972년에는 최저상태에 이르렀다. 즉 1969년에는 34.2%로 최고를 기록했으나, 1970년에는 25.6%, 1971년에는 16.2%, 1972년에는 13.9%로 하락되었다.101) 특히 한국노동조합총연맹이 1971년 6월 한달 동안 산하

---

96) 김태일, 「권위주의 체제 등장 원인에 관한 사례연구」, 앞의 책, 50쪽; 최완규, 앞의 논문, 113~114쪽; 유영재, 앞의 논문, 40~41쪽; 외자도입은 짧은 기간 내에 막대한 규모가 도입됨으로써 상당한 부작용을 유발했는데, 첫째로 국내의 관련 산업과 국내 기술로 해결할 수 있는 부분까지 외자에 의존함으로써 개발효과를 필요 이상으로 해외에 누출시켰고, 둘째로 대체관계에 있는 국내 기본 산업을 압박하고 이를 위축시키는 결과를 가져왔으며, 셋째로 외자에 의한 무역수지의 적자 폭을 다시 외자의 도입을 통해 메꿈으로써 결과적으로 대외의존성을 더욱 심화시켰던 것이다. 정연택, 앞의 논문, 75쪽.
97) 최경숙, 앞의 책, 276쪽.
98) 『동아일보』 1971.9.4.
99) 같은 신문, 1971.9.13.
100) 같은 신문, 1971.9.14.

노조 여성근로자들의 근로실태를 조사한 결과 임금은 5천원에서 1만원 미만이 전체 조사대상자의 56.6%로 가장 많아 생활비가 부족하다는 사람이 많고, 근로시간도 하루 12시간 이상이 25%에 달하는 등 일이 고되다는 사람이 절반이 넘는 것으로 나타났다.102) 특히 경제성장률은 10월 유신이 단행된 1972년에 최저상태를 기록했다. 즉 1969년의 GNP 성장율은 13.8%에 갈했으나 1970년에는 7.6%, 1971년에는 9.4%, 1972년에는 5.8%밖에 기록하지 못했다.103)

그리하여 이러한 경제위기는 우선 박정희 정권의 물질적 기반을 동요시켰으며, 자본축적의 제 조건을 보장해 줌으로써 자본가측이 원활한 축적을 계속할 수 있도록 해주는 자본주의 국가로서의 역할에 위기를 초래했다. 특히 이러한 경제위기는 피지배계급의 상태를 악화시켜 노동운동 고양의 조건을 마련해 주기도 했다. 부실기업의 속출과 휴폐업에 따른 해고문제, 불황으로 인한 임금체불 문제 등은 노동자들의 열악한 생활상태를 더욱 악화시킴으로써 노동운동의 활성화를 자극하는 요인이 되었던 것이다. 또한 인플레이션은 광범한 국민대중의 생활난을 초래함으로써 정부의 경제정책에 대한 불만을 누적시켜 1971년 선거에서 국민대중의 이반을 결과하는 조건을 마련해 주기도 했다. 즉 경제적 위기는 박정희 정권의 물적 기반을 동요시키는 요인이면서 동시에 정치·사회적 불안요인을 내재화시키는 하나의 조건으로 작용했다고 볼 수 있다.104) 그리하여 이러한 현상을 극복하기 위해 박정희 정권은 농촌을 중

---

101) 조영석, 앞의 논고, 48쪽.
102) 『동아일보』 1971.10.12.
103) 조영석, 앞의 논고, 48~49쪽.
104) 김영순, 앞의 논문, 27~28쪽.

심으로 하는 새마을운동과 더불어 1972년 8월 3일 경제의 안정과 성장에 관한 긴급명령 제15호인 세칭 8·3 조치 및 10월 유신을 선포했던 것이다.

그리고 이에 앞서 박정희 정권은 그 전제작업으로 정권유지를 위한 강력한 카드를 제시하지 않으면 안 되었다. 즉 박정희 정권은 1971년 12월 6일 정부의 시책은 국가안보를 최우선으로 하고 일체의 사회불안을 용납하지 않는다는 국가비상사태를 선언했다. 박정희는 한국이 안전보장상 중대한 차원의 시점에 처해 있다고 단정하고 정부와 국민이 혼연일체가 되어 비상사태를 극복할 결의를 새로이 할 필요를 절감하여 비상사태선언을 하게 되었다고 밝혔다. 그는 국가비상사태선언과 이에 즈음한 특별담화에서 "최근 중공의 유엔가입을 비롯한 제 국제정세의 급변과 이것이 한반도에 미치는 영향 및 북한괴뢰의 남침준비에 광분하고 있는 제 양상들을 정부는 예의주시 검토해 본 결과 현재 대한민국은 안전보장상 중대한 차원의 시점에 처해 있다고 단정하지 않을 수 없다"고 하면서 "국제사회의 일반적인 조류가 평화 지향적으로 흐르고 있는 것과는 달리 북괴의 적화통일 야욕은 고조되고 있다"고 밝히고, 이러한 한반도의 국지적 긴장은 우리의 사활을 결정하는 초중대사라고 했다. 그리고 그는 외부로부터의 위협이 절박한 이때에 국내사정은 향토예비군이나 대학교련마저도 그 시비가 분분할 뿐만 아니라, 안보론보다는 당리당략이나 선거전략을 위한 무책임한 안보론으로 국민을 현혹시키고 있다고 비난하는 한편 일부 지식인들은 언론자유를 빙자하여 무책임한 안보론을 분별 없이 들고 나와 민심을 혼란하게 한다고 말했다. 이에 정부는 국가비상사태를 선언함으로써 온 국민에게 이러한 사실을 알리고 정부와 국민이 혼연일체가 되어 이 비상사태를 극복할 결의를 새로이 할 필요를 절감하여 다음과

같이 선언한다고 했다.105)

1. 정부의 시책은 국가안보를 최우선으로 하고 즈속히 만전의 안보태세를 확립한다.
2. 안보상 취약점이 될 일체의 사회불안을 용납하지 않으며 또 불안요소를 배제한다.
3. 언론은 무책임한 안보논의를 삼가해야 한다.
4. 모든 국민은 안보상 실무수행에 자진 성실하여야 한다.
5. 모든 국민은 안보위주의 새 가치관을 확립하여야 한다.
6. 최악의 경우 우리가 향유하고 있는 자유의 일부도 유보할 결의를 가져야 한다.

이는 당시 한국이 국내외적으로 안전보장상 중대한 위기에 처해 있다고 하면서 국가안보에 위협이 되는 모든 사회적 불안을 배제할 것과 정부나 모든 국민은 안보를 최우선으로 해야 한다고 선언한 것이다.

그리하여 5·16 이래 계속해서 '경제제일주의'를 표방해 왔던 정부는 이 선언을 계기로 정부시책을 '국가안보 최우선주의'로 전환하여 모든 국민에게 안보 위주의 새 가치관 확립을 촉구하고 최악의 경우는 자유의 일부도 유보한다는 강력한 시정스타일을 밝혔다. 특히 박정희는 닉슨(Richard Nixon) 미국대통령의 중공방문이 결정된 1971년 7월 15일 이후 급변하는 국제정세에 대처하여 국가안보문제에 관해 비상한 관심을 가져 왔다. 거기다가 다음해에 정부는 1천7백억 원의 외채를 갚아야 했으며 그해 금년에 차관기업 중 부실기업의 속출과 감원 등의 경제적인 침체현상이 빚어지고 조세저항이 뒤따르는 데다 6년 만에 파월 국군이 철수하는 등

---

105) 『동아일보』 1971.12.6.

경제와 정치에 새로운 불안 요소들이 늘어나고 있었다. 이러한 현상들이 비상사태에 영향을 준 것으로 볼 수 있다.106)

　이어 1971년 12월 27일 여당 단독으로 국가보위에 관한 특별조치법을 날치기 통과시켜 국민의 기본권을 제한할 수 있는 비상대권을 박정희에게 부여했다. 이에 따르면 첫째, 대통령은 국가비상사태를 선포할 수 있으며 둘째, 물가·임금·임대료 등에 대한 통제권 및 국가의 인적·물적 총동원권을 지니며 셋째, 일정한 지역에서의 이동 및 입주·소개·철거권 넷째, 옥외집회 및 시위를 규제하고 다섯째, 언론·출판에 대한 규제권 여섯째, 단체 교섭권 등을 제한하며 일곱째, 예산 및 회계상 세출예산 변경권 등의 비상권한이 대통령에게 부여되었다. 대통령에게 비상대권을 부여한 이 법은 유신체제로 가기 위한 예행연습이었던 것이다. 이후 5개월이 지난 1972년 5월 초 중앙정보부를 중심으로 비밀리에 박정희 1인에게 입법·사법·행정의 모든 권한을 집중시키는 유신을 위한 헌법 제정, 시기, 방법 등이 연구되었다. 이 작업에 관여하고 있던 사람들은 김정렴 비서실장, 이후락(李厚洛) 정보부장을 비롯하여 청와대의 홍성철(洪性澈), 유혁인(柳赫仁), 김성진(金聖鎭) 비서관, 행정부에서 신직수(申稙秀) 법무장관, 헌법학자 갈봉근(葛奉根)과 한태연(韓泰淵) 등이었다.107)

---

106)「국가비상사태선언」, 같은 신문, 1971.12.7.
107) 최경숙, 앞의 책, 281~282쪽; 박정희는 1969년 말부터 헌법학자 한태연, 갈봉근 등에게 드골(Charles Andre Joseph Marie De Gaulle)헌법의 긴급조치권과 간접선거제, 중화민국 및 스페인의 총통제 등을 연구하게 했고, 이후락 중앙정보부장을 평양에 밀파하여 북한 체제를 관찰하게 한 연후 1972년 5월 중순부터 궁정동 중앙정보부 안가에서 체제정비계획(풍년사업)을 마련했으며, 1972년 8월 마스터플랜이 만들어지자 신직수 법무장관과 김치열(金致烈) 중정차장의 지도하에 김기춘(金淇春) 검사로 하여금 유신헌법의 골격을 만들게 했다. 한용원, 앞의 책, 305쪽.

이러한 준비과정을 거쳐 1972년 10월 17일 급박한 내외 상황 변동에 효과적으로 대응한다는 명분하에 비상조치가 단행되었다. 박정희는 10월 유신 대통령 특별선언에서 이상과 같은 대내외적 위기상황 때 일대 개혁의 불가피성을 염두에 두고 우리의 정치현실을 직시할 때 정상적인 방법으로는 도저히 이 같은 개혁이 이루어질 수 없어 비상한 조치를 취하게 된 것이라고 밝혔다. 그러면서 그는 오히려 정상적인 방법으로 개혁을 시도한다면 혼란만 더욱 심해질 뿐더러 남북대화를 뒷받침하고 급변하는 즈변정세에 대응해 나가는 데 아무런 도움이 될 수 없다고 강조했다.108) 따라서 10월 유신은 대내외적 위기상황에 대처하기 위해 비정상적인 수단과 방법 및 절차에 의존하는 '위기정부'의 논리를 반영하는 정치형태라고 지적되기도 했다.109)

이처럼 박정희 정권은 세계정치의 신국면 즉 전후의 냉전체제가 차차 평화공존체제로 급선회하는 국제정세의 변화에 대응하여 구체제로는 한민족의 생존과 번영을 기약할 수 없으며, 남북의 대화 같은 것은 전연 예상하지 않았던 냉전시대에 제정된 헌법으로는 더 이상 대처할 수 없어 체제변혁을 할 수밖에 없다는 논리를 폈으며, 국내외 정세변화에 기인한 위기상황을 극복하기 위해 무제한의 권한을 대통령에게 부여하는 헌법개정의 필요성을 호소했던 것이다. 또한 내부적으로도 학생층을 중심으로 각계·각층에서 삼선개헌반대 및 교련철폐운동 등 박정희 정권을 불안하게 하는 운동이 전개되어 박정희 정권은 새로운 비상한 카드를 사용하지 않을 수 없었던 것이다.

요컨대 박정희 정권은 내외적으로 위기에 봉착하여 국가안보와

---

108) 「10월 유신 대통령 특별선언」, 『새충남』 1972.11, 18~22쪽.
109) 한승조, 「민주주의와 유신정치」, 앞의 잡지, 72쪽.

조국의 평화통일을 내걸면서 유신체제를 성립시켰던 것이다. 그러나 이러한 유신체제의 등장에 대해 국민들은 즉각적인 저항을 하지 않았다. 이는 당시 박정희 정권이 그동안 이룩한 경제성장 뿐만 아니라 앞서 서술한 바와 같이 당시 국제정세의 급격한 변화와 통일의 당위성에 대한 홍보를 하면서 새로운 체제정비를 단행할 필요성을 강조했기 때문이기도 했다.

    그리하여 박정희 정권이 선포한 10월 유신은 우선적으로 군부의 전폭적인 지지를 받았다. 전군은 1972년 10월 18일 전군주요지휘관회의에서 이를 전폭적으로 지지하는 결의를 했다.110) 또한 언론계에서도 한국신문협회와 조선일보사가 이를 지지하는 성명서를 발표했다. 교육계에서도 전국 20만 교육자를 대표하여 대한교육연합회에서 이를 지지했다. 전국영화예술인 일동과 한국영화진흥조합 및 한국영화제작협회 등에서도 지지결의를 했다.111) 더 나아가서 대한변호사협회에서도 10·17 비상선언을 적극 지지한다고 발표했다.112) 이 밖에도 대한결핵협회, 한국세무사회, 서울특별시 청소년 지도협의회, 한국아동도서보급협회, 대한치과기공사협회, 한국민족예술연구원, 한국문인협회, 한국미술협회, 한국원자력산업회의, 한국재봉기공업협회, 대한조산협회, 한국연극협회, 한국면제조협회, 한국수영장경영협회, 재불통일교지부, 대한변리사회원, 재단법인 한국기원 기사 및 바둑동호인 일동, 한국청소년단체협의회, 대한복장상공조합연합회, 한국주택개발주식회사 등이 10월 유신을 지지했다.113) 그리고 국책문제중앙협의회는 1972년

---

110) 『동아일보』 1972.10.19.
111) 『조선일보』 1972.10.19, 11.19.
112) 같은 신문, 1972.10.22.
113) 『동아일보』 1972.10.27; 『조선일보』 1972.11.19.

11월 17일 10월 유신에 참여하는 '전국사회단체대표자단합대회'를 갖고 유신체제를 지지한 결의문을 채택했다.114) 또한 국정의 중추역을 담당한 통치엘리트들이나 중간계급 이상의 보수적 계층이 유신체제를 지지한 세력이라고 보기도 한다.115) 그리고 유교의 영향으로 인한 권위주의적 문화 속에서 자라 온 한국인은 권위주의적 정치체제를 하나의 당위적인 통치양식으로 받아들일 수 있었다는 주장도 있으며, 학생집단·종교집단·노동조합·언론단체·각종 사회단체 등 사회세력도 그동안 국가의 지속적이고 강력한 통제정책에 의해 허약성을 지녀 유신체제의 등장에 제동을 걸기에는 역부족이었다는 주장도 있다.116)

이처럼 10월 유신을 지지하는 세력도 광범위하게 존재하고 있었으며, 이러한 세력들에 의해서 유신이 별다른 도전을 받지 않고 군부 쿠데타와 같은 과격한 방식이 아니라 조용한 제도개혁으로 이루어질 수 있었던 것이다. 그리고 박정희 정권은 다음과 같은 유신체제의 통치이념을 선전하고 유신체제에 저항하는 세력들에 대한 통제와 동원을 통해 장기집권을 유지할 수 있었다고 할 수 있다.

---

114) 『조선일보』 1972.11.19; 구체적인 참여단체에 관해서는 같은 신문 참조.
115) 정연택, 앞의 논문, 30~35·82쪽; 김영명, 「한국의 정치변동과 유신체제」, 앞의 책, 395쪽; 유영옥, 앞의 논문, 330쪽; 특히 중간계급은 박정권하에서 고도성장의 중요한 수혜자 중 하나였다. 그리하여 중간계급은 대체로 강한 반공의식과 북한의 남침 위험의식을 견지하여 사회적 소요보다는 권위주의하에서의 정치적 안정을 선호하는 편이었다. 따라서 중간계급은 유신체제하에서 대체로 정치적인 침묵을 견지했다. 김영명, 같은 논문, 395쪽.
116) 유영옥, 같은 논문, 329~330쪽; 최완규, 앞의 논문, 77쪽.

3. 유신체제의 통치이념

1) 평화통일

박정희 정권은 유신체제의 정당성을 주입시키고 대중들의 동의를 유도하기 위해 여러 가지 유신체제의 통치이념을 제시했으며, 이를 통해 대중들의 적극적 내지 능동적 합의를 확보하고 체제에의 순응을 기도했다. 1972년 12월 27일 제8대 박정희 대통령의 취임사를 보면 다음과 같다.117)

> "… 우리는 오늘 고난과 시련의 역사에 종지부를 찍고, 안정과 번영의 보람찬 새 역사를 기록해 나가야 할 엄숙하고도 뜻깊은 전환점에 섰습니다 … 나는 지금부터 우리가 기록해야 할 역사는 활기찬 창조의 새 역사이어야 하며, 민족의 자주성에 입각한 영광의 역사이어야 한다고 굳게 믿는 바입니다 … 나는 우리 조국의 안정과 평화, 통일과 번영에 대한 온 겨레의 염원 속에서 마련된 이 식전이 나에게는 막중한 책임과 숭고한 사명의 십자가를 지게 하는 헌신의 제단이며, 우리 모두에게는 조국의 밝고 희망찬 내일을 위해, 온 겨레의 뜻과 힘을 하나로 묶는 구국 유신의 대광장이라고 믿습니다 … 이제 우리는 분단의 논리가 지배하던 냉전의 대결구조에서 벗어나 서로 번영을 추구하는 평화와 조화의 기구로 전환하고 있습니다 … 우리는 지금 우리가 되찾은 민족의 위대한 자아와 자주, 자립의 역량을 한 차원 더 높이 승화시켜 이를 세계사의 진운 속에 드높이 발양해야 할 새 역사의 관문에 이르렀습니다. 나는 이 같은 일대 전환점에서 우리 민족이 나아가야 할 길은 오직 하나, 그것은 국력배양의 가속화를 통해 번영된 통일 조국을 구현하는 것뿐이라는 것을 강조하고자 합니다 … 그리하여 조국의 번영과 통일을 위해 불철주야 노력하는 총화전진의 시대를 열어야 하겠습니다 …

---

117) 「제8대 대통령 취임사」, 『국민회의보』 1, 1973, 21~25쪽.

동서를 막론하고 모든 국가가 시대의 환경에 따라 그들 나름대로 생존을 유지하고 번영을 누리기 위한 이념과 제도를 가져야만 했던 것은 역사발전의 엄연한 법칙입니다. 우리도 오늘의 현실에 대처하고 시대적 사명을 완수할 수 있는 우리 자신의 생산적인 이념과 제도를 마땅히 가져야만 합니다. 그 이념이 바로 10월 유신의 기본정신이며, 그 제도가 지금 유신적 대개혁을 통해 정립되고 있는 것입니다. 10월 유신은 되찾은 우리 민족의 위대한 자아를 바탕으로 하여 안정과 번영, 그리고 통일의 새 역사를 창조해 나가기 위한 민족의지의 창조적 발현입니다 … 나는 앞으로 한반도에서 다시는 전쟁이 발생하지 않도록 이를 미연에 방지하고 남북이 서로 하나의 민족으로서 평화와 번영을 추구해 나갈 수 있도록 하기 위해 북한 공산주의자들과 대화를 계속하고 이를 더욱 넓혀 나갈 것입니다. 또한 우리의 역사와 전통 그리고 현실에 가장 알맞는 정치제도를 육성·발전시켜서 생산적인 민주주의의 기틀을 마련하고 정치의 진실과 능률을 극대화해 나갈 것입니다. 농공병진에 의하여 균형 있게 배양되는 국력이 국민 개개인의 행복과 직결될 수 있도록 모든 국민에게 일터가 보장되는 탄력성 있는 정책을 집중적으로 펴나갈 것입니다. 그리고 땀흘려 일하는 근로와 창의, 생산과 능률의 미덕을 사회윤리의 기본으로 삼고 일하는 국민에게는 안정 속에 보람 있는 생활을 누리게 할 수 있도록 사회보장제도를 더욱 확충해 나갈 것입니다. 또한 기업의 공개와 근로자의 持株制를 실시함으로써 근로자의 이익과 복지를 증진시키는 복지체제를 갖추어 나갈 것입니다. 사회지도층에서는 검약과 봉사로써 스스로 사회복지의 균점에 이바지하도록 하는 사회기풍을 크게 진작시킬 것입니다. 그리고 우리의 고유한 전통문화를 더욱 창의적으로 계발하여 민족문화의 꽃이 활짝 피어나도록 문예중흥의 시책을 펴나갈 것입니다. 나는 국민 한 사람이 나와 국가를 하나로 알고, 국력배양을 위해 총력을 기울일 때 비로소 그 국력은 국민 각자의 안정과 번영에 직결될 수 있으며, 행복하고 명랑한 그리고 도의가 지배하는 사회를 건설할 수 있게 된다고 믿는 것입니다. 우리는 안으로 근면과 검소, 정직과 성실의 기풍을 크게 일으키고 조국을 위한 사랑, 국가에 대한 충성을 굳게 다짐하면서 국력증강을 위해 더욱 힘차게 매진해야 하겠습니다. 밖으로

는 민족의 진취적인 기상과 슬기로운 자주성을 더욱 드높여 우방과의 친
선, 협력관계를 증진하여 세계평화와 인류공영에 이바지하도록 해야 할
것입니다. 이것이 곧 민족의 대비약을 기약하는 발판이 되며 민족사의
진운을 영예롭게 개척해 나가는 새 이정표가 될 것으로 확신합니다."

이는 10월 유신의 총체적 이념과 목표를 집약적으로 표명한 것
으로 분단시대의 냉전체제를 극복하고 국력을 배양하고 생산적인
민주주의의 기틀을 마련하여 궁극적으로 남북이 서로 번영을 추구
하는 통일조국의 길로 나아가야 할 것을 다짐한 것이다.

요컨대 10월 유신은 국력을 배양하고 국론을 통일하여 대외적
으로는 급변하는 국제정치의 격랑 속에서 주체적으로 국가와 민족
의 생존을 수호하고, 대내적으로는 한민족의 염원인 조국의 평화
적 통일의 터전을 구축하고 나아가서 조국의 근대화를 조속히 이
룩하기 위한 역사적 의지의 결단이라고 설명되었다.[118]

구체적으로 박정희 정권은 유신체제의 통치이념으로 조국의 자
주적 평화통일을 제시했다. 박정희의 유신체제기 정치연설문을 분
석한 결과 그 정치목표의 순위를 보면 제1위에 조국통일이 있었
고, 그다음으로 국력배양, 유신이념, 총화단결, 평화정착 등의 순
으로 나타나고 있으며, 제일 하위로서 나타나는 것은 반공이념이
었다.[119]

우선적으로 박정희 정권은 외세에 의하여 조국이 분단된 지 반
세기가 지난 한국사회는 그 분단의 원인이 된 냉전체제가 무너지
는 당시의 시점이야말로 조국통일을 성취해야 할 절호의 시기라고
주장했다.[120] 그리고 박정희는 조국의 평화통일은 이제 우리의 힘

---

118) 갈봉근(유정회 국회의원), 「우리 민주주의와 국민총화」, 『공군』 164, 1978.10, 11
    쪽.
119) 구경서, 앞의 논문, 138~139쪽.

으로 주체성을 갖고 추진해 나가야 할 '국시'요, '헌정의 지표'로 확정되었음을 밝힌 바 있다.121) 그리하여 10월 유신의 기본목표의 하나인 평화통일을 지향하는 의지는 유신헌법에 명기되어 있다. 헌법개정안에 규정된 그 내용을 보면 첫째로 전문에는 조국의 평화적 통일의 역사적 사명에 입각하여 자유 민주적 기본질서를 더욱 공고히 하는 새로운 민주공화국을 건설함에 있어서 헌법을 이제 국민투표에 의해 개정한다고 규정하고, 조국의 평화적 통일이 우리의 국민적 염원임을 천명하고 있다. 둘째로 국가기구의 정상에 통일주체국민회의를 설치하고 이를 조국의 평화적 통일을 추진하기 위한 온 국민의 총의에 의한 국민적 조직체로서의 국민의 주권적 수임기관으로 하고 있다. 셋째로 대통령은 조국의 평화적 통일을 위한 성실한 의무를 지닌다. 따라서 대통령은 이러한 의무를 이행하기 위해 국가의 행정권력은 물론 국가적 그리고 국민적 대표권한까지 행사하여야 한다.122)

이처럼 헌법전문에는 조국의 평화통일의 역사적 사명을 강조하면서 통일주체국민회의를 국가기구의 정점에 새로이 설치하고 대통령에게 평화통일을 위한 의무를 다하도록 규정하고 있다.123) 특히 주목할 점은 통일주체국민회의는 평화통일을 지향한 국민적 염원을 집약한 국민의 주권적 수임기관으로 새 헌법의 체제에 있어서도 국가기구의 가장 앞장인 제3장에 편성되어 있는데, 이는 바로 통일주체국민회의가 모든 국가기구의 정상에 있음을 말해 주는 것이었다. 이는 곧 통일을 위한 민족주체세력의 형성을 말하는 것

---

120) 문화공보부, 『10월 유신의 의의와 전망』, 23쪽.
121) 『동아일보』 1972.12.23.
122) 「개정안 해설」, 『서울신문』 1972.10.28.
123) 이영주, 「유신헌법 안의 특징과 내용」, 『새충남』 1972.11, 55~56쪽.

이다.124) 즉 통일주체국민회의가 초당적으로 구성되고 국민을 대표하는 엘리트들이 참여하여 민족주체세력이 형성된다는 것이다. 그리고 박정희 정권은 통일주체국민회의를 통치기구의 정점으로 하여 국력의 조직화가 이루어질 것이라고 했으며, 국력의 조직화로 국민의 민족주체성이 확립되고 국론통일 등 총화체제가 이루어질 것으로 보았다.125)

그리하여 통일주체국민회의는 1972년 11월 27일 대의원 선거일의 공고에 이어 12월 15일의 대의원 선거로써 총 2,359명의 대의원이 선출되었고, 12월 23일 역사적인 제1차 회의를 개최함으로써 구성·발족되었다. 통일주체국민회의의 의장은 대통령이며, 대의원의 임기는 6년이고 정당 가입을 금지하고 있다. 여기서 통일주체국민회의의 구성이 가지는 의미에 대해 당시 박정희 정권이 제시한 것은 첫째, 그것은 유신헌정의 기반을 견고히 하고 유신과업을 추진하는 첫 과업을 성취했다는 것이다. 둘째, 그것은 민족주체세력을 규합 조직화하고 실질적으로 그를 형성하는 것을 말한다. 셋째, 그것은 평화통일을 열망하는 국민적 여망을 승화시켜 실천적인 통일추구 노력으로 결정시키는 것을 뜻한다. 넷째, 국력을 조직화하기 위한 국민적 조직체를 형성하는 것으로서 실질적인 국력의 조직화 작업 바로 그것을 의미한다는 것이다. 다섯째, 한국적 민주

---

124) 문화공보부, 『10월 유신의 의의와 전망』, 35쪽; 「개헌안 개설」, 『서울신문』 1972.10.28; 통일주체국민회의가 국가의 정상기관이라는 견해와 더불어 이에 반대하는 견해도 있다. 또한 동기관이 통일정책을 결정하는 기관인가 심의하는 기관인가에 대해서도 학설이 대립되고 있다. 김효전, 「한국헌법-권위주의 헌법의 성립과 붕괴」, 『공법연구』 17(한국공법학회, 1989.7), 103~104쪽. 특히 윤정원은 통일주체국민회의가 형식상으로만 최고권력기관이라고 주장하면서 중요한 통일정책의 결정에 있어서 아무런 역할도 수행하지 못했다고 부정적으로 평가하고 있다. 윤정원, 앞의 논문, 82~84쪽.
125) 문화공보부, 『10월 유신의 의의와 전망』, 60쪽.

주의의 가장 특색 있는 제도와 체제를 마련하는 것으로서 바로 한국적 민주주의를 정립하는 과업의 추진을 의미한다는 것이다.126) 요컨대 통일주체국민회의는 유신과업을 추진하고 평화적인 통일을 추구하는 결정체이자 한국적 민주주의의 가장 특색있는 제도라는 것이다.

또한 대통령은 중대한 통일정책을 결정하거나 변경함에 있어 국론통일을 위해 필요하다고 인정할 때에는 통일주체국민회의에 그 심의를 요구한다. 이 경우에 통일주체국민회의가 결정한 통일정책은 국민주권에 의한 최종 결정으로 보며 존중되어진다. 또한 통일주체국민회의는 대통령을 선출하며 대통령이 추천한 국회의원 정수 3분의 1에 해당하는 국회의원을 선거한다.127)

박정희는 1972년 당시 5·16 군사쿠데타 이후 11년간의 통치 경험과 대통령 선거와 국회의원 선거를 각각 세 차례나 치른 경험에 비추어 한국의 정치제도 개선방향에 대해 대통령 선거는 직접선거제가 아니라 간접선거제가 적당하다는 생각을 갖게 되었다. 특히 1971년의 대통령 선거 이후 그는 대통령 간접선거제의 장점을 여러 번 언급한 바 있다.128) 그리하여 통일주체국민회의에서 대통령을 간접선거제로 선출하게 된 이유를 첫째로 대통령 직접선거제가 가져오는 편동정치를 지양하고 아울러 낭비·혼란·분열로 인한 국력의 소모를 제거한다는 이유에서 찾고 있으며, 둘째로 국가를 재건하고 정치적 효율성을 극대화함으로써 민족의 생존권을 보지하는 가운데서 조국의 평화적 통일을 기한다는 당면한 역사적 사명

---

126) 문화공보부, 『유신과업은 얼마나 이룩되었나』(문화공보부, 1973.10.6), 17~18쪽; 『서울신문』 1972.10.27.
127) 「개헌안 개설」, 『서울신문』 1972.10.28.
128) 김정렴, 앞의 책, 174~175쪽.

때문이라는 것이다.129) 더 나아가 분단국가이면서 동시에 특수한 남북관계가 빚어놓은 상황에서 직접선거는 내란이 일어날 가능성도 있다고 보았다. 특히 7·4 남북공동성명으로 시작된 남북협상의 과정에서 한 목소리로 나오는 북한 측에 대해 국론의 분열상을 노정했던 한국 측의 태세에 실망과 불안감을 느꼈던 중앙정보부는 한국도 일치단결하고 있다는 표시를 내보이기 위해서도 정견발표와 찬반토론 없이 압도적인 다수 표로 대통령을 선출해야 된다는 강한 건의를 했고, 박정희는 그 건의를 받아들였던 것이다.130)

　이러한 주장은 어느 정도 대중적 설득력을 지닌 것이기는 했지만 통일주체국민회의에 의한 대통령 간선제는 동기관이 실질적으로 국민의 주권적 수임기관으로서의 역할을 다하지 못하고 박정희 정권의 거수기로 기능할 때는 박정희 정권의 장기집권을 보장하는 제도로 정착될 위험성이 있었다.

　요컨대 통일주체국민회의는 유신체제의 상징적 특징이자131) 한국만이 가지는 독특한 기관으로서 이 기구는 평화통일 의지를 상징하는 한국 특유의 제도라고 주장되었으며,132) 그의 구성만으로도 한민족의 민족주체성의 과시라 보았다.133) 이로써 유신헌법은 조국의 평화통일을 유신체제의 궁극적 목적으로 하면서 이를 위한 국가기구의 제도화와 민족주체세력을 형성하고 대통령을 그 최고 책임자로 하면서 대통령 간선제를 확립하여 장기집권의 유지를 도모했을 뿐만 아니라 유신체제의 정당성을 제도적으로 규정했

---

129) 갈봉근(국회의원, 법학박사), 「통일주체국민회의의 역할론」, 『국민회의보』 1, 1973, 43~46쪽.
130) 김정렴, 앞의 책, 174·178쪽.
131) 「유신체제와 국민회의」, 『국민회의보』 15, 1976, 34쪽.
132) 「유신헌법 안에 담긴 의지」, 『서울신문』 1972.11.1.
133) 문화공보부, 『유신 6개월의 성과』(문화공보부, 1973.5.7), 10쪽.

으며, 이를 위한 남북대화를 진행시켜 갔던 것이다.

구체적으로 당시 박정희 정권이 추진한 남북대화의 과정을 보면 앞서 언급한 바와 같이 1970년 8월 15일의 광복절 경축사에서 북한이 무력도발을 포기한다면 북한과 평화적 교섭을 벌일 용의가 있음을 밝혔다. 그 후 1971년 8월 12일에는 대한적십자사가 남북적십자회담을 제의함에 따라 역사적인 남북적십자회담이 진행되었다. 그리고 1972년 6월 16일 남북적십자예비회담에서 확정된 본회의 의제는 남북이산가족과 친지들의 주소와 생사를 알아내며 알리는 문제, 이들의 자유로운 방문과 상봉, 이들의 자유로운 서신거래, 이산가족들의 자유의사에 의한 재결합 문제, 기타 인도적 문제 등 모두 5개항이다. 또한 1972년 7월 4일에는 7·4 남북공동성명이 발표되어 남북조절위원회가 설치되고 남북한의 평화적 교섭이 구체화되었다. 그리고 1972년 8월 30일 남북으로 흩어진 이산가족을 찾기 위한 남북적십자의 첫 본회담이 평양에서 역사적인 막을 올렸으며, 동년 9월 12일에는 분단 27년 만에 처음으로 북한의 공식사절이 남한 땅을 밟기도 했다. 이때 대중들은 통일이 눈앞에 다가오기라도 한 것처럼 기대에 차 있었다. 그리하여 유신체제는 조국의 평화통일을 국시로 하면서 실제로 남북대화가 추진되는 과정에서 추진되었던 것이므로 그만큼 대중적 지지를 이끌어낼 수 있었던 것이며, 유신의 대의명분을 세우기 위해서 통일문제를 중요한 이슈로 내걸었던 것이다.

특히 박정희 정권은 국가안보뿐만 아니라 통일문제에 있어서도 한국이 주도권을 잡지 않으면 안 된다고 주장했다. 그리하여 유신체제하에서 박정희의 대북 주요제의를 보면 1973년 6월 23일 평화통일 외교정책 선언에 이어 1974년 1월 18일 남북상호불가침협정체결 제의, 1974년 8월 15일 평화통일 3대 기본원칙 천명,

1975년 미국과 공동 발의한 한반도 평화정착을 위한 당사자회담 및 남북한 유엔동시가입 제의, 1977년 1월 12일 대북식량원조 제의, 1978년 6월 23일 남북경제교류 제의, 1978년 12월 27일 1980년대를 통일조국 구현을 위한 획기적 년대로 할 것을 선언, 1979년 1월 19일 언제, 어디서나, 어떤 수준에서든 무조건 대화를 갖자고 촉구하는 등으로 이어져 왔다.134)

그리고 박정희는 북한 측에 대해 그들이 일방적으로 중단시킨 남북대화를 무조건 재개하라는 한국 측의 촉구에 응해야 하고, 특히 이산가족들의 상호방문과 재결합 문제와 같은 긴급한 인도적 문제는 시급히 해결되어야 한다는 것을 재차 강조했다. 그리고 완전히 폐쇄된 북한의 암흑사회를 하루 속히 개방하고 북한 동포들을 전체주의 독재체제와 개인우상숭배의 노예상태로부터 해방시켜 인간다운 생활을 영위할 수 있도록 그들에게 최소한의 자유와 기본권만이라도 부여할 것을 강력히 촉구했다. 또한 한반도의 긴장완화와 국제협력의 증진에 기여하기 위해 통일이 이루어질 때까지 과도적 잠정조치로서 유엔을 비롯한 국제기구에 남북이 서로 가입하는 것이 바람직하다는 입장을 천명했다. 이는 분단의 영속화가 아니라 남북 간의 신뢰를 회복하고 한반도의 평화정착을 보다 굳건히 함으로써 오히려 조국의 평화통일을 촉진하는 계기가 된다는 것을 강조했다. 따라서 박정희는 북한 측에 대해 국제사회에서의 민족적 권익과 정당한 발언권을 포기하고 방해하는 반민족적 행위를 즉각 중지할 것을 경고했다. 또한 그는 우방제국이 앞으로도 한반도의 평화정착과 조국통일을 이룩하려는 한국의 노력을 계속 지원해 줄 것을 확신하면서 이들과 기존 우호 협력관계를 계속 증진

---

134) 「다져진 총력 안보와 자주 외교」, 『자유공론』 141, 1978.10, 34쪽; 「박대통령의 대북 주요제의」, 『서울신문』 1979.1.19.

해 나갈 것을 다짐했다. 그리고 한국과 체제와 이념을 달리하는 국가들과도 호혜 평등의 원칙하에 상호 문호를 개방함으로써 관계를 정상화하고 한반도의 긴장완화와 평화유지에 상호 협력해 나갈 것을 기대했다.135)

그리하여 중·고등학교의 일부 교과서 내용이 1973년 2학기부터 바뀌기 시작했다. 즉 고등학교의 국민윤리, 중학교의 반공도덕, 인문고등학교의 정치·경제 중 박정희의 평화통일외교선언에 저촉되는 부분을 고치는 것이었다. 대유엔 정책부분과 북한의 호칭문제를 중심으로 한 수정내용을 보면 '북한공산집단'은 '북한'으로, "남북 동시 유엔가입은 있을 수 없다"와 "남북한 동시 초청 봉쇄"라는 부분은 그 내용을 삭제하고, "북한공산정권을 타도하고"는 "북한에서 공산주의 사상을 몰아내고" 등으로 수정되었다.136) 이처럼 박정희 정권은 대화가 없었던 종전의 냉전적 대결의 자세를 지양하고, 효율적으로 남북대화를 추진하여 평화적 조국통일을 기약할 수 있도록 국민의 총화체제를 확립하고 국력을 배양하여 조국통일을 위한 민족주체세력을 형성·강화하려 했다. 이는 통일주체국민회의의 조직으로 나타났고 이로부터 대통령과 국회의원의 일부가 선거되었다. 이는 통일문제를 명분으로 박정희 정권의 장기집권을 도모하려는 것이었다.

그럼에도 불구하고 이러한 통일의 문제는 해방 이후 최대의 국민적 염원으로서 국민들의 지지를 받았다. 이는 앞서 서술한 바와 같이 평화통일을 그 통치이념으로 밝힌 10월 유신체제 성립에 대한 지지결의로 나타났을 뿐만 아니라, 유신헌법안에 대한 국민투표

---

135) 「제30주년 광복절 경축사」, 『박정희 대통령 연설문집』 12(대통령비서실, 1975. 8.15).
136) 「중·고교 교과서에 6·23 반영」, 『서울신문』 1973.7.26.

| 제1장 | 유신체제의 통치이념

가 1972년 11월 21일 실시된 결과 유례 없는 압도적 지지로 가결 확정되었다. 찬성 1천 2백 81만 3천 648표, 반대 1백 8만 7천 965표로 유신헌법안 확정에 필요한 총투표자수의 과반수를 월등히 상회하는 높은 지지율을 보였다.137) 이는 유신개혁에 대한 국민들의 기대감이 반영된 것이며, 평화통일에 대한 염원과 번영을 이룩하려는 유신헌법에 대한 공감으로 분석되었다. 일본 외무성 소식통에서도 이는 한국민의 통일에의 열망이 얼마나 큰지를 입증한 것이라고 평가하기도 했다.138) 또한 유신헌법에 대한 압도적인 국민지지는 유신체제에 대한 국민적 지지와 그 정당성을 드러낸 것으로 박정희의 영도력에 대한 신임의 표시이기도 했으며, 다극화 체제하의 국제정세의 변화에 대처하기 위한 새로운 체제의 필요성을 국민들이 공감했다는 표시이기도 했고, 남북대화 및 경제개발을 추진하기 위한 능률의 극대화와 국력의 조직화의 필요성과 사회적 부조리에 대한 국민적 반성이 반영된 것이기도 했다.139)

더 나아가 "유엔에 북한이 함께 가입하는 것을 반대하지 않는다"는 6·23 선언이 있은 날 대중들은 박정희 정권의 새 역량과 새 정책에 희망을 걸면서 이 조처를 환영했다. 특히 부산시민들은 이는 조국의 평화적 통일을 위하여 노력하는 진지한 태도라고 중론을 모았다. 그리고 전주시민들은 "어떤 방법으로든 조국의 평화통일을 성취하려는 박대통령의 집념이 강하게 표현된 것으로 생각된다"고 밝혔으며, 대학생들은 "변천하는 세계조류에 발맞추기 위한 현명하고 아량 있는 결정"이라고 환영을 표시하기도 했다.140) 그리하여

---

137)「유신헌법 확정」, 같은 신문, 1972.11.22.
138)『조선일보』1972.11.22~11.23.
139)「유신 출범을 말하는 좌담회」,『서울신문』1972.11.24.
140)『조선일보』1973.6.24.

이후 유신헌법과 유신체제에 대한 저항운동도 됐지만 유신체제에 대한 대중적 지지도 있었다는 것을 알 수 있다. 박정희 정권은 이러한 점으로 인해 장기독재를 할 수 있었던 것이라 볼 수 있다.

그러나 박정희는 북한공산주의자는 오직 계급투쟁의 입장에서 우리의 민족사를 왜곡 날조하는가 하면 이질적이고 폭력적인 공산혁명만을 위해 광분하고 있다고 말하고, 그렇기 때문에 그들에게는 조국과 민족을 운위할 자격이 없으며 민족사의 정통성은 엄연히 대한민국에 있는 것이라고 말했다.141) 더 나아가 유신체제는 적화통일의 길을 철저하게 봉쇄하는 것으로 조국근대화 작업을 보다 효율화함으로써 국민생활을 획기적으로 향상시키는 동시에 허울좋은 형식만의 것이 아니라 실질이 갖추어진 민주주의를 구현하고 나아가서 이를 토대로 통일문제에 대한 남북 간의 경쟁에서 남한이 승리자로 되는 것을 목적으로 했다.142)

특히 남북 간의 대화가 곧바로 조국의 평화 통일을 의미하지는 않는다고 보았다. 그것은 대화의 상대가 되는 남북의 정치체제가 그 이데올로기에 있어서나 그 내용에 있어서 너무나 이질적인 체제이기 때문이라는 것이다. 여기에 통일에 있어서의 기본적 입장의 문제가 있다고 보았다. 통일에 있어서는 국토의 통일과 민족의 통일만이 형성될 뿐만 아니라 또한 필연적으로 정치체제의 통일이 결과되지 않을 수 없다는 것이다. 따라서 한국의 입장에서는 그 통일은 자유민주주의적 기본입장에 의해서만 비로소 가능하다고 할 수 있다. 특히 대화나 평화적 협상에는 언제나 상대가 있는 까닭에 그 기본적 입장의 관철에는 언제나 비례원칙이 적용되게 된다고 보았다. 즉 상대를 압도할 수 있는 힘의 소유자만이 그 자신의 기

---

141) 「민족사의 정통성 엄연히 우리에게」, 『서울신문』 1974.7.16.
142) 「사설-올바른 조국관과 북괴관」, 같은 신문, 1974.5.28.

본적 입장을 관철할 수 있다는 것이다. 따라서 이질적 체제의 도전으로부터 한국사회의 자유민주주의를 수호하고 또한 나아가서 한국의 기본적 입장인 자유민주주의적 정치체제로 통일하기 위해서는 한국 자신의 체제를 정비하고 국민의 총력을 집결하여 상대를 압도할 수 있는 국력을 하루바삐 배양하지 않으면 안 된다고 보았다.143) 즉 통일모색은 힘의 우위에서 온다는 것이다. 그리하여 10월 유신체제가 지향하는 중요한 통치이념 중 하나가 바로 북한과의 대결에서 국력의 우위를 선취하는 것이었다. 이는 다음의 국력의 배양과 총력안보의 이념으로 나타났다.

2) 국력의 배양과 총력안보

박정희 정권은 유신체제의 통치이념으로 국권수호와 민족활로의 개척을 위한 국력의 배양과 총력안보를 제시했다. 우선 박정희는 다음과 같이 국력의 배양을 주장했다.144)

> "당면한 우리의 통일정책은 통일에 대한 모든 여건이 성숙될 때까지는 끈질기게 인내심을 가지고 남북이 평화공존을 하자는 것입니다. '선평화·후통일'정책입니다. 평화 정착 없이는 통일은 절대로 불가능한 것입니다. 평화정착이 선행되지 않는 통일이란 전쟁을 해서 무력통일하자는 말과 같은 말입니다. 따라서 우리는 먼저 불가침 협정을 체결하자고 했습니다 … 평화정착이 통일의 절대적인 선행조건입니다. 그러나 평화란 것은 우리들의 일방적인 염원이나 희망만으로는 결코 이루어질 수 없다

---

143) 갈봉근(유정회 국회의원), 「우리 민주주의와 국민총화」, 『공군』 164, 1978.10, 13쪽.
144) 「1974년도 국방대학원 졸업식 및 제22기 합동참모대학 졸업식 유시」, 『박정희 대통령 연설문집』 11(대통령비서실, 1974.7.16).

는 것을 명심해야 합니다. 적이 침략을 해 올 때 이를 충분히 저지하고 대항할 수 있는 우리의 강력한 힘이 있어야 합니다. 공산주의자들과의 협상이나 흥정에 있어서는 이것은 절대적인 요소가 되는 것입니다. 여기에 있어서 국력배양이 문제가 됩니다. 국력배양을 굳건히 다져 나간다는 것은 통일을 촉진하는 유일한 첩경입니다. 국력배양을 가속화시키기 위해서는 국력의 조직화와 능률화가 무엇보다도 급선무라는 결론에 도달하게 됩니다. 10월 유신의 근본 목적이 바로 여기에 있는 것입니다."

이처럼 박정희는 평화정착이 통일의 절대적인 선행조건이며 이를 촉진하는 유일한 길은 국력배양이라고 주장했다. 즉 평화를 유지하는 최대의 무기가 국력배양이라고 했던 것이다.

박정희는 "1970년대는 우리가 통일문제에 대해서 보다 더 적극적으로 접근을 시도해야 할 년대요, 시기라고 생각합니다. 보다 더 적극적으로 접근을 시도한다는 것은 무슨 뜻이냐 하면 이 기간 중에 우리가 국력을 급속히 성장시켜서 통일에 대비할 여건과 기반 조성을 서둘러야 하겠다는 것입니다. 그래서 정치, 경제, 외교, 문화 등 모든 분야에서 우리가 북한보다도 압도적으로 우월한 힘을 배양해서 통일에 대비한 여러 가지 고지를 선수를 써서 점령해 버리자 하는 것입니다"라고 주장했다.145) 이처럼 그는 통일에 대한 적극적 접근이란 모든 분야에서 북한보다 우월한 국력을 배양하는 길이라고 말했다.

즉 박정희는 공산주의자들의 전쟁도발을 단호히 분쇄하고 남북대화를 진전시킬 수 있는 단 하나의 길은 그들보다도 모든 면에서 우리가 우월한 국력을 하루속히 배양하고 또한 이를 위해 우리 국민 모두가 총화 단결하는 길뿐이라고 주장했다.146) 박정희 정권은

---

145) 박정희 대통령 연설문선집, 『평화통일의 대도』, 8~9쪽.
146) 「1975년도 육군사관학교졸업식 유시」, 『박정희 대통령 연설문집』 12, 1975.3.28.

국력배양을 우리들이 무엇보다도 먼저 서둘러 이룩해야 할 기본과제라고 보았다. 국력은 민족주권의 바탕이요, 민족번영의 원천이며 민족중흥의 원동력이기 때문이라는 것이다. 자유와 민주는 민주국가에 있어서 가장 소중한 것이지만 이는 우리가 가만히 있어도 저절로 보장되는 것이 아니라고 주장했다. 우리의 힘, 곧 자주적인 국력으로 우리 스스로가 그를 지키고 가꾸어 나가야 한다고 보았다.147) 그리고 민족의 평화적 통일을 궁극 목표로 하는 남북대화를 실질적으로 튼튼히 뒷받침하기 위해서는 자유민주체제의 방만성을 스스로 절도 있는 자율적 기강으로 전환하고, 그간에 성장 조성된 우리 사회 내부의 제 역량을 분산상태에 놓아 둘 것이 아니라 국력의 조직화로 한데 묶어 생산성과 능률을 극대화함으로써 민족의 소명 앞에 채비를 가다듬고 전진해 나가야 한다고 주장했다. 이것이 곧 10월 유신의 기본정신이며 체제혁신의 참뜻이라는 것이다.148) 그리하여 국력배양운동은 10월 유신의 중심운동이자 박정희의 중심사상이며, 이에는 정신혁명, 정치혁명, 자립경제, 자주국방, 반공조직과 훈련 등이 포함된다.

    우선 국력을 배양하기 위해서는 이에 상응하는 정신적 자세와 기강의 재확립이 불가피하다고 보았다. 따라서 국력배양에는 정신혁명이 선행되지 않으면 안 된다고 보았으며, 한민족의 정신사적 유산 중에서 좋은 것은 보존 발전시키되 국력배양을 저해하는 일체의 비생산적이며 전근대적인 의식구조는 전면적으로 개혁되지 않으면 안 된다고 주장했다. 이런 점에서 한민족의 근세사를 욕되게 한 정신적 유산인 사대와 의타, 수구와 정체, 분열과 파쟁 그리

---

147) 문화공보부, 『총화유신의 시정지표』(문화공보부 홍보조사연구소, 1974. 2.22), 6쪽.
148) 임방현, 「박대통령의 지도이념과 민족의 새 역사」, 『국민회의보』 1, 1973, 35쪽.

고 숙명론적인 패배주의와 회의, 냉소, 부정적인 정신자세를 말끔히 일소하지 않으면 안 된다고 보았다. 그래서 자립·자조·자위의 자주의식, 개혁에의 부단한 의지와 진취적인 기상, 협동과 단합, "하면 된다"는 자신감과 능동적이고도 긍정적인 참여자세 등으로 한민족의 정신자세를 재무장할 때 비로소 10월 유신을 추진할 수 있는 정신적 기반이 마련된다고 주장했다. 그리고 이러한 정신개혁운동으로 새마을운동을 제시했다.149)

또한 국력을 기르기 위해서는 국력을 기를 수 있는 정치제도부터 마련하지 않으면 안 된다고 보았으며, 그 정치제도는 자유민주주의를 기본이념으로 하되 한민족의 실정에 맞는 생산적인 민주정치제도가 되지 않으면 안 된다고 주장했다. 생산적인 정치제도란 정치적 안정기반 위에 지도층의 영도력을 중심으로 국론을 집약하여 국력을 조직화하고 능률을 극대화할 수 있는 장치가 아니면 안 된다고 보았다.150) 여기서 능률이란 주어진 목적을 달성함에 있어서 체제를 개혁하고 운용한다는 의미이며, 당시 한반도가 처한 국내외적 위기상황에 대응할 수 있는 체제개혁의 논리와 방향은 바로 대통령을 국가적 권력의 구심점으로 하고 입법·사법·행정의 기능을 조정·운용할 수 있는 권한을 부여해야 한다는 것이다.151) 그리하여 유신체제는 박정희 대통령을 국력의 조직화와 능률의 극대화의 구심점으로 설정했다.

또 한편 유신체제의 전개에 있어서 그 기조가 되는 것은 서방적 대의민주체제를 골격으로 하는 정당국가적 경향을 지양한 것이다. 이는 서구적 대의제도의 역기능을 과감하게 시정하고 정치안정의

---

149) 현대정치연구회, 『유신정치의 지도이념』(광명출판사, 1976), 33~34쪽.
150) 현대정치연구회, 같은 책, 32~33쪽.
151) 「유신의 설계」, 『서울신문』 1972.11.9.

바탕을 마련하여 국력의 조직화와 정치의 능률화를 기하기 위해 정당활동과 선거과정을 통하여 일어나는 조직적인 정치부패를 될 수 있는 한 줄여 한국의 역사적인 현실의 요청에 알맞는 정치풍토로 개선하자는 데 그 목적이 있었다.152)

과거 한국에 있어 국민총화를 이루기 위한 국민의 구심점은 국회나 정당에 있었다. 그러나 그동안의 국회나 정당의 운영실태를 보아 국가의 구심점을 거기에 맡길 수 없다는 결론을 얻게 되었다는 것이다. 과거 부정부패라든지 여러 가지 사회악이 정당으로부터 파생되는 사례를 많이 볼 수 있다는 것이다. 정당은 국력을 배양하고 국민을 단결시키며 국민들의 구심점 역할을 담당하기는커녕 오히려 국력을 약화시키고 국민 간의 불신과 분열을 조장시키는 경향마저 보였다는 것이다. 여기에서 국가의 구심점을 정당우위체제에서 행정우위체제로 전환할 필요성, 특히 대통령에게서 찾아야 된다는 당위성이 있다고 보았다.153)

특히 한국이 국제정세의 급변이라는 밖으로부터의 도전과 평화와 번영을 위한 북한과의 선의의 경쟁이라는 안으로부터의 시련을 극복하기 위해서는 무엇보다도 한국의 자유민주주의체제가 국민을 보다 잘 살 수 있게 해주며, 보다 우월한 체제라는 점을 과시해야 한다는 것이다. 그러려면 한국이 하루 속히 번영해야 하며, 번영하기 위해서는 모든 면에서 안정이 유지되어야 한다는 것이다. 그중에서도 특히 정치적 안정이 국력의 증강과 번영을 이룩하는 데 가장 긴요한 요건이라고 보았다. 이 정치적 안정을 위해서는 정당의 운영과 선거제도의 개선에 깊은 관심을 가져야 하고, 대통령과 국회의원의 임기도 이러한 관점에서 6년으로 연장되는 것이 정국의

---

152) 「유신체제의 출범」, 같은 신문, 1972.11.28.
153) 「10월 유신과 우리의 자세」, 『새충남』 1972.11, 41·47~48쪽.

안정을 기하기 위해 절대적으로 필요한 것이라고 주장했다. 특히 대통령의 임기는 연임에 제한이 없었다. 이 역시 빈번한 선거의 실시로 빚어지는 국력의 낭비와 정정(政情)의 불안 등의 요인을 제거하는 동시에 앞으로 대내외적으로 밀어닥칠 시련과 도전에 효과적으로 대처하기 위한 국가영도력의 안정성, 계속성을 담보하기 위한 것이라 설명되었다. 이 밖에도 안정과 번영을 위해서는 대통령에게 권력을 집중시킬 수밖에 없으며, 긴급조치권의 부여는 절대로 필요한 것이라고 보았다.154)

대통령의 지위도 종전까지의 삼권분립하에서의 행정부의 수반이기보다는 국난을 극복해 나가는 민족의 예지와 단결을 대표하는 국가적 지도자와 최고 책임자의 지위로 강화되었다. 그리고 그 같은 예를 프랑스 제5공화국 헌법에서 찾기도 했다 155) 박정희는 드골 헌법을 구해서 직접 읽어보았으며, 자유민주주의의 본산이라고 할 수 있는 프랑스에도 이런 강한 대통령 긴급명령제도가 있구나 라고 말했다. 그리고 그는 드골 헌법의 대통령의 비상대권과 국민

---

154) 한국헌법연구회, 「유신헌법의 배경설명」, 『통일생활』 3권 30호, 1972.12, 36쪽; 갈봉근, 『유신헌법해설』(광명출판사, 1975), 6・106~107쪽.

155) 『서울신문』 1972.10.23, 10.27; 한국헌법연구회, 앞의 논고, 35쪽; 이러한 유신헌법과 대통령의 권한강화는 프랑스 제5공화국 헌법과 드골 대통령에 비견되기도 했다. 특히 드골 대통령은 어느 민주국가의 대통령 보다 가장 강력한 권한을 가졌는데 그 권한으로 알제리아 위기를 극복하고 위대한 프랑스 국가를 키웠다고 소개되기도 했다. 『서울신문』 1972.10.23. 그리하여 유신헌법안은 1958년의 프랑스 드골 헌법을 많이 참고하고 있다고 보기도 했다. 『서울신문』 1972.11.2; 그러나 프랑스 헌법에서는 국가안보가 직접적으로 위협을 받아야만 긴급조치를 할 수가 있지만 유신헌법에서는 그런 위협을 받을 우려만 있어도 이를 발동할 수 있다. 또 프랑스에서는 긴급조치가 발동되면 국회가 자동적으로 소집되며 또 해산되지도 않는데 유신헌법에는 이러한 후속조치 없이 그저 형식적으로 국회에 통고하게만 되어 있다. 「개헌공방」, 『동아일보』 1975.1.18; 보다 구체적으로 드골 헌법과 유신헌법의 비교에 관해서는 변재옥, 「드골 헌법과 유신헌법」, 『영광문화』 9(대구대학교, 1986.12) 참조.

투표제 및 간접선거 방식에 깊은 관심을 보였다. 또 실무진들을 프랑스, 스페인, 대만, 인도네시아 등에 보내어 대통령 통치권에 대해 연구하게 했다.156)

그 결과 유신체제하의 대통령은 대통령에게 필요하다고 판단할 때 국정전반에 걸쳐 사전, 또는 사후에 긴급조치권을 가질 뿐만 아니라 국회해산권을 가지는 것 외에도 국회의원 정수의 3분의 1을 추천할 수 있었다. 또한 중요 정책의 국민투표부의권(附議權), 대법원장을 제외한 모든 법관임명권이 있었고, 더 나아가 대통령은 국회의 불신임 대상이 될 수 없다고 규정함으로써 대통령의 권한을 극대화했다.

요컨대 유신헌법이 갖는 가장 두드러진 특성은 국가적 권력을 개별이익의 대표자인 정당이나 정치인들에게 맡기지 않고 국민 전체의 에너지로 정의하고 있는 점이다. 이 헌법은 국가적 권력을 도입하기 위해 제도를 재정비했다. 특히 민족적인 숙원인 통일문제가 남북 간의 대화를 통해 논의되고 있는 때에 국가이익의 우위성, 국가 전체성의 안전, 국가권위의 확립은 무엇보다도 시급하다고 보았으며, 이러한 요구가 유신헌법에 반영되어 전통적인 의회주의 및 정당국가제도에서 벗어나 대통령을 중점으로 하는 강력한 권력구조를 갖추게 되었던 것이다.157)

이러한 대통령 일인 지배체제는 지배체제 내에서 대통령에 대한 도전세력이 크게 약화되었다는 것을 의미했는데, 사실상 삼선개헌안 통과 이후 박정희 권력에 대한 정권 내부로부터 의미 있는 도전은 존재하지 않았다. 이러한 상황은 김재규(金載圭)의 돌발적인

---

156) 김정렴, 앞의 책, 172·176쪽; 이기훈, 앞의 논고, 222쪽.
157) 갈봉근(국회의원, 법학박사), 「한국적 민주주의와 유신헌법」, 『국민회의보』 2, 1973, 217~220쪽.

박정희 암살에 이르기까지 계속되어 유신체제 유지에 큰 요인이 되었던 것이다.158)

　이처럼 안정과 번영을 특징으로 하는 유신헌법안 역시 나름대로 국민적 설득력을 지니고 있었다. 그러나 유신헌법은 의회주의의 합리화와 국회의 운영을 효율화한다는 명분 아래 종래 삼권분립의 원칙 및 정당국가적 제도를 지양하고 대통령에게 권력을 집중시키고 연임에 제한을 두지 않음으로써 행정 우위, 국가 우위의 전체주의적 성격을 내포한 '공개적 독재정권'의 성격을 지닌 것으로 박정희의 장기집권 의지를 제도적으로 보장한 것이었다.

　한편 국력은 정치, 경제, 사회, 문화 등 모든 분야에서 국민적 총화를 말하는 것이나 그 가운데서도 경제건설은 국력배양의 핵심적 과제가 된다고 보았다. 경제건설은 5·16 이후 10여 년 동안 유례 드문 비약적 발전을 이룩했다고 보았으며, 이를 토대로 발전을 보다 가속화시켜 1980년대에는 선진국가 대열로 한국 경제를 끌어올리는 것이 그 지표가 되었다.159) 국력의 문제에 있어서 박정희는 경제적인 문제는 벌써 승부가 난 것이 아닌가라고 말하면서 한국이 1978년도 현재 북한보다 적어도 10년 내지 15년은 앞서 있다고 했으며, 군사적인 문제에 있어서는 1978년도 현재 남북이 그저 비등하다고 주장했다. 그러나 근본적으로 전쟁을 피하겠다는 것이 한국의 기본방침이기 때문에 저쪽에서 전쟁을 해도 이길 자신이나 승산이 없다고 생각하고 체념하도록 만들려면 우리가 북한보다 훨씬 더 우위에 서야 하겠다고 말했다. 그리고 이를 위해서는 앞으로 몇 년이 더 걸릴 것이며, 1980년대 초에 들어가면 그런 때가 오리라고 전망했다.160)

158) 김영명, 「한국의 정치변동과 유신체제」, 앞의 책, 399쪽
159) 현대정치연구회, 앞의 책, 33쪽.

| 제1장 | 유신체제의 통치이념

또 한편 박정희는 공산주의자들의 전쟁도발을 단호히 분쇄하고 남북대화를 진전시키기 위해서는 철통같은 자주국방 태세의 확립이 중요한 과제라고 보았다.161) 그는 과거 한국안보는 전적으로 미국에 의존해왔으나 앞으로는 전쟁이 나더라도 6·25 때와 같은 지원은 기대할 수 없으며, 제한된 지원만이 있을 것이라고 설명하면서 자주국방 태세확립의 필요성을 강조했다.162) 특히 주한미군의 부분 철수는 한국이 미국으로부터 그만큼 자율권을 확보할 수 있는 계기가 되었으며, 한국 정부는 미군 철수 이후 종래의 미국 의존 위주의 국방정책을 지양하고 자주국방체제를 강화하기 시작했던 것이다.163)

박정희는 자주국방의 개념을 외부의 지원 없이 북한 공산집단이 단독으로 공격해 올 경우 우리도 우방의 지원 없이 우리 단독의 힘으로 1대 1로 능히 이를 격퇴하고 막아낼 수 있는 정도의 국방력이라고 언급했다.164) 또한 그는 "국방은 우리의 생명과 자유와 전진을 보장하는 기초"라고 규정하고, "우리의 국토는 1차적으로 우리가 지키자는 것이 바로 내가 말하는 자주국방의 기본정신이며 자세"라고 지적했다.165) 그는 "지금 우리 사회 일각에서는 아직도 시국의 중대성을 올바로 인식하지 못하고 중공이나 소련이 북한 공산 집단의 무력 남침을 견제할 것이기 때문에 북한의 재침은 없을 것이라고 착각하고 있는 사람들이 있는 것 같습니다. 이것은 지극히 위험천만한 사고방식입니다. 이러한 사고방식은 우리의 총화

---

160) 「연두기자회견」, 『박정희 대통령 연설문집』 15(대통령비서실, 1978.1.18).
161) 「1975년도 육군사관학교졸업식 유시」, 『박정희 대통령 연설문집』 12, 1975.3.28.
162) 「국민총력 안보체제 강조-박대통령 연두회견 해설」, 『동아일보』 1972.1.12.
163) 최완규, 앞의 논문, 101쪽.
164) 『박정희 대통령 연설문집』 13(대통령비서실, 1976), 43쪽.
165) 「모두에게 일자리 보장」, 『서울신문』 1973.1.1.

체제를 약화시키고 우리의 국가안보를 위태롭게 하는 사대 의존적인 망상이라고 하지 않을 수 없습니다. 따라서 나는 우리 국민 모두가 이 같은 환상적인 평화론을 철저히 배격하그 오직 국력배양과 총력안보의 길을 일사 불란하게 밀고 나가야 한다는 것을 다시 한번 강조해 두는 바입니다"라고 말했다.166) 이처럼 박정희는 환상적인 평화론을 배격하고 국력배양과 총력안보를 강조했다.

그리고 국력을 배양하고 총력안보를 기할 수 있는 총화체제를 확립하기 위해서는 첫째로 과거의 집단안보체제에서 파생되었던 외세 의존적 국방의식을 지양하고 국민의 자주적 국방의식을 고양하여야 한다. 둘째로 군 장비의 현대화가 시급히 추진되어야 한다. 현대전은 과학전이며 속전속결임을 감안할 때 장비의 현대화는 우선적으로 이루어져야 한다. 셋째로 군의 정예화를 위하여 정신적·육체적인 훈련이 강화되어야 하며, 필승의 신념과 백전백승의 기개를 배양하여 사기를 진작시켜야 한다. 넷째로 자주국방태세를 확립하기 위해서는 자주적인 방위산업을 육성 발전시켜야 한다. 그러기 위해서는 전략적 중화학공업을 육성하고 방위산업 시설을 양성해야 한다. 다섯째로 총력안보태세를 확립하기 위해서는 국가총동원체제를 확립하고 그 기동화를 도모해야 한다. 이를 위해 전 국민의 동원체제를 갖추어야 한다고 주장했다.167)

---

166) 「1974년도 육군사관학교졸업식 유시」, 『박정희 대통령 연설문집』 11, 1974.3.29.
167) 「10월 유신 의의와 전망」, 『서울신문』 1972.11.13; 1973년 1월 12일 연두기자회견에서 박정희는 중화학공업정책을 적극 추진하겠다는 선언을 발표했다. 이러한 선언의 또 하나의 숨은 동기는 방위산업 육성과정에서 본격적인 방위산업은 중화학공업이 전제가 된다는 점을 뼈저리게 느꼈기 때문이었다. 다시 말해 중화학공업이 육성되면 우리나라 방위산업은 반석 위에 올라가는 동시에 북한의 공업력, 특히 중화학공업을 압도하게 되는 것이다. 그래야만 우리나라가 북한보다 모든 면에서 우위를 점하게 되며 나아가서는 북한의 도발을 원천적으로 봉쇄할 수 있게 된다고 보았다. 김정렴, 앞의 책, 289쪽; 또한 박정희는 1980년대 중반에 가면 고도의 전자병기와 항공기까지 우리나라에서 생산할 수 있도록 모

이처럼 박정희 정권은 국력배양과 총력안보의 일환으로 자주국방을 강조했으며, 이로 인해 대중들은 유신체제를 지지하게 된 것이다. 그리고 실제 박정희 정권은 자주국방을 실천하였다.

즉 지상군의 기본병기인 155㎜ 곡사포, 20㎜ 대공발칸포, 105㎜ 곡사포, 81㎜·60㎜·4.2인치 박격포, 3.5인치 로켓포, M79 유탄발사기, 90㎜ 무반동총, 106㎜ 무반동총 등 각종 화기와 5백 MD 다목적 헬리콥터, 산악전용 경장갑차 그리고 월남전 당시 신병기로 위력을 떨쳤던 스마트탄 등 각종 실·포탄류 등의 양산체제가 갖추어졌고 해군의 초계정 건조, 미사일 정비창 건설 및 항공기 정비창 확장 등이 이루어졌다. 그리고 1978년 9월에는 평양까지 도달하는 한국형 지대지 중장거리 유도탄을 개발, 시험발사에 성공하기도 했다. 이로써 세계에서 7번째로 유도탄을 자체 개발·보유한 나라가 되었으며, 유도탄 시험발사 성공은 한국이 독자적인 무기체제를 이룩하는 데 획기적인 계기가 되었을 뿐만 아니라 비로소 한국의 방위산업이 고도정밀과학 병기까지도 만들어낼 수 있는 수준에 도달했음을 입증해 주었다.168)

한편 박정희는 자주국방의 문제는 위와 같은 물량 면에서 뿐만 아니라 정신전력 면에서도 적을 능가할 수 있어야 한다고 주장했다. 현대전은 군인만으로 싸워서 이기기는 어려운 것이며, 전 국민이 싸워서 이기겠다는 필승의 신념에 차 있어야 하고, 각자가 맡은 일에 일선 장병과 똑같은 정신으로 자기의 책임을 완수해야 한다고 강조했다. 이것이 '총력안보'이며 이렇게 하면 우리는 반드시 전

든 준비를 착착 진행하고 있다고 밝혔다. 우리나라의 방위산업은 북한보다 10년 이상 출발이 늦었지만 현재는 우리가 벌써 앞서는 단계에 들어섰는데 이것은 시간이 가면 갈수록 그 격차가 점점 더 커질 것으로 전망했다. 「연두기자회견」, 『박정희 대통령 연설문집』 16(대통령비서실, 1979.1.19).
168) 김정렴, 앞의 책, 291~292·296쪽.

쟁에서 이길 수 있다고 확신했다.169)

그리고 그는 "총력안보라는 것은 우리들이 가정에서나 직장에서나 학교에서나 농촌에서나 그 밖에 어디서나 우리 각자가 맡은 일을 그 일이 크고 작고를 막론하고 자기가 해야 할 일에 가장 충실하고 최선을 다하자는 뜻"이라고 말했다.170) 특히 '총력안보'라는 통치이념은 개인의 권리나 자유보다는 국가와 국민 전체의 안전 및 생존에 우위를 두는 사고방식을 말한다.

그는 제8대 대통령 취임사에서 언급하기를 "나는 조국에 대한 사랑, 국가에 대한 충성심이 없는 사람은 자기의 가정에서도 진정한 화목과 우애를 이룰 수 없다고 믿는 것입니다. 따라서 이 애국심, 이 조국애가 곧 우리들이 정립해 나가야 할 국민기강의 근본이라고 강조해 두고자 합니다. 나는 국민 한 사람 한 사람이 나와 국가를 하나로 알고 국력배양을 위해 총력을 기울일 때 비로소 그 국력은 국민 각자의 안정과 번영에 직결될 수 있으며 행복하고 명랑한 그리고 도의가 지배하는 사회를 건설할 수 있게 된다고 믿는 것입니다. 우리는 안으로 근면과 검소, 정직과 성실의 기풍을 일으키고 조국을 위한 사랑, 국가에 대한 충성을 굳게 다짐하면서 국력증강을 위해 더욱 힘차게 매진해야 하겠습니다. 밖으로는 민족의 진취적인 기상과 슬기로운 자주성을 더욱 드높여 우방과의 친선·협력관계를 증진하여 세계평화와 인류공영에 이바지하도록 해야 할 것입니다. 이것이 곧 민족의 대웅비를 기약하는 발판이 되며 민족사의 진운을 영예롭게 개척해 나가는 새 이정표가 될 것으로 확신합니다"라고 했다.171) 또한 그는 1973년 새해 연두기자회견에서

---

169) 「연두기자회견」, 『박정희 대통령 연설문집』 15, 1978.1.18.
170) 「제27주년 국군의 날 유시」, 『박정희 대통령 연설문집』 12, 1975.10.1.
171) 「박대통령 취임사 전문」, 『서울신문』 1972.12.27.

| 제1장 | 유신체제의 통치이념

"나라와 나는 하나이다. 이는 진리이다. 나라가 잘 돼야만 나도 잘 되고, 나라가 부강하고 나라에 영광이 있어야만 나도 부강하고 영광된다는 국가관이 있어야겠다"고 강조하여 나와 국가와의 일체감을 강조한 바 있다.172)

더 나아가 그는 1977년 2월 4일 법무부 순시에서 "현 단계에서 우리사회의 최고가치체계는 민족의 생존과 국가의 보위이며 3천 5백만이 생존하는 바로 그것이 우리나라에 있어서의 최고의 인권"이라고 강조했다. 그는 반국가, 반사회, 반윤리, 반시국에 저촉되는 행위를 철저히 다스리도록 지시하면서 이 같이 선언하고 "어느 사회든 불평 불만을 가지고 반대하는 사람이 있게 마련이지만 민족과 국가의 존립이 걸려 있는 중대한 시기에는 필요한 경우 일부 개개인의 다소의 자유는 스스로 자제돼야 한다"고 말했다. 그는 "이것이 민족과 국가가 살고 자기 자신도 사는 길이며 우리 국민 대다수는 이를 잘 인식하고 유신체제를 지지하고 있으나 아직도 깨닫지 못하는 사람이 일부 있다"고 지적하고, "앞으로 이런 사람들에 대해서는 가차없이 법의 제재가 있어야 할 것"이라고 주장했다. 그는 "아직도 극소수 중에는 유신체제에 대한 불만을 가지고 민주주의와 자유가 어떠니 하면서 이러쿵 저러쿵 말하는 사람이 있으나 이는 궤변"이라고 비난하고 "민족이 희생되어도 몇몇 사람이 맘대로 떠들어야 한다고 생각하는 것은 자유도 아니오 민주주의도 아니다"라고 잘라 말했다.173)

특히 한국처럼 공산도배들의 부질없는 침략위협을 받아 죽느냐 사느냐의 기로에 서 있는 극한적인 사회상황에 있어서는 자유란 한낱 사치품에 불과하다고 보았다. 그리하여 한반도에 있어서 근본

---

172) 문화공보부, 『유신 6개월의 성과』, 25쪽.
173) 「반국가・반사회・반시국행위 엄단」, 『동아일보』 1977.2.5.

적으로 긴장이 사라져 평화를 정착시키고 모든 국민이 전쟁의 불안·공포에서 해방될 때까지는 개인의 권리나 자유보다는 국가의 안전과 국민 전체의 생존을 중요시하는 가치관 밑에서 공동생활을 영위하고 국가건설을 해나가지 않으면 안 된다고 주장했다.174) 이처럼 유신체제는 개인의 권리나 자유보다는 국가의 안전과 국민 전체의 생존을 중요시하는 안보제일주의 가치관을 특징으로 하고 있었다. 그리고 이러한 국가논리에 의거하여 대중들을 유신체제에 동원시키고 국민사상과 생활을 통제했던 것이다.

　한편 박정희는 평화통일을 지향하면서도 선의의 체제경쟁에서 이기기 위해서는 반공정신에 투철해야 한다고 주장했다. 그는 1974년 제26회 제헌절 경축사에서 "지금 우리는 우리의 민주주의를 말살하고 생존권마저 유린하려는 북한 공산주의자들의 끊임없는 침략 위협에 직면하고 있다"고 지적하고, "우리 국민 모두가 반공정신에 더욱 투철해야 한다"고 당부하고 "반공이 곧 민주수호의 길이요, 또한 민주주의를 지키는 것이 바로 겨레의 평화와 번영에 이바지하는 길이라는 것을 항시라도 잊어서는 안 된다"고 강조했다. 그리고 "민주주의를 수호하고 민족사의 정통성을 발전시켜 나가기 위해서는 반공사상을 우리의 정신적 지주로 삼아야 한다"고 말하고, "우리 국민 모두가 시국의 중대성을 올바로 인식하고 항상 공산주의에 대한 경각심을 드높여 총화단결로 극력배양에 매진하는 것이 우리의 헌정질서를 유지 발전시켜 나가는 길"이라고 밝혔다.175) 즉 그에게 있어서 반공은 북한과의 체제경쟁에서 이기는 방법일 뿐만 아니라 남한의 체제가 우월한 것임을 입증하기 위한

---

174) 신상초(유정회 국회의원), 「국가안보제일주의」, 『국민회의보』 13, 1976, 36~37쪽.
175) 「제26회 제헌절」, 『동아일보』 1974.7.17.

요소이기도 했다.176)

특히 반공정신에 따른 총력안보의 통치이념은 1974년 8·15 저격사건 및 1975년 베트남의 공산화 이후 북한의 도발을 경계하면서 전 국민적 차원으로 한층 더 고양되었다. 즉 1974년 8·15 저격사건으로 반일 및 북한규탄대회가 계속되었다. 한국예술문화단체총연합회 산하 10개 단체 회원들은 8월 24일 비상시국에 대처하는 총궐기대회를 갖었으며 경기도민과 풍문여고, 휘문고교, 동성고교, 숭문고교, 한양공고, 덕성여고, 동북고교, 보성고교, 용산고교, 대륜고교, 신일고교, 보인상고와 충남여성단체 및 대한상이군경도지회, 전몰군경유족회도지회, 전몰군경미망인도지회 회원들에 의한 총궐기대회가 계속되었다.177) 특히 '김일성(金日成) 규탄 및 일본각성촉구국민궐기대회'가 동년 8월 27일 서울운동장에서 15만 시민들이 참석한 가운데 열렸다. 이날 궐기대회에서 곽상훈(郭尙勳) 통일주체국민회의 의장은 대회사를 통해 "8·15 저격사건은 살인괴수 김일성의 지령을 받은 조총련의 만행이었으며, 이 사건 직후 일본이 취한 무책임한 언동과 무성의한 태도는 민족적 공분을 느끼게 했다"고 말하고, 5천만 민족의 이름으로 살인 괴수 김일성을 처단할 것과 일본은 이 사건 수사에 성의를 보이고 대남 적화 음모기지가 되고 있는 조총련을 불법화하고 해체할 것을 촉구한다고 말했다.178)

이 밖에도 1974년 8월 28일 인천, 부산, 광주, 대구, 마산, 춘천, 청주, 충주, 전주, 목포, 제주 등 전국 곳곳에서 김일성 타도 및 일본 정부의 각성을 촉구하는 궐기대회가 열렸다.179) 그리하여

---

176) 탁희정, 앞의 논문, 19쪽.
177) 「반일데모 나흘째」, 『동아일보』 1974.8.24.
178) 「시민 15만 명 궐기대회」, 같은 신문, 1974.8.27.

동년 8월 20일부터 시작되어 9월 9일 현재 개최된 궐기대회는 2백여 회에 73만명이 참가했다.180)

또한 광복회, 대한상이군경회, 대한전몰군경유족회, 대한전몰군경미망인회, 재일학도의용군동지회 등 5개 국가우공단체 회원들은 1974년 12월 4일 서울 대한극장에 모여 '국가유공자총화유신촉진궐기대회'를 열고, 일부 학생과 종교인, 정치인들이 유신체제를 비방하는 것을 볼 때 통탄하지 않을 수 없다고 하면서 오늘의 난국을 극복하는 길은 유신체제를 더욱 굳건히 다져서 생활의 안정을 기하는 것이라고 강조하고, 총화유신체제를 악화시키는 일체의 행위를 단호히 배격하고 유신체제를 수호한다는 결의를 했다.181) 더 나아가 경기도교육위원회에서는 유신체제를 찬양하는 내용의 '유신새야'란 노래를 일선 교사들에게 가르쳐 학생들에게 보급시키도록 했다. 이 노래는 다음과 같은 내용을 지니고 있다.182)

제1절: 새야 새야 유신새야 푸른 창공 높이 날아 조국중흥 이룩하고 자주통일 달성하자.
제2절: 새야 새야 유신새야 너도나도 잘 살자는 유신헌법 고수하여 국력배양 이룩하자.
제3절: 유신 유신 오직 유신 유신체제 반대하면 붉은 마수 밀려온다.

이처럼 8·15 저격사건으로 반공정신과 총력안보가 강조되었으며, 이는 유신체제에 대한 지지로 나타났다.

한편 박정희는 해방 뒤 공산주의자들에 의해 남북이 분단됐고

---

179) 「전국서 데모」, 같은 신문, 1974.8.28.
180) 같은 신문, 1974.9.9.
181) 「총화유신촉진궐기대회」, 같은 신문, 1974.12.4.
182) 「유신찬양노래 보급」, 같은 신문, 1975.1.30.

지금도 전시와 같은 상태에 있다고 하면서 동남아시아에서 공산주의자들이 성공했다는 사실이 북한의 공산주의자들에게 용기와 고무를 주어 한반도에서 무모한 도발을 저지르지 않을까 하는 우려가 있다고 하면서,183) 1975년 4월 16일 "안보는 1백 중 99가 가능성이 없고 그중 1만이 가능성이 있다고 해도 그 하나의 가능성에 대비, 만전을 기해야 되는 것이며 국가안보는 물건을 흥정하는 식으로 되는 일이 아니다"라고 말했다.184)

그는 인지사태는 북한 공산군의 기습 남침을 받은 바 있는 우리에게는 결코 대안의 화재일 수가 없다고 보았으며 인지사태가 우리의 국가안보와 직결된다는 점을 명심하고 한층 더 총력안보의 국민적 결의를 굳게 가다듬어야 한다고 말했다. 그리고 그는 우리가 제2의 베트남이 되지 않기 위해서는 국력배양과 총력안보태세 및 반공정신을 더욱 강화해야 한다고 강조했다.185) 이에 따라 국민들에 의한 총력안보 결의대회가 절정에 달했다. 1975년 5월 7일 하루 동안 전국 각지에서 1백만여 명이 궐기대회를 갖고 반공결의를 새로이 했다. 서울, 인천, 제주 등 전국에서 일반 시민들의 대규모 안보단합대회가 열렸던 것이다.186) 8일에도 전국 각지에서 1백 30여 만 명이 반공궐기대회를 갖고 총력안보에 앞장 설 것을 다짐했다. 그리고 한국반공연맹, 경제, 여성 및 종교계 등 각계 대표 38명은 1975년 5월 8일 '총력안보국민협의회'를 결성했으며, 발기인 38명은 "작금의 동남아 사태는 결코 대안의 화재가 아니며 한반도에 점화될 위험 신호"라고 지적하고, "6·25 동란과 월남전

---

183) 『서울신문』 1975.4.19.
184) 「안보는 1%의 위험성에도 대비해야」, 같은 신문, 1975.4.17.
185) 「제7주년 예비군의 날 담화문」, 『박정희 대통령 연설문집』 12, 1975.4.12; 박정희 대통령 연설문선집, 『평화통일의 대도』, 260~261쪽.
186) 「총력 안보 결의 절정에」, 『서울신문』 1975.5.7.

선에서 죽어간 전우의 뜻을 받들어 비상전시체저를 편성하고 출전 준비를 서둘러 갖추어야 한다"고 선언했다. 그리고 5월 10일 총력안보 1백만 서울 시민궐기대회를 개최하기로 했다. 이날 대회에서는 첫째로 비상전시체제의 일원으로 반공전사답게 행동한다. 둘째로 조국수호가 모든 가치 질서에 우선할 것을 실증한다. 셋째로 용공분자의 발본색원에 앞장선다. 넷째로 안보태세 확립에 장애가 되는 일체의 퇴폐풍조를 추방한다. 다섯째로 유사시에는 죽음을 무릅쓰고 출전할 것을 천명한다는 5개항의 행동강령을 채택했다.187)

휴강 중인 각 대학 학생들도 총력안보의 대열에 나섰다. 서울대생, 연세대생, 고려대생은 1975년 5월 9일 안보결의를 밝히는 궐기대회를 열고 북한을 성토했다. 이들은 대회에서 국론통일에 앞장설 것을 다짐하고 박정희 대통령에게 보내는 메시지를 채택하고 김일성 화형식도 가졌다.188) 총력안보궐기대회는 1975년 5월 10일에 이어 11일, 12일에도 전국 곳곳에서 열렸다.

이처럼 유신체제하 평화통일을 지향하면서도 박정희 정권은 국력배양과 총력안보라는 미명하에 반공정신을 강조하지 않으면 안 되었다. 특히 8·15 저격사건 및 베트남의 공산화는 후술하는 바와 같이 1974년에서 1975년 사이에 집중적으로 전개되었던 반유신체제 저항운동에 쐐기를 박고 유신체제를 더욱 강고히 하는 계기가 되었다.

이러한 분위기에 편승해서 박정희는 1974년 10월 8일 어떠한 방법이나 형태로든지 유신체제에 도전하는 것은 용납하지 않겠다는 강경한 태도를 밝혔다.189) 그리고 이후 그는 1975년 1월 14일 연

---

187) 같은 신문, 1975.5.8.
188) 「총력안보에 대학가도 열띤 호응」, 같은 신문, 1975.5.9.
189) 『동아일보』 1974.10.9.

| 제1장 | 유신체제의 통치이념

두기자회견을 갖고 "북한 공산주의자들이 남한을 적화 통일하겠다는 폭력혁명 기도를 포기하고 북으로부터의 위협이 없어지기 전까지는 현행 헌법을 고쳐서는 안 된다는 것이 소신"이라고 밝혔다.190)

그리하여 박정희 정권은 1975년 2월 5일, 지난 1월 22일 공고된 현행 헌법에 대한 찬반과 박정희 대통령의 신임을 묻는 국민투표를 실시하기로 했다.191) 국민투표 결과 국민들의 압도적인 지지로 찬성 74.5%의 지지를 얻어 가결, 확정되었다.192) 그리고 박정희는 1975년 5월 13일 고려대학교의 휴교를 명했던 긴급조치 7호를 해제하면서 '국가안전과 공공질서의 수호를 위한 대통령 긴급조치 9호'를 새로 선포하고 유언비어의 날조 유포와 집회시위 및 재산의 해외도피와 불법 해외이주, 국외 도피행위를 규제하는 조치를 취했다. 또한 특별담화를 발표하여 작금의 인지사태로 인해 북한에 의한 남침 가능성이 급격히 증대되는 미증유의 난국에 대처해서 국민총화를 견고히 다지고 국론을 통일하며 국민 모두가 일사불란하게 총력안보태세를 갖추어 나갈 수 있도록 하고 국론분열에 종지부를 찍기 위해 긴급조치 9호를 선포했다고 밝혔다.193)

특히 후술하는 바와 같이 베트남의 공산화 이후 박정희 정권은 학생들의 안보관념을 강화하고 학생들의 전력화로 국가방위력을 증대시키기 위해 남녀 고등학교, 전문학교, 교육대학, 일반대학생 및 교원으로 준군사단체인 학도호국단을 창설하고, 중앙과 시·도에는 지도기구를 설치하며 현행 대학생 군사교육을 대폭 강화하기로 했다.194) 그리하여 서울시학도호국단 발단식이 1975년 7월 2일 효

---

190) 「유신헌법 고쳐선 안 된다」, 『서울신문』 1975.1.14.
191) 「국민투표 12일에 실시」, 같은 신문, 1975.2.5.
192) 같은 신문, 1975.2.13.
193) 「대통령 긴급조치 9호 선포」, 같은 신문, 1975.5.13.
194) 「학교마다 학도호국단 창설」, 같은 신문, 1975.5.20.

창운동장에서 열렸으며, 총력안보와 호국학도의 사명을 다하기 위한 중앙학도호국단 발단식이 9월 2일 5·16 광장에서 성대히 거행되었다.195) 이처럼 분단정권하에서 안보를 명분으로 대중들은 유신체제에 동원되었고, 유신체제에 순응하도록 길들여져 갔던 것이다. 이러한 동원정책과 통제정책이 바로 박정희 정권의 장기집권을 가능하게 했던 것이다.

이상과 같이 박정희 정권은 '선평화·후통일'의 원칙하에 평화정착이 통일의 절대적인 선행조건이며 평화통일을 위해서는 국력을 배양하는 것이 유일한 첩경임을 주장했다. 국력을 기르기 위해서는 먼저 정치제도부터 마련하지 않으면 안 되고, 그 정치제도는 자유민주주의를 기본이념으로 하되 한민족의 실정에 맞는 생산적인 민주정치제도를 마련해야 한다고 주장했다. 이는 곧 대통령을 중심으로 국력을 조직화하고 능률을 극대화하는 길이었다. 더 나아가 국력이란 자주국방, 자립경제, 반공조직과 훈련임을 밝히면서 국력을 조직화하는 길은 총력안보태세를 갖추어 국가총동원체제를 확립하고 전 국민의 동원체제를 마련하는 길이라고 주장했다.

총력안보는 개인의 권리나 자유보다는 국가와 국민 전체의 안전 및 생존에 우위를 두는 사고방식이며, 국민들에게 국가가 부강하고 나라에 영광이 있어야만 개인도 부강하고 영광된다는 국가관을 심어주는 것으로써 애국심에 기초한 '국가지상주의'를 의미했다. 이처럼 모든 국민은 '국가지상주의'의 총력안보체제로 동원되었으며, 정부는 국민들에게 안보위주의 가치관을 주입시켰다.

특히 총력안보의 국민적 태세는 8·15 저격사건 및 베트남의 공산화 이후 북한의 도발을 경계하면서 전 국민의 차원으로 한층 더

---

195) 같은 신문, 1975.7.2, 9.2.

고양되었다. 그리하여 총력안보궐기대회가 전국 곳곳에서 열렸으며, 이러한 분위기 아래 박정희 정권은 유신체제에 도전하는 것은 용납하지 않겠다는 강경한 태도를 밝히고, 긴급조치 9호를 선포했던 것이다. 요컨대 유신체제는 대통령을 중심으로 권력을 집중화시키는 현상과 함께 개인의 권리나 자유보다는 국가의 안전과 국민 전체의 생존을 중요시하는 '국가주의'체제로 나아갔으며, 이로써 대중들은 유신체제에 총동원되고 통제 당했던 것이다.

실제 유신헌법은 국가와 민족을 위해서 국민의 기본권을 무차별 또는 무제한으로 박탈할 가능성이 있었다. 유신헌법은 자유민주주의의 맹목적 모방에 대해 반성하면서 국가와 민족을 위해서는 개인의 자유가 제한될 수 있다는 '국가주의' 논리하에 국민의 기본적 자유를 일정하게 제한했다. 즉 유신헌법은 기본권 규정에 있어서 언론·출판·집회·결사의 자유를 법률의 유보에 의해 제한하게 했으며 국가의 안보, 질서유지, 공공복리를 위해 필요한 경우에 제한할 수 있었다. 그 제한의 경우에도 자유와 권리의 본질적인 내용을 침해할 수 없다는 규정을 삭제해 버렸다.[196]

더구나 자유의 본질을 침해하는 것도 문제지만 이를 침해할 수 있는 문호가 무제한으로 열려 있을 뿐만 아니라 침해의 정도 역시 99% 아니 100% 보장되어 있었다. 이렇게 되면 국민들이 실제로 그 침해가 있기 이전에 자연히 공포감을 갖고 위축되고 마는 것은 인지상정이다. 또 예를 들어 구헌법에는 국민이 직업을 선택할 자유를 법률로써도 제한할 수 없도록 되어 있었다. 그러나 유신헌법에서는 그 자유를 법률로 제한할 수 있다고 했다. 또 구헌법에는 정부가 국민의 재산을 공공필요로 수용하거나 제한해도 시가에 맞는 정당

---

196) 「개헌안 해설」, 『서울신문』 1972.10.28; 「개헌공방」, 『동아일보』 1975.1.18.

하고 완전한 보상을 해주라고 되어 있지만 유신헌법에서는 완전하고 정당한 보상을 해주라는 문헌을 삭제해 버렸으니 결국 완전한 보상을 안 해주겠다는 속셈이 드러나 있었다.197) 더구나 구속적부 심사제의 폐지, 긴급구속 요건의 완화, 임의성 없는 자백의 증거능력 제한 규정의 삭제, 긴급조치가 규정한 경우 민간인도 군법회의의 재판에 회부 등으로 국민의 기본권 보장이 약화되었다.198)

특히 대통령의 긴급조치는 종래 헌법이 규정한 긴급명령·긴급재정조치뿐 아니라 비상명령·비상조치까지를 망라한 광범위한 것으로서 국민의 자유와 권리를 잠정적으로 제한할 수 있었다. 더 나아가 긴급조치권은 사법적 통제의 대상에서도 제외되었다.199) 그리고 노동 3권의 보장을 법률로 제한할 수 있게 하고, 특히 단체행동권의 제한에 관한 법률제정의 근거를 부여함으로써 사회적 기본권에 대해서도 제약이 가해졌고, 언론·출판의 자유에 관한 특수유보를 없애고 검열제·허가제를 가능하게 했다.200)

요컨대 유신체제는 국가안보 유지라는 미명하에 대통령을 중심으로 권력을 집중화시키는 현상과 함께 국가의 안전과 국민 전체의 생존을 위해서는 개인의 자유도 침해할 수 있는 '국가주의'체제로 나아갔으며, 대중들은 이러한 국가주의 논리하에 총동원되고 통제되었던 것이다. 이러한 동원정책과 통제정책은 박정희 독재정권의 장기화를 도모하기 위한 것이었으며, 실제 이러한 동원정책과 통제정책으로 인해 대중들은 유신체제에 맞서 조직적으로 저항할 수 있는 힘을 모아내지 못했던 것이다.

---

197) 「개헌공방」, 『동아일보』 1975.1.18.
198) 한용원, 앞의 책, 310쪽.
199) 「유신헌법안 축조 해설」, 『서울신문』 1972.11.3.
200) 한용원, 앞의 책, 310쪽.

3) 한국적 민주주의

한편 박정희 정권은 유신체제라고 하는 새로운 지배양식을 정당화하고 대중들로부터 동의를 이끌어내기 위해 새로운 통치이념을 필요로 했다. 그것이 바로 '한국적 민주주의'라고 하겠다.[201] 박정희 정권은 10월 유신은 과거 한민족의 정신자세와 민주주의에 대한 반성으로부터 비롯된 것이라고 다음과 같이 설명하고 있다.[202]

"우리는 지난 날의 그러한 퇴영적 정신자세를 반성하면서 오늘날까지도 그러한 퇴영성을 완전히 버리지 못하고 있는 것이 또한 사실이다. 그러기에 해방 후 선진문명국의 문화라는 선입관에 사로잡혀 서구의 것이면 무엇이든지 우리 것보다는 좋다는 인식에 사로잡혀 무비판적으로 그 문물제도를 받아들였다. 그리하여 그 영향은 이루 말할 수 없을 만큼 많은 문제점을 우리에게 안겨다 주었다. 내실보다 외형에만 치우쳤던 민주주의, 의무와 책임 완수에 앞서 권리와 자유만을 주장하는 이기주의, 미풍양속을 파괴한 퇴폐풍조, 무질서와 낭비로 어지럽혀진 사치풍조, 금력이 판을 치는 타락된 선거풍토, 낭비와 비능률이 지배하는 의회정치 등 지나온 반세기의 생활을 반성해 볼 때 우리는 남의 정신에 살아왔던 스스로에 대해 자멸과 혐오의 느낌을 금할 수 없다."

즉 지난 날의 외형적이고 형식적인 민주주의에서 오는 여러 가지 폐단, 다시 말해 의무와 책임을 완수하기보다는 권리와 자유만을 주장하는 이기주의, 퇴폐풍조, 사치풍조, 타락한 선거풍토, 낭비와 비능률이 지배하는 의회정치에서 벗어나 실질적인 민주주의를 구현하기 위해 유신을 선포한다는 것이다.

박정희 정권은 자유민주주의체제는 가장 훌륭하고 바람직한 체

---

201) 김종호, 앞의 논문, 164쪽.
202) 문화공보부, 『10월 유신의 의의와 전망』, 9쪽.

제이지만 이를 지킬 수 있는 능력이 없을 때는 이 제도처럼 취약한 체제도 없다고 보았다. 그러므로 우리는 자유민주주의 이념을 명실상부하게 구현할 수 있도록 제도적으로 그 체제를 우리의 실정에 알맞게 조정하지 않으면 안 된다는 것이다. 다시 말해서 자유민주주의 이념 위에 우리에게 알맞은 '한국적 민주주의'를 정립하고 정치의 안정과 발전을 기약할 수 있는 길을 모색해 나가야 한다는 것이다.203)

박정희는 서구 민주주의 제도가 좋은 것이긴 하지만 이것을 갖고 가서 이식하고 그대로 모방한다고 해서 반드시 성공하는 것은 아니라고 주장했다. 옛날 중국 속담에도 "강남의 귤나무를 강북에 이식했더니 귤이 안 되고 탱자가 열리더라"는 이야기를 예로 들면서 서구 민주주의도 그 제도가 대단히 훌륭하고 좋은 것은 틀림없지만 이것을 받아들이는 나라가 그 나라의 소위 역사적인 배경과 사회적인 환경, 다시 말하면 기후 풍토를 고려하지 않고 거기에 알맞는 재배 방법을 실시하지 않으면 결국 성공하지 못하고 탱자가 되어 버린다는 것이다. 따라서 이 제도는 좋은 제도이기 때문에 우리가 받아들이되 그것을 우리나라에 빨리 토착화되도록 여러 가지 노력을 기울여야 한다는 것이다. 즉 한국의 여러 가지 기후 풍토에 알맞게 한국의 역사적인 배경과 사회 환경에 적응하게끔 이 제도를 한국화시켜야 된다는 것이다. 이것이 바로 '한국적 민주주의'이며, 오늘날 유신체제는 그러한 취지와 정신을 많이 가미한 제도요, 체제라고 주장했다.204) 요컨대 '한국적 민주주의'는 자유민주주의를 한국적 상황에 부합되도록 토착화하는 것을 일차적인 과제로 삼는 민주주의라는 것이다.

---

203) 같은 책, 37쪽.
204) 「연두기자회견」, 『박정희 대통령 연설문집』 16, 1979.1.19.

특히 박정희 정권은 북한의 획일적인 체제 및 권력구조와 대결하는 데 있어 그동안 고전적인 서구적 민주주의 체제하에서 방만하고 무질서하게 진행되어 왔던 민주주의 체제는 결코 유리하지 못하다고 주장했다.205) 유일사상에 의해 철통처럼 굳혀진 전체주의적 체제를 가진 북한, 즉 세계에서 손꼽는 강력체제를 가진 북한과 대화를 해야 하는 한국은 북한의 조직력에 맞설 수 있는 민족주체세력의 형성과 그 구심점, 즉 대통령의 강한 영도력을 구축하고 이 영도력을 중심으로 하는 국민총화체제가 무엇보다도 급선무라고 보았다. 즉 힘의 배경이 없는 평화는 환상에 지나지 않는다는 입장에서 하나의 구심점을 중심으로 국력을 조직화해야 할 강력체제의 필요성이 요청된다는 것이다.206) 이는 과거의 정치체제를 일대 혁신하여 한국적인 상황과 여건에 알맞은 한국적인 자유민주주의 체제를 재건하겠다는 것이다.

한편 '한국적 민주주의'란 '신민족주의'에 기초하고 있었다. 제2차 대전 전의 제국주의가 군사적인 힘에 의한 세력권의 추구 형태였다면 오늘의 열강주의는 군사력이 전적으로 배제되지 않고 있긴 하나 경제전쟁의 양상을 주축으로 하고 있다는 데 특징적 성격을 띠고 있다는 것이다. 그런 점에서 우리의 자세는 열강주의에 대처하는 '신민족주의'를 정립, 능동적으로 대응하지 않으면 안 될 것이라고 주장했다. 평화통일 지향과 한국적 민주주의의 토착을 양대 지주로 하는 새 헌정질서로의 개혁도 이러한 '신민족주의'를 기조로 하고 있다고 보았다.207)

---

205) 「민주적 일체화 체제로의 새 전기」, 『서울신문』 1972.10.18.
206) 갈봉근(국회의원, 법학박사), 「한국적 민주주의와 유신헌법」, 『국민회의보』 2, 1973, 216~217쪽.
207) 「유신헌법안에 담긴 의지」, 『서울신문』 1972.10.31.

특히 양극적 국제질서가 다극적인 국제질서로 전환되고, 다극적인 국제질서의 원리로서 등장한 것이 '신민족주의'의 원리라고 보았다. 이는 이데올로기 대립의 해소과정에서 형성된 민족주의로서 이데올로기 대립을 초극하려는 지향을 내포하고 있다. '신민족주의'는 일체의 침략주의 전쟁을 부인하고 국제적인 평화공존을 지향하면서 대중민주주의의 복지사회체제의 건설을 그 목표로 한다는 것이다.208)

또한 '한국적 민주주의'는 분배보다는 생산과 건설 면의 참여를 강조하는 것이며, 근면·자조·협동의 새마을운동식 민주주의를 의미했다.209) 박정희는 새마을운동을 한국적 민주주의의 실천도장이라고 강조했다. 왜냐하면 새마을운동은 한 두 사람이 모여서 되는 것이 아니라 온 부락 사람들이 전부 참여하여 모든 사람의 의견을 듣고 모든 사람의 동의를 얻은 다음에 그 부락 전체의 이익이 될 수 있는 사업을 선택하고, 그다음에는 남녀노소가 참여하여 서로 협동하고 땀흘려 일을 추진하는 것이기 때문에 이런 과정이야말로 가장 훌륭한 민주주의적인 방법이며 참다운 민주주의라는 것이다.210)

이처럼 '한국적 민주주의'는 소극적 차원에서 무질서와 비능률, 파쟁과 정착의 갈등, 무책임한 정당과 그 정책의 희생물이 되어 온 대의기구, 타락선거 등의 부조리를 시정하는 것이고, 적극적인 차원에서 국력의 조직화, 능률의 극대화로 생산적인 정치를 구현하는 것이다.211)

---

208) 「金永善 통일원 장관에 듣는다」, 같은 신문, 1972.11.17.
209) 주관중, 『유신사상원리』(성아, 1979), 300~301쪽.
210) 한승조, 「유신5년의 성과와 미래전망」, 『국민회의보』 20(통일주체국민회의 사무처, 1977.12), 48쪽.
211) 윤정원, 앞의 논문, 77쪽.

요컨대 한국적 민주주의는 과거 한민족의 정신자세와 형식적인 서구의 자유민주주의에 대한 반성으로부터 비롯된 것으로 자유민주주의 체제를 한국의 역사적 배경과 사회적 배경에 맞게 토착화·한국화시킨 것이며, 유신체제는 그러한 취지와 정신을 가미한 제도요, 체제라는 것이다. 특히 한국적 민주주의는 당시 냉전체제가 와해되고 긴장완화 상태가 된 국제정세의 분위기를 반영하여 이데올로기 대립의 해소과정에서 형성된 '신민족주의'를 기반으로 침략주의 전쟁을 부인하고 국제적인 평화공존을 지향한다는 것이다. 이러한 논리는 충분히 대중들의 지지를 얻을 수 있는 것이었다. 따라서 대중들은 한국적 민주주의를 통치이념으로 내세운 유신체제를 지지했던 것이다.

그러나 한국적 민주주의는 자유민주주의의 한국화를 내세우면서 방만한 자유민주주의의 폐습을 극복한다는 차원에서 개인의 자유를 제한하고 있었다. 박정희 정권은 해방 후 아무런 비판 없이 맹목적으로 추종하여 온 서구식 자유민주주의는 개인의 자유를 방종과 극단적인 이기주의로 오인케 하는 폐습을 가져왔다고 보았다. 자유민주주의는 개인의 자유를 최대한으로 보장하는 것이기는 하지만 극단적인 이기주의를 조장하고 보장해왔다는 것이다. 그러나 모든 국민이 국가에 대해 의무와 책임이 투철할 때 그 자유도 보장된다고 보았다.212) 그리하여 박정희는 "큰 자유를 지키기 위해서는 작은 자유는 일시적으로 이를 희생할 줄도 알고, 또는 절제할 줄도 아는 슬기를 가져야만 우리는 큰 자유를 빼앗기지 않을 것입니다. 우리를 노리고 있는 침략자들은 우리의 내부에 어떤 허점만 생기기를 호시탐탐 노리고 있는 이런 판국인데, 우리도 남과 같이

---

212) 문화공보부, 『유신한국의 이정표』(문화공보부, 1973.1.13), 31쪽.

주어진 자유라고 해서 이를 다 누리고 싶고, 또 남이 하는 것은 다 하고 싶고, 그러고도 자유는 자유대로 지키겠다고 한다면 또 지킬 수 있다고 생각한다면 이는 세상이 어떻게 돌아가는지를 전혀 알지 못하는 환상적인 낭만주의자라고 하지 않을 수 없을 것입니다"라고 주장했다.213)

또한 그는 1976년 1월 4일 스톡홀름의 『스벤스카 다그블라메르』지 외신부장과의 인터뷰에서 한국의 경우 민주주의는 국가의 생존을 최대한으로 보장하는 형태를 취해야 한다고 강조하고, 자유민주주의를 안보가 위협을 받는 한국에서 실시하는 것은 이상적이지만 비현실적이라고 말했다.214) 그리하여 한국적 민주주의는 개인의 자유를 제한하는 것을 정당화시키고 권리보다 책임과 의무에 더 비중을 두었다. 여기에 '한국적 민주주의'의 특색이 있었던 것이다.

한편 '한국적 민주주의'의 성격과 내용은 첫째로 민족적 주체성이 구현되고, 둘째로 자유민주주의를 본질로 하면서 한국의 현실여건에 의해 제약되고 있으며, 셋째로 국가기본정책에 관한 국민적 합의를 토대로 국민총화체제를 형성하며, 넷째로 정치체제가 당면한 유신적 제 과제를 완수할 수 있는 능력을 갖춘 구심적인 지도력 즉 영도력의 형성이다.215) 미국이 한반도의 안전을 도맡았던 온실에서는 이를테면 자유를 위한 최대한의 내부 투쟁도 전체 체제에 어떤 영향을 줄 수 없었지만 한국 스스로가 안전을 담당해야 할 지금은 국내의 힘을 하나로 집결해서 질서 있게 국력을 길러 나갈 수 있는 새로운 체제가 요구된다는 것이며, 이러한 요구가 '한국적 민주주의'로 반영되었다. 그리고 국력을 조직화한다는 것은 반드시

---

213) 「제26주년 국군의 날 유시」, 『박정희 대통령 연설문집』 11, 1974.10.1.
214) 「한국서의 자유민주는 이상적이나 비현실적」, 『동아일브』 1976.1.5.
215) 「한국민주주의」, 『서울신문』 1978.4.27.

한 구심점을 중심으로 가능한 것이며, 강력한 그리고 지속성과 안정성을 지닌 탁월한 영도력은 민주역량을 집결하기 위한 요체일 뿐만 아니라 국력 조직화의 필수조건이라고 주장했다. 그리고 그 영도력을 갖춘 지도자로 박정희 대통령을 지적했다.216)

그리하여 '한국적 민주주의'의 정립으로 첫째, 대통령 중심의 지도체제가 확립되고, 대통령의 지도력이 강화되어 국정의 능률화가 이루어질 것이라고 보았다. 둘째, 대통령의 지도력의 강화와 더불어 대통령의 책임이 무거워지므로 참다운 책임정치가 구현될 것이라고 보았다. 셋째, 대통령 및 국회의원의 임기가 6년으로 연장되므로 그만큼 선거제도수가 줄어들어 선거자금 등의 정치적 낭비가 방지될 것으로 보았다. 넷째, 선거제도가 한국의 실정에 알맞게 개혁되어 막걸리 선거, 타락선거 등의 정치적 부조리 현상이 없어질 것이라고 보았다. 다섯째, 의회정치의 효율적인 운영과 책임행정의 구현, 사법의 권위 향상 등으로 3권의 균형 있는 발전에 의한 민주한국이 건설될 것이라고 보았다.217)

특히 박정희는 1973년 연두기자회견에서 "앞으로는 복수정당제는 보장하되 양당만을 키우는 인위적 노력은 지양하겠다. 그렇다고 군소 정당 난립을 허용하는 것은 아니다. 그것은 국론분열 조장과 정치풍토 혼란의 우려가 있기 때문이다. 한 가지 더 강조할 것은 우리는 민족분열 우려가 많은 계급정당도 결코 인정치 않겠다는 것이다. 정당 활동은 민주적 기본질서를 존중하고 국가존립에 위해를 주지 않는 범위 내에서 헌법이 보장하는 것이다. 우리는 국가이익과 상관없이 당리당략을 앞세우거나 국론분열을 조장하는 정당 활동은 용납할 수 없다. 이는 10월 유신의 중요한 목표의 하나이다"

---

216) 「김영선 통일원 장관에 듣는다」, 같은 신문, 1972.11.17.
217) 문화공보부, 『10월 유신의 의의와 전망』, 59~60쪽.

라고 밝혔다.218) 이처럼 그는 정당 활동은 국가존립에 위해한 경우는 용납하지 않을 것이며, 더 나아가 한국의 민주주의는 국가의 생존을 최대한 보장하는 것이어야 한다고 강조함으로써 '국가주의 우선'의 원칙을 내세웠던 것이다.

그리하여 정당정치의 폐단을 제거하고 의회주의의 합리화와 국회의 능률적인 운용을 위한다는 미명하에 국회의 회기를 제한하고 있으며, 국무총리·국무위원의 출석 요구에 있어서 그것을 본회의나 위원회의 과반수 의결로 하게 했다. 또한 통일주체국민회의의 대의원의 정당가입을 금지하고 있으며, 대통령이나 국회의원의 입후보 요건에 정당의 추천을 요한다는 규정을 삭제했고, 통일주체국민회의에서 선출되는 3분의 1의 국회의원은 처음부터 정당적 요소와는 절연되어 있었으며, 더 나아가 헌법위원회의 결정으로 위헌적 정당을 해산할 수 있게 했다. 이와 아울러 국회의 권한으로서 국정감사권이 삭제된 반면 국무위원에 대한 개별적 해임의결권 이외에 국무총리 해임의결을 한 때에는 대통령이 국무위원 전원을 해임해야 한다고 규정했으며, 내각불신임 결의권이 부여된 것도 새로운 특징이다.219) 이러한 방식은 결국 국민의 의사 여부에 구애받지 않고 계속 집권하겠다는 박정희의 장기집권의지를 반영한 것이었다.

이상과 같이 한국적 민주주의는 과거 모방 위주의 서구적 민주주의, 다시 말해 자유민주주의에 대한 반성에서부터 비롯된 것으로서 소위 한국의 실정에 맞는 자유민주주의, 즉 국적 있는 자유민주제도를 토착화한다는 명분을 세운 것으로 강한 국민적 호소력을 가진 것이었다.

당시 대학생들의 의식구조에 관한 여론조사의 결과 상당수의

---

218) 「박정희 대통령 연두회견」, 『서울신문』 1973.1.12.
219) 「10월 유신의 길」, 『서울신문』 1972.10.30; 갈봉근, 앞의 책, 45~46·56~57쪽.

| 제1장 | 유신체제의 통치이념

학생이 서구식 민주주의 정치제도라도 한국의 역사 발전에 저해적인 요소일 경우에는 받아들일 수 없다는 태도를 보였고, 전체의 과반수 이상의 학생이 한국 실정에 맞는 민주정치 체제만이 한민족이 번영으로 나갈 수 있는 길이라고 보았다.220)

요컨대 한국적 민주주의는 유신체제를 정당화하기 위한 정치이데올로기로서 민주주의를 변질시킨 측면도 없지 않았지만, 이는 서구민주주의 도입과정에서 나타난 모순을 지적하고 이에 대한 반성을 하면서 민주주의의 토착화를 주장한 것이기 때문에 국민적 설득력을 갖고 있었던 것이다. 그리하여 이러한 통치이념하에 국민들은 유신체제에 동원되고 통제되었던 것이다.

그러나 한국적 민주주의는 유일사상에 의해 강력한 체제를 구축하고 있던 북한의 조직력에 맞설 수 있는 강력한 구심점을 구축하기 위해서 자유민주주의의 고전적 기능을 제한하면서 전통적인 3권 분립주의에서 벗어나 대통령에게 권력을 집중시키고, 정당과 국회의 역할을 축소시키는 현상으로 나타나 전형적인 독재권력의 모범을 보여 주었던 것이다. 즉 한국적 민주주의는 자유민주주의를 제한하고 대통령의 권력집중을 통해 능률의 극대화를 도모하려 했던 '공개적 독재체제'를 정당화시키는 역할을 했을 뿐만 아니라 실제로 정치의 능률화도 이루어지지 못했다.

예를 들어 박정희 정권에서 강조한 건전한 선거풍토는 제대로 이루어지지 못했던 것이다. 12·12 총선 투표일이 다가오면서 한 구역 평균 4~5억 원, 전국 77개 구역에서 모두 3백억~4백억 원 가량이 동원될 것으로 예상되는 자금에 힘입은 선심공세로 경기가 흥청대고 향응이 성행하고 있으며, 화폐발행고가 느는가 하면 국

---

220) 민경천, 「한국대학생의 민주의식과 행동원리와의 격차에 관한 조사연구」, 『홍대논총』 7(홍익대학교, 1975), 192쪽.

무위원들의 잦은 지방나들이를 비롯해 지방행정기관에 의한 갖가지 모임도 잦아졌다. 선거자금으로 뿌려지는 돈은 동작대교의 건설비 2백50억 원을 웃도는 것이었다. 11개 선거구가 있는 서울은 입후보자 선거사무소와 합동유세장 부근의 식당, 다방, 여관 등이 떼지어 몰려드는 손님들로 성황을 이루고 있었다. 또한 충남 부여와 계룡산 등 관광지에는 하루 5~10대씩의 관광버스가 몰려들고 있었다. 때아닌 관광 붐으로 상인들은 즐거운 비명을 올리면서도 "선거 때가 아니면 이렇게 관광객이 몰리겠느냐"고 말하기도 했다. 충북에서 합동연설회가 처음 있는 날 각 음식점은 초만원을 이루었는데 연설회가 끝나자 각 정당 실무자가 점심값을 뿌렸다는 뒷얘기가 나돌았다.221)

요컨대 한국적 민주주의는 그것이 내세우는 화려한 논리적 기반으로 유신체제의 정당성을 제공하고 독재정권을 유지하는 통치이념으로 작용했으나 실질적 민주주의를 후퇴시켰던 것이다.

4) 성장주의

박정희 정권은 유신체제의 통치이념으로 번영을 기약하는 성장주의를 제시했다. 즉 경제성장은 박정희 정권의 장기집권의 명분으로 작용했으며, 유신체제의 정당성을 얻기 위한 중요한 통치이념이었던 것이다.222) 박정희 정권은 유신체제의 목표를 달성하기 위한 경제시책의 기본방향을 안정·성장·균형의 조화를 이루어 조국 근대화를 통한 번영을 기약하는 데 두었다. 이를 달성하기 위해서

---

221) 「흥청대는 선거경기」, 『동아일보』 1978.12.7.
222) 탁희정, 앞의 논문, 24쪽.

박정희 정권은 다음과 같이 제시했다. 첫째로 국토와 자원의 종합적인 균형개발과 그 이용의 극대화를 기할 것이다. 즉 국토와 자원의 장기종합개발계획을 추진하고 자조적인 지역사회개발(새마을운동)을 촉진한다. 둘째로 제3차 경제개발 5개년 계획은 물론 지속적인 경제개발을 추진하여 안정·성장·개발로 산업 간의 균형발전을 촉진하는 한편 중화학공업을 육성하고 수출신장 및 국제협력을 강화한다. 농어촌의 혁신적 개발을 추진하고 관련사업 간의 유기적 협조를 지향한다. 셋째로 새마을운동의 적극화와 농어촌 근대화에 역점을 둘 것이다. 새마을정신을 높여 새마을운동의 범국민적 참여와 영속화가 필요하다. 그리하여 고소득·고능률화로 도시와 농촌 간의 개발 및 소득의 격차를 해소하고 생활환경과 생활태도의 개선에 주력한다. 넷째로 국민생활의 안정을 도모한다. 공공요금의 인상을 억제하고 환율은 1달러 당 400원 선을 유지하며, 통화와 물가의 안정을 기하고 생필품 유통을 원활화시킨다.223)

박정희 정권은 자유경제체제를 끝까지 견지하면서 고도성장을 계속 지속하기 위해서는 중화학공업을 앞으로 중점적으로 육성 발전시켜 나가야 하겠고, 수출산업을 더욱 확충해서 수출의 지속적인 신장을 기해야겠고, 농·수산분야에 대한 투자를 확대해서 농·공 간의 격차를 해소하는 데 집중적인 노력을 기울일 것이라고 말했다. 또한 모든 가용 자원을 최대한으로 활용해서 기술혁신에 전 국민적 노력을 경주해야겠다고 주장했다. 그렇게 해서 생산성을 높이는 한편, 모든 사람들에게 일터를 보장하고 고용의 증대를 기하겠다고 밝혔으며, 그리하여 땀흘려서 일하는 사람들에게는 반드시 안정된 생활이 보장되게끔 모든 시책의 역점을 여기에 두고 추진

---

223) 「10월 유신 의의와 전망」, 『서울신문』 1972.11.13.

해 나가겠다고 표명했다.224)

그 결과 당시 경제는 박정희가 주장한 바에 따르면 1978년 1인당 국민 총생산이 한국 역사상 처음으로 1천불을 넘어서 1천2백42불에 도달했다. 원래 계획은 1981년 말에 가서 1천불 수준에 도달할 목표였던 것이 약 3년 앞당겨 달성된 것이다. 또 수출에 있어서도 선진 여러 나라들의 보호무역주의 장벽이 날로 강화되고 국제경쟁이 치열해 나가는 데도 불구하고 1978년 원래 목표 1백25억 불을 초과해서 1백27억 불을 달성했다. 그 밖에 해외 건설 수출이나 건설 용역, 또 해외에 나가서 일하는 근로자들이 본국에 송금하는 외화 수입 등이 많이 늘어서 외환보유고는 1978년 말에 49억 불이 되었다. 이와 더불어 농촌의 농외 소득도 많이 늘어서 1978년 말 통계로 농가의 전국 호당 평균 소득이 1백78만 원에 달했다. 이는 원래 1981년 말에 가면 농가 소득 1백40만 원이 될 것이라는 것이 4차 5개년 계획 초기의 목표였는데 이미 1977년 말에 1백43만 원을 돌파함으로써 4년 앞당겨서 목표를 달성한 것이라고 주장되었다.225)

그 밖에도 중화학공업 분야의 건설인데 이것도 1978년에는 모든 것이 차질 없이 계획대로 추진되었다고 설명되었다. 포항종합제철 제3기 확장공사가 약 5개월 앞당겨 준공됨으로써 5백50만 톤의 규모를 갖추게 되었고, 그 밖에 아연 제련소라든지 중형·대형 디젤 엔진 공장, 쌍용 시멘트의 확장공사, 자동차·조선·전자·석유화학부문의 확장 공사도 지장 없이 계획대로 추진되었음을 밝혔다. 다음 사회간접자본의 건설도 1978년에는 활기를 띠어 부산항의 확장공사, 충북선의 복선공사, 전국의 도로포장공사 등도 계획

224) 『박정희 대통령 연설문집』 10(대통령비서실, 1973), 34~35쪽.
225) 「연두기자회견」, 『박정희 대통령 연설문집』 16, 1979.1.19.

| 제1장 | 유신체제의 통치이념

대로 추진되었음을 밝혔다. 발전시설도 인천·영월·군산 화력발전소가 각각 완공됨으로써 한국의 발전시설 능력은 1978년 말에 6백90만 킬로와트에 달했다고 주장했다. 특히 1978년에는 한국에서 처음으로 원자력 발전소 고리 1호기가 준공 가동됨으로써 원자력 발전국가가 되었음을 밝혔다.[226)]

또한 박정희는 1979년도 우리나라 경제성장률을 9%까지는 유지해야 되겠는데 1979년도 경제시책의 중점을 첫째로 물가안정·민생안정, 둘째로 착실한 성장을 위해서 산업의 합리화와 산업의 국제화를 계속 추진해서 국제경쟁력을 높이고, 셋째로 기술혁신과 능률향상을 기하는 데 중점을 두겠다고 말했다. 그리하여 이러한 시책들이 강력하게 계획대로 추진된다면 한국은 1980년대 중반에는 경제적인 대국으로 부상할 수 있다는 희망적인 전망을 했다. 여기서 경제대국이라 함은 특히 중화학공업 분야, 그중에서도 가장 핵심이 되는 중요한 몇 가지 부분이 세계에서 10위권 내에 들어갈 때에는 경제적으로 대국이라 할 수 있다고 말했다. 예컨대 철강공업이라든지 석유화학공업, 또는 기계공업, 자동차공업, 조선, 시멘트 등 이러한 분야가 세계에서 10위권 내에 들어간다면 한국은 경제대국이라 부를 수 있다는 것이다. 그중에서도 조선 같은 부문은 벌써 현 단계에서 10위권 내에 들어가고 있다고 했으며, 그 나머지 철강, 석유화학, 기계공업 같은 분야는 그때 가면 원자력 발전소라든지, 대형에너지 플랜트 같은 것도 우리가 만들 수 있고, 석유화학공업, 또는 시멘트 공장 같은 것도 우리 능력으로 건설이 가능하고 컴퓨터 등의 두뇌 정보산업의 기기도 생산해서 우리도 쓰고, 또 해외에 수출하는 등 선진국형의 공업국가로 발전시켜 갈 수 있다고

---

226) 「연두기자회견」, 같은 책, 1979.1.19.

주장했다.227)

수출에 있어서도 1980년대 중반에 가면 약 5백억 불 대를 넘을 것이고, 5백억 불 대는 현재 세계에서는 5위 정도에 들어가는데, 그동안 다른 나라도 수출이 늘어나겠지만 우리가 5백억 불을 넘어서면 세계 10위권 내에는 들어갈 것으로 전망했다.228) 그리하여 실제 중화학공업화가 진행된 1970년대 후반에는 2차 산업이 1차 산업을 능가하여 중공업이 경공업의 비중을 초월하는 이른바 선진국형 산업구조를 갖추었다. 그리고 생활수준도 변화하여 1961년 87달러에 불과했던 1인당 GNP는 1979년에는 1,597달러로 증가하여 보릿고개로 상징되는 절대적 빈곤에서 벗어났던 것이다. 그리고 이러한 사회구조의 변화는 고용구조와 계급구조에도 변화를 가져와 1960년 농업 및 기타 1차 산업종사자는 65.4%를 차지했으나, 1975년 48.8%로 감소하고 1980년에는 37.6%로 그 비중이 더욱 낮아졌다. 반면에 사무직 종사자와 생산직 종사자의 증가가 두드러졌다. 또한 1970년 전 시기에 걸쳐 농촌 하류계급과 독립자영농이 지속적으로 감소되는 반면에 신중간계급과 근로계급, 곧 화이트칼라와 블루칼라의 규모가 계속 증가해 왔다.229)

이상과 같이 유신체제하에서 박정희 정권은 경제성장을 이룩하여 1980년대에는 경제대국으로 부상할 것이라는 전망까지 했던 것이다. 이로 인해 유신체제는 그 정당성을 얻게 되었고 대중들은 유신체제를 지지했던 것이다.

그러나 이러한 경제성장에는 사회경제적 모순이 잠재되어 있었

---

227) 「연두기자회견」, 같은 책, 1979.1.19.
228) 「연두기자회견」, 같은 책, 1979.1.19.
229) 김호기, 「1970년대 후반기의 사회구조와 사회정책의 변화」, 『1970년대 후반기의 정치사회변동』(백산서당, 1999), 163~164쪽.

다. 예를 들어 1976년 9월 이화여대 조형(趙馨)교수가 조사한 바에 따르면 공원들의 초임은 공장마다 다르나 돈 있는 사람이 하루 저녁 술집에서 뿌리는 팁에조차 이르지 못하는 것이었다. 평화시장 봉제공장 견습공 김양은 월 1만 2천 원을 받고 있었으며 대개 초임이 1만여 원에 불과했다. 그리고 1,2년의 견습공 기간이 지나고 나면 임금도 조금씩 올라가기는 하나 중소공장에서 10년 이상을 일한 기능공의 급료래야 월 평균 3~5만 원 선을 벗어나지 못한다. 한 달 동안 빠지지 않고 아침 7시부터 밤 9시까지 쉴 틈 없이 다리미질을 하고 손에 들어오는 돈은 1만 5천 원. 더욱이 대부분의 봉제공장은 일거리가 없는 겨울 두 달, 여름 두 달을 문을 닫고, 휴업기간 동안에는 월급을 한 푼도 주지 않으니 쉴 때를 생각해서 월급을 다 쓸 수도 없다. 저녁은 굶기가 보통이고 1년 가야 극장구경 한 번 할 수 없고 화장품을 사 쓰기는커녕 목욕조차 가기 힘들었다.230)

　　평화시장 봉제공장은 그래도 작업조건이 나은 편이었다. 변두리 주택가나 무허가 봉제공장의 여공들은 완전히 밀폐된 작업장이나 심지어 지하의 방공호 등에서 하루 14~18시간의 중노동에 시달리고 있었다. 1주일 내내 휴일도 없이 작업을 계속했으며, 여성이 받을 수 있는 생리휴가, 특별휴가 등은 생각조차 못할 형편이었다. 마포구 대흥동의 30여 평의 어느 고무공장 안에 설치된 보일러는 제작회사의 이름조차 없고 보일러에 달린 압력계나 안전핀도 형식적으로만 붙어 있다. 물이 모두 증기가 되어 폭발 직전이 되어도 압력이 얼마인지 알 수가 없다. 지난 1974년 3월 끝내 불이 나서 공장에서 일하던 종업원 13명의 사상자를 냈으나 달라진 것은 없었다. 이처럼 위해가 가득 찬 작업장에서 노동자들은 생명의 위험을 걸고

---

230)「저임과 혹사의 365일」,『동아일보』1977.2.7.

일하고 있었으며 심한 직업병들을 앓고 있었던 것이다.231)

또한 1979년 1월 26일 한국노동조합총연맹이 경제기획원의 1977년 한국의 전 도시 근로자 가구의 월평균 가계지출과 임금소득을 비교하여 분석한 결과 소득계층별 가구주 소득이 가구당 비용 지출 총액에 미달, 가구주의 근로소득으로 생계를 유지해 나가지 못하며 이들은 부족분을 기타 가구원의 임금수입이나 기타 소득 또는 보조에 의해 충당할 수밖에 없는 형편으로 나타났다. 즉 한국의 대다수 근로자들이 임금수입을 가지고는 가계를 유지해 나가는 것이 어려운 것으로 나타난 것이다.232) 이처럼 유신체제하에서 노동자계급은 산업역군 내지 수출역군으로 미화되기도 했으나 분배와 복지정책의 사각지대에서 수많은 희생을 감수하지 않으면 안 되었던 것이다.

특히 당시 동아일보사가 실시한 '생활환경에 대한 여론조사' 결과에 따르면 대중들은 물가고를 가장 고통스럽게 느끼고 있었으며, 9대 대통령에 대한 최대의 바람은 물가안정인 것으로 나타났다. 대중들은 물가안정이 자주국방태세의 확립에 우선하고 경제적인 측면에서 고도성장이나 부의 균등분배, 수출증대에 앞서 가장 먼저 해결해야 할 과제라고 지적했다.233) 1969년 봄부터 1979년 봄까지 10년 동안 한국의 생활필수품 값은 줄잡아 10배가 올랐다. 아기 하나를 둔 부부가 1969년에는 1만 5천 원으로 디리저리 절약해가며 빠듯한 살림을 꾸릴 수 있었는데 이제는 최소한 17만 원이 있어야 한다. 10년 전 한 가마에 9천 2백 원 하던 쌀은 이제 2만 8천8백 원이 되었고, 16원 하던 연탄이 85원, 2백원 하던 이발비는 2

---

231) 같은 신문, 1977.2.7.
232) 같은 신문, 1979.1.26.
233) 같은 신문, 1979.1.1.

천5백 원, 1백80원 하던 신문대는 1천2백 원이 되었다.234)

그리하여 영세민들 사이에서는 고도성장이 무슨 의미가 있느냐는 회의가 일고 있었다. 저임금과 물가고에 시달리는 이들에게 고도성장의 성과를 아무리 역설해 봤자 "그것은 나와는 관계없는 일"이란 생각만 들게 하였던 것이다.235) 더 나아가 대학졸업생들의 취업난이 심각하게 대두되었다. 1979년 7월 서울대를 비롯한 주요 대학에서는 사원추천 의뢰도 격감하고 있었고 지난해 같은 기간 보다 반 이상 줄어들었고, 일부 비인기 학과에는 한 건의 추천의뢰도 오지 않아 졸업을 앞둔 학생들은 자포자기 상태에 있었다.236) 특히 한때 사람 구하기가 힘들었던 가정부, 기능공, 접대업소 종업원 등 저임금 인력이 경기침체와 함께 다시 남아돌기 시작하여 늘어난 구직자의 대열은 아침부터 소개소를 찾아왔다가 불볕 더위에 헛고생의 땀만 흘리면서 되돌아갔다.237) 관계당국자는 1979년 들어 연말까지 긴축에 따른 실업자수가 10만 명 정도 늘어날 것으로 예상했다. 그리하여 실업자 인구가 작년의 44만 2천 명에서 54만 명 내지 55만 명까지 늘어나고 이에 따라 실업률도 4.2%까지 증가될 전망이었다.238)

그럼에도 불구하고 박정희 정권하에서 이루어진 급속한 경제성장은 유신체제의 정당성을 공고히 하는 데 일조 했을 뿐만 아니라 전반적인 정치제도 자체를 변화시켰으며, 대중들이 유신체제를 지지하는 원동력이 되었던 것이다.239)

---

234) 같은 신문, 1979.5.30.
235) 같은 신문, 1979.4.17.
236) 「대학가에 취업불황」, 같은 신문, 1979.7.21.
237) 같은 신문, 1979.7.31.
238) 같은 신문, 1979.7.31.
239) 김태일, 「권위주의 체제 등장 원인에 관한 사례연구」, 앞의 책, 38쪽; 임현진·

5) 주체적 민족사관의 정립과 민족문화의 창달

한편 박정희 정권은 유신체제의 통치이념으로 주체적 민족사관의 정립과 민족문화의 창달을 제시했다. 박정희는 10월 유신은 올바른 역사관과 주체적 민족사관에 입각하여 우리 민족의 안정과 번영 그리고 통일조국을 우리 스스로의 힘과 예지로써 쟁취하고 건설하자는 데 그 궁극적인 목적이 있다고 밝혔다.240) 박정희 정권은 앞서 서술했듯이 해방 후 아무런 비판 없이 맹목적으로 추종하여 온 서구식 자유민주주의는 개인의 자유를 방종과 극단적인 이기주의로 오인케 하는 폐습을 가져왔다고 보았다. 따라서 우리 민족은 앞으로 국민기강의 확립을 위하여 전 국민이 민족주체성과 일체감을 갖는 정신자세를 조성해 나가야 한다고 언급했다. 그리고 투철한 민족사관과 올바른 국가관을 확립하고 거기에서 오늘에 사는 우리 세대의 시대적 사명감을 찾아야 한다고 주장했다.241)

그리하여 10월 유신은 철저한 민족주체의식을 이념적 기조로 했다. 한민족의 민족사의 주체는 처음부터 끝까지 한민족이며, 그것이 영광된 것이건 오욕된 것이건 전적으로 한민족의 책임에 속한다는 것이다. 따라서 민족주체의식은 역사에 대한 투철한 책임의식과 사명의식을 전제로 했다. 또한 민족주체의식은 운명공동체라는 민족의 연대의식과 국가의식을 출발점으로 해야 하기 때문에

송호근, 「박정희 체제의 지배이데올로기」, 앞의 책, 196쪽; 최완규, 앞의 논문, 106~107쪽; 한상진은 경제성장주의 발전논리가 합의와 민의의 대변을 중시하는 정치영역을 삼켜버렸다고 주장했다. 즉 유신으로 나타난 제반 개혁들은 다 같이 민중부문을 정치과정으로부터 격리시키거나 이것의 정치적 표현을 억제하는 효과를 갖고 있었다고 주장했다. 한상진, 「관료적 권위주의와 한국사회」, 앞의 책, 275쪽.
240) 「통일주체국민회의 첫 집회서」, 『동아일보』 1972.12.23.
241) 문화공보부, 『유신한국의 이정표』, 31쪽.

10월 유신은 공산주의를 거부, 한민족의 민족사적 정통성과 국가와 민족에 대한 뜨거운 애정, 일체감 그리고 협동과 단합을 정신적 기조로 했다.242)

특히 박정희는 1973년 연두기자회견에서 "정신적 측면에서 보면 10월 유신은 민족의 주체성을 강조한 점에서 5·16 혁명과 정신을 같이 하고 있는 것이다. 5·16 혁명은 자아를 되찾고 민족중흥을 다진 민족적 르네상스였다"고 하면서, 그러나 "10월 유신은 5·16 혁명보다 한 차원 높게 민족의 주체성과 실천을 강조하고 있다"고 지적했다. 그리고 그는 "10월 유신의 이념을 구현키 위해서는 올바른 사관과 민족적 주체성을 강조해야 한다. 과거 우리의 역사를 올바로 알고 동시에 오늘의 현실과 처지를 똑바로 알아야 한다. 그리고 민족의 진로를 올바로 알아야 하겠다"고 말했다. 과거를 올바로 안다면 오늘에 사는 우리가 무엇을 해야 하는가를 알게 된다. 이것이 주체적 민족사관의 정립이라고 했다.243)

그러나 과거 한국 사회에는 불행하게도 국적 없는 정신적 방랑아가 상당히 많았다고 보았다. 이는 국가에 대한 사명의식이나 민족사관이 결여된 까닭이라고 주장했다. 그러므로 민족과 국가는 영생하는 것으로 민족의 안태와 번영을 위해 국가라는 후견인이 있는 것이며, 국가 없는 민족의 번영과 발전은 있을 수 없다는 것을 우리는 알아야 한다고 말했다. 나라가 잘되어야 개인이 잘될 수 있는 것이며, 나라와 나는 별개가 아니라 하나인 것이라고 주장했다. 따라서 나라가 잘될 수 있고 나라가 부강하고 나라에 영광이 있어야 내가 영광을 누릴 수 있다는 투철한 국가관을 확립해야 한다고 강조했다.244)

---

242) 현대정치연구회, 앞의 책, 30~31쪽.
243) 「박정희 대통령 연두회견」, 『서울신문』 1973.1.12; 「사설」, 같은 신문, 1973.1.13.

특히 박정희 정권은 주체적인 민족사관의 정립을 위해 국사교육을 강화하여 국가와 민족의 운명을 개척하는 주인공으로서의 높은 긍지를 지니게 하고, 아울러 민족의 전통과 문화적 유산을 올바르게 계승할 한국의 민족적 정통성의 견지에 역점을 두었다. 한편 나라의 융성이 곧 나의 발전의 근본임을 깨닫게 하고 국가와 민족을 앞세우는 참다운 새 한국인상을 형성하여 오도된 서구적 민주주의의 병폐를 불식하고, 한국의 역사와 전통 그리고 현실에 가장 알맞는 '한국적 민주주의'를 토착화시키는 교육을 실시함으로써 '국적 있는 교육'을 기약했다. 그리하여 올바른 국가관과 민족사관 확립을 위해 국민교육헌장 이념의 구현, 한국적 가치관의 확립, 전국민의 과학화를 위한 과학기술교육 내용의 쇄신 등에 기본목표를 두고 각급 학교 교육과정을 개편했다. 또한 민족사관의 정립을 위한 국사교육 강화방침의 일환으로 1973년부터 국민학교 5·6학년의 국사를 독립교과로 하는 동시에 검정교과서를 사용하고 있는 중학교 및 고등학교의 국사도 1974년도부터는 국정교과서를 사용토록 했다.245)

이처럼 주체적 민족사관의 정립이란 철저한 민족주의를 기조로 서구식 자유민주주의의 폐단을 극복하고, 개인의 자유보다는 국가와 민족에 대한 사명의식을 고취하며 투철한 민족사관과 국가관을 확립하여 과거의 역사를 올바로 알고 민족의 진로를 세워 가는 것이었다. 그러기 위해 국사교육을 강화했다. 그리고 국사교육에 있어서도 국가와 민족을 앞세우는 새로운 한국인상을 형성하는 것을 목표로 하고 있었다.

한편 박정희 정권은 주체적 민족사관의 정립을 위해서는 식민

---

244) 문화공보부, 『유신한국의 이정표』, 43~44쪽;『박정희대통령연설문집』 10, 31쪽.
245) 문화공보부, 『유신과업은 얼마나 이룩되었나』, 96~98쪽.

사관 및 사대주의사관을 청산해야 한다고 보았다.246) 이러한 목표 아래 정부의 기관지인 서울신문에서는 주체적 민족사관에 입각하여 일반 국민들을 대상으로 '교양 한국사'를 연재했다. 교양 한국사의 저자인 하현강(河炫綱)은 "왜 한국사를 공부해야 하나"로부터 시작하여 일제 식민사관에 의해 조장되어 왔던 패배의식에 입각한 자조적인 한국사관을 청산하고 독자적인 민족사의 관점에서 한국사를 재인식할 필요가 있다고 보았다. 그리고 일제 식민사관이 부정했던 한국사에 있어서의 구석기시대가 유물의 발견으로 존재했음을 입증했다. 그리고 고조선의 형성과 발전에 있어서 단군을 수장으로 중국과 맞서는 주체적인 역사를 형성했다고 밝혔으며, 이러한 입장에서 각 시대사를 규명하고, 끝으로 흔히 한국 역사에 있어서 가장 큰 결함으로 지적되고 있는 정체성, 사대주의, 당파성은 한국사의 자율성과 주체성 및 민족의식을 말살하기 위한 논리로 일제 식민통치를 미화시키고 합리화시키려는 일제 식민사관의 잔재라고 보았다. 특히 일제 관학자들이 한민족의 민족성과 결부시켜 설명한 당파성은 민족성과는 무관한 것으로서 조선왕조의 정치적 내지는 사회·경제적 조건 때문에 일어난 것으로 보았다.247)

특히 문교부의 국사교과서 국정화 방침에 따라 새로 발간된 초·중·고등학교 국사교과서는 종래의 식민사관을 주체적 민족사관으로 바꾸는 데 역점을 두었다. 예를 들어 당쟁이 조선사회 및 정치의 구조적인 결함이지 민족성으로 파악될 성질이 아니라는 입장에서 서술되었으며, 사실만을 강조해 왔던 단군신화의 민족사적 의의를 부각시키고 전쟁사를 종래에 비해 많이 줄였으며, 서술이 빈약했던 실학내용을 크게 보충했다.248)

---

246)「국사의 올바른 재정립」,『서울신문』1972.11.30.
247)「교양 한국사」, 같은 신문, 1973.1.26~4.20.

이처럼 주체적 민족사관의 정립이란 올바른 역사인식의 확립을 위해 식민사관 및 사대주의 사관을 청산하고 주체적이고 독자적인 민족사의 관점에서 한국사를 재인식하는 것을 의미했다.

그러나 한편으로 1978년 5월 개최된 전국역사학대회에서는 역사교육과 역사의식이 정치선전 등으로 오염되고 있다는 평도 있었다. 그리하여 한국사 교육이 주로 식민사학의 극복과 민족사관의 정립 등 이데올로기적 주체에 몰두하여 온 사실을 솔직히 시인하고, 새로운 역사의식을 모색해야 할 때라는 지적도 있었다. 특히 협소한 쇼비니즘에 빠진 한국사 연구에 있어서 서로운 연구방법론의 개발과 한국사의 이론적 제 가설을 재점검해야 할 때라고 주장되기도 했다.249) 또한 이러한 국사교육의 강화와 국정화는 국사교육의 획일화와 관제국사 및 국수적 민족주의를 만들어 낼 위험도 있었다. 더 나아가 역사교육과 역사의식에서 유신체제의 정당성을 강조함으로써 정치선전 등으로 오염될 우려가 있었다.

그러나 국정화는 분분한 학설을 합일화시키고, 지금까지 탈피하지 못했던 식민사관에서 벗어나 올바른 민족사관에 입각한 국적 있는 교육을 강화시키기 위한 일환으로 취해진 것이기도 했다. 그리하여 국사의 국정화 작업은 일부 학자들의 저항에도 불구하고 일반적으로는 원칙적인 면에서 찬성한다는 입장에 있었다.250)

한편 주체적 민족사관은 구체적으로 '국적 있는 교육'으로 나타났다. 10월 유신은 민족의 활로를 개척하며 평화적인 조국통일의 기반을 구축하고 국력의 배양과 한국적 민주주의의 토착화를 근본 목적으로 하고 있다. 이와 같은 목적을 달성하기 위해 국민교육헌

---

248) 「국사 교과서 어떻게 달라졌나」, 같은 신문, 1974.2.28.
249) 「역사의식 오도되고 있다」, 『동아일보』 1978.5.26.
250) 「국정 국사는 이렇게」, 『서울신문』 1973.6.27.

장 이념의 생활화로 교육의 체제와 내용을 쇄신하고 '국적 있는 교육'을 강화하려 했다.251) '국적 있는 교육'이란 한국의 국가적인 요청에 부응할 수 있는 교육, 한국의 역사적인 상황에 알맞는 교육, 그리고 철저한 한국인을 기르는 교육을 말한다.252)

'국적 있는 교육'이란 개념은 1972년 3월 24일 제1회 전국교육자대회에서의 연설에서 비롯되었다. 즉 '국적 있는 교육'이란 보다 크고 영원한 자유와 국가를 위하여 목전의 개인과 자유는 이를 자제하고 국가의 부강과 국민 전체의 조화된 복지의 실현을 위하여 개인의 이익은 희생되어도 좋다는 협동과 조화의 윤리 위에서 근대사회의 건설에 공헌하는 의지와 지식을 함양하는 교육을 의미했다. 이것은 '국적 있는 교육'이 '국가주의'를 기본이념으로 하는 담론이라는 것을 보여준다.253) 특히 박정희는 '국적 있는 교육'이란 뚜렷한 국가관이 서 있고 올바른 민족사관을 확립하여 우리의 사명과 임무가 무엇인가를 인식하는 국민을 만들고 생산과 직결, 국력배양에 기여하며 국가가 필요로 하는 사람을 배출하는 것이라고 설명한 바 있다.254) 즉 '국적 있는 교육'이란 국가주의와 민족주의가 결합된 구호였다.255)

이처럼 주체적 민족사관이란 구체적으로 '국적 있는 교육'으로 나타났으며, 이는 뚜렷한 국가관과 올바른 민족사관을 기반으로 조국통일의 기반을 구축하고 국력의 배양과 한국적 민주주의의 토착화를 목적으로 하는 것이었다. 다시 말해 이는 유신체제의 통치이념을 내실화하는 것으로서 국가가 필요로 하는 인재, 즉 유신체제

---

251) 문화공보부, 『유신 6개월의 성과』, 37쪽.
252) 「국적 있는 교육」, 『서울신문』 1978.6.1.
253) 전재호, 앞의 논문, 173쪽.
254) 「박대통령의 시정지표」 하, 『서울신문』 1973.1.31.
255) 전재호, 앞의 논문, 173쪽.

에 순응하는 사람들을 양성해내는 것이었다.

그리하여 당시 시대가 요청하는 유신정신을 국난의 소용돌이 속에서 나라를 건지고 민족을 수호했던 임진란 당시의 선조들의 슬기와 발자취 속에서 찾기도 했다. 그리고 그 대표적인 정신을 충무공에게서 발견하고 있다. 박정희는 충무공의 멸사봉공(滅私奉公), 진충보국(盡忠報國)의 정신을 '충무공 정신'이라고 말했으며, 기회 있을 때마다 '충무공 정신'의 생활화를 강조했다. 즉 '충무공 정신'이란 멸사봉공의 애국·구국정신이며 조국애, 민족애, 자주·자조·자립·자위의 정신, 창의와 개척정신, 유비무환의 정신, 정의에 사는 정신 등이다.[256]

이러한 '충무공 정신'을 생활화하기 위해서는 첫째, 민족의식과 조국애를 본받아 민족주체성을 확립하자는 것이다. 둘째, 멸사봉공의 애국정신을 받들어 유신과업을 완수하자는 것이다. 셋째, 유비무환의 자위정신을 받들어 총력안보태세를 강화하자는 것이다. 넷째, 자주·자립정신을 이어받아 새마을운동을 추진하자는 것이다. 다섯째, 창의와 개척정신을 본받아 과학화 운동에 앞장서자고 했다.[257] 그리하여 '충무공 정신'과 10월 유신의 이념은 완전히 일치한다고 보았다. 바꾸어 말하면 '충무공 정신'은 유신이념의 정신적 바탕을 제공해 준 것으로써 우리가 마땅히 간직할 민족정신의 정화(精華)이며 유신이념의 산 지표로 삼아야 한다고 강조되었다.[258]

예를 들어 충남대학교의 경우 충무공탄신일을 맞이하여 현충사를 참배하고 충무공의 위엄과 숭고한 얼을 추모하며 호국학도의 사

---

256) 문화공보부, 『유신이념과 충무공 정신』(문화공보부, 1973.4.20), 41~73쪽; 「민족의 태양 이충무공」, 『서울신문』 1973.4.27.
257) 문화공보부, 『유신이념과 충무공 정신』, 74~81쪽.
258) 「민족의 태양 이충무공」, 『서울신문』 1973.4.27.

명을 다할 것을 다짐하는 다음과 같은 결의를 하기도 했다.259)

1. 우리는 배우면서 지키는 호국학도의 사명을 하겠습니다.
2. 우리는 학풍을 쇄신하고 정신전력을 배양하겠습니다.
3. 우리는 새마을정신으로 국가사회에 봉사하겠습니다.
4. 우리는 몸과 마음을 닦아 조국통일의 선봉이 되겠습니다.
5. 우리는 새 가치관을 확립하여 모범적인 학생이 되겠습니다.

이는 학생들에게 '충무공 정신'을 통해 유신이념을 고취시키는 것이었다. 요컨대 멸사봉공의 애국·구국정신인 '충무공 정신'을 생활화하여 유신과업을 완수하고 총력안보 태세를 강화하고자 했던 것이다.

더 나아가 '충효'사상이 강조되기도 했다. 박정희는 1977년 2월 4일 문교부를 연두 순시하는 자리에서 "해방 후 양적으로만 팽창했던 우리 교육이 이제는 본궤도에 올라 그 목적이 뚜렷해졌고 이념도 정리되었다"고 전제한 뒤 "앞으로 우리 교육의 내실을 더욱 다져나가기 위해 도의교육과 과학기술 분야의 인재양성에 역점을 두도록 하라"고 지시했다. 그는 도의교육이란 곧 한국의 전통적인 정신문화에 바탕을 둔 교육이라고 설명하고, 오늘날에는 조국과 민족에 대한 봉사가 '충'이며 인간을 존중하고 서로 사랑하는 것이 '효'라 했다. 또한 이것이 한국사상의 근본인 인본주의인데 우리의 교육도 이를 되찾아 여기에 바탕을 두어야 할 것이라고 강조하고 '충효'사상을 크게 살려 북돋우고 이를 자라나는 세대에게 가르쳐야 할 것이라고 덧붙였다. 그는 한국사상을 따져 올라가면 '충효'가 으뜸인데 도중에 잊혀져 먼지가 앉거나 녹이 슨 것이라고 지적하고,

---

259)「호국학도의 사명 다할 터」,『충대신문』1976.4.5.

이제 우리는 이를 되찾아야겠으며 이것이 곧 민족문화·정신문화의 재발견, 재개발이며 재정립이라고 말했다.260)

그리하여 문교부는 1977년 2월 11일 1977학년도 첫 교육감회의를 소집하고 도의교육, 과학기술교육 강화와 산업체 근로청소년 교육대책 등 교육시정방안과 지침을 시달했다. 이날 황산덕(黃山德) 문교부장관은 "해방 이후 서구문명의 무비판적인 수용으로 빚어진 이기적이고 퇴폐적인 사회구조가 아직도 일소되지 못하고 있다"고 지적하고, 인간을 아끼고 사랑하는 근본이 효도임을 감안, 도의교육을 철저히 하라고 말했다. 황장관은 이를 위해 앞으로 교과서를 개편해서 '충효'사상을 보다 많이 반영시키겠다고 밝히고, 중·고교의 생활관을 활용해 예절교육을 강화하고 충과 효에 대한 모범사례를 적극 발굴해 널리 선양하라고 지시했다.261) 이처럼 박정희 정권은 가부장적·전통적 가치들을 이용하여 사회적 통제의 한 수단으로 삼았던 것이다.262)

더 나아가 이러한 '충효'사상의 궁극적인 목표 역시 국가와 민족을 위해 헌신할 수 있는 인간의 형성이다. 박정희는 "충효사상은 이처럼 자기가 속한 공동체에 대한 짙고 뜨거운 사랑에 바탕을 두고 있다. 나의 가정이 하나의 조그마한 생활공동체라면 국가나 민족은 하나의 커다란 생활공동체이며, 이 두 공동체에 대한 애정은 그 본질에 있어서 조금도 다를 것이 없다. 인간 누구나가 갖고 있는 사람의 정이 그 생명의 근본인 부모에게로 자연스럽게 분출되는 것이 효도이며, 그것이 자기가 속한 운명과 생활의 공동체인 국가를 향해 분출되는 것이 충성이다. 따라서 자녀를 사랑하고 부모

---

260) 「도의교육·기술인재 양성에 역점」, 『서울신문』 1977.2.5.
261) 「교과서 개편, 충효사상 반영」, 같은 신문, 1977.2.11.
262) 김영명, 「한국의 정치변동과 유신체제」, 앞의 책, 387쪽

를 공경하고 화목한 가정을 이룰 수 있는 사람이 곧 국가와 민족을 위해 헌신할 수 있는 사람이다"라고 말함으로써 국가주의를 강화하기 위해 '충효'사상을 강조했던 것이다.263) 즉 '충효'사상 역시 유신이념을 고취시키고 유신체제에 순응하는 인간을 배양하는 데 그 목적이 있었던 것이다.

이러한 '충효'사상에 대한 대학생들의 의견을 묻는 여론조사의 결과 '충효'사상을 긍정적 입장에서 받아드리는 학생이 160명 가운데 154명으로서 96%에 해당되며, 이 가운데 '충효'사상을 복구하는 것을 무조건 긍정한다는 학생이 33%였고, 절충적 입장을 취하겠다는 학생이 63%로 가장 많았다. 반면 부정적 입장을 취하는 학생은 불과 2명에다 흥미가 없다는 학생도 1명에 지나지 않았고 기타 3명을 그쪽에 합쳐도 6명으로서 긍정 대 부정은 96대 6의 비율로 나타났다. 더 나아가 대학생의 입장에서 '충효'사상의 재흥에 대해 미래를 어떻게 생각하고 있는가에 대한 반응은 일단 희망적이란 학생이 160명 중에 76명으로서 약 48%에 해당되며 그중에 매우 희망적이란 학생이 근소한 6명이었는데 반해 비관적이란 학생은 24%인 34명으로 주목을 끌었고, 비관적도 희망적도 아니다라는 학생이 32명이었다. 그러므로 결과적으로 '충효'사상이 어느 정도 현실적으로 윤리, 도덕의 규범을 타개하는 데 희망적이라고 지지의사를 표명한 학생이 전체의 약 68%였다.264)

'충효'교육의 구체적인 예로는 학생들에게 주어진 환경 속의 주변생활에서 사소한 것도 효행, 충성이 된다는 것을 깨우치게 하는 것이 바람직하다고 보았다. 구체적으로 효도덕목(가정)으로 제시

---

263) 전재호, 앞의 논문, 190쪽.
264) 민경천·이준구, 「충효사상이 대학생의 의식구조에 미치는 요인분석에 관한 연구」, 『홍대논총』 9(홍익대학교, 1977), 357~359쪽.

된 바는 가정의 소중성과 가정의 고마움을 알게 하고 부모의 사랑, 가족의 총화단결, 가정의 사랑 화목, 효도 우애, 가정 화목의 길, 효도의 생활화, 가정 안정의 절대성, 가정 유신, 가정의 부조리 제거, 형제 우애, 가사 조력, 조상숭배, 어른 공경하기, 성묘 다니기, 부모에게 인사 잘 하기, 용돈 아껴쓰기, 부모 심부름 잘 하기, 공부 잘 하기, 친척 찾아보기, 세배 잘 하기, 부모님 생일 찾기, 형제 생일 찾기, 가훈 실천하기, 집안 청소하기, 집안 일 적극 참여 등이다. 그리고 봉사덕목(사회)으로는 질서의 필요성, 사람은 사회적 동물이다, 사회질서의 확립, 사회의 협동단결, 사회에 봉사, 공덕심 발휘, 사회 공안의 길, 봉사의 생활화, 사회질서 확립의 필요성, 사회 새마을운동, 사회유신, 사회의 부조리 제거, 은사 공경하기, 골목길 쓸기, 좌측통행, 반상회 참석 권장, 국기 달기 지도, 노력봉사, 이웃돕기, 어른에게 인사 잘 하기, 어른에게 좌석 양보하기, 고운 말 쓰기, 양로원 위문, 고아원 위문, 불우이웃 돕기, 마을 어린이 지도, 공중위생의 생활화 등이 있다. 다음으로 충성덕목(국가)로는 국가의 소중성, 나라의 고마움, 영도자의 구심점, 국민의 총화단결, 남북통일의 당위성, 유신이념의 생활화, 평화통일의 3대 원칙, 반공의 생활화, 국가안보의 절대성, 국가자립의 절대성, 국가 새마을운동, 국가유신, 국가의 부조리 제거, 북괴의 만행 규탄, 민방위 훈련 충실, 국어 순화, 가정의례준칙 준수, 주체의식 고취, 혼·분식 이행, 저축장려, 열사·의사 전기 소개, 간첩 신고 요령, 간첩 식별 요령, 국가원수에 대한 예절, 산림녹화, 통일벼 재배, 서정쇄신 등이다.[265]

이처럼 주체적 민족사관의 입장에서 국적 있는 교육의 일환으

---

[265] 허재준, 「교과학습을 통한 충·효심 고취의 지도방안」, 『연구월보』 147(전라북도 교육연구원, 1977.5.6), 24~25쪽.

로 '충무공 정신'과 '충효'사상이 강조되었다. 해방 이후 무분별하게 수용된 서구문명의 폐단인 이기주의와 퇴폐주의를 극복하고 한국의 전통적인 민족문화와 정신문화를 재발견·재정립하기 위해서는 '충효'사상을 고취해야 한다고 강조되었다. 그리고 '충무공 정신'과 '충효'사상을 내용으로 하는 국적 있는 교육이란 국가주의를 기본이념으로 하는 것으로서 국가와 민족을 위해 일할 수 있는 인간을 창출하는 데 그 교육목적이 있었다. 이는 결국 유신체제를 정당화시키고 그에 순응하는 체제 내적 인간형을 창출하는 데 그 목적이 있었던 것이다. 특히 '충효'교육은 가정과 국가에서 유신이념을 생활화하는 것이었다. 그리고 이러한 '충무공 정신'과 '충효'사상은 반유신체제 저항운동의 상징이던 대학에서도 적극적으로 실천되고 있었으며, '충효'사상에 대한 학생들의 여론은 반 이상이 지지하는 것으로 나타나고 있었다. 이는 그만큼 유신체제의 통치이념이 대중들에게 설득력을 지니고 있었던 것이라 할 수 있다.

한편 박정희는 전통문화의 창조적 개발과 문화재 보호에 관한 소신을 체계적으로 밝힌 바 있다. 즉 그는 기회가 있을 때마다 민족문화의 창조와 문화적 자주성을 강조했다. 즉 전통과 자주성이 없는 문화는 민족문화라고 할 수 없다는 대전제 아래 새로운 민족문화 창조와 민족중흥을 서로 연관시켜 생각하고 또 자주정신이 곧 문화창조의 원천이며, 참다운 자주정신은 전통문화에 대한 애착에서 우러나오는 것이라고 강조했다.266)

또한 그는 "문화재 보호는 조국을 사랑하고 조상을 아끼며 우리 민족의 얼을 길이 간직해 나가자는 데서 우러나와야 하며 문화재는 민족의 공동재산이라는 의식이 어릴 때부터 심어져야 한다"고

---

266) 「민족문화」, 『서울신문』 1978.7.20.

했다. 더욱이 그는 "문화재 보호는 관계기관이나 단체에서 하는 것만으로는 안 되며, 국민 모두가 문화재를 아끼고 가꾸는 관념이 생활화돼야 한다"고 국민의 문화재 보호정신의 고양을 촉구했다.267)

박정희의 문화유산정책의 본격적인 제도적 전환은 1968년 문화공보부의 발족에서 비롯되며, 1970년대부터 문화유산에 대해 보다 종합적이고 계획적인 정책을 추진했다. 문화재관리국은 문화재의 조사, 발굴활동, 전국민속종합조사사업, 전국명승조사사업, 전국유형문화재현황조사사업, 전국지정·비지정문화재조사 등 다양한 사업을 실시했고, 동시에 문화재보호법을 대폭 강화했다. 또한 문화재개발5개년 계획(1969~1974)이나 제1차 문예진흥 5개년 계획(1974~1978) 등 장기적이고 계획적인 대규모 사업을 벌였다.268)

문예진흥 5개년 계획은 다음과 같은 세 가지 사항을 중점 목표로 내세웠다. 첫째, 올바른 민족사관을 정립하고 새로운 민족예술을 강조하며, 둘째, 예술의 생활화·대중화로 국민의 문화수준을 향상시키고, 셋째, 문화예술의 국제교류를 적극화함으로써 문화한국의 국위를 선양한다. 이러한 목표는 실제로는 유신이념을 대중적으로 홍보하고 이데올로기적 기반을 다지고자 하는 의도를 갖고 있는 것이었다. 예를 들어 국산영화의 우수영화 선정기준은 10월 유신을 구현하는 내용, 민족의 주체성을 확립하고 애국애족의 국민성을 고무·진작시킬 수 있는 내용, 의욕과 신의에 찬 진취적인 국민정신을 배양할 수 있는 내용, 새마을운동에 적극 참여하게 하는 내용, 국난극복의 길은 국민의 총화된 단결에 있음을 보여주는 내

---

267) 「박대통령의 시정지표」 하, 같은 신문, 1973.1.31.
268) 전재호, 「동원된 민족주의와 전통문화정책」, 한국정치학회 편, 『박정희를 넘어서』(푸른 숲, 1998), 243쪽.

용 등이었다.269)

그리고 박정희는 국난극복의 역사적 문화유적 및 선현유적에 대한 보수·정화사업을 대대적으로 추진했다. 국난극복의 유적으로 선정된 곳은 현충사, 행주산성, 진주성, 남한산성, 최영 장군 유적 등이며, 민족사상 선현유적으로는 경주시의 무열왕릉 및 율곡 이이선생과 그 어머니 신사임당이 태어난 강원도 강릉시의 오죽헌 등이며, 전통문화유적으로는 경주의 불국사, 내장사, 백양사, 송광사, 화엄사, 쌍계사 등이고, 6·25 동란 기념유적 등이 보수·정화되었다.270) 이러한 문화정책 역시 국민들의 민족주의적 감정을 고양시켜 그들의 유신체제에 대한 헌신을 이끌어내려는 의도를 갖고 있는 것이었다.

특히 박정희는 1976년 2월 5일 주체성을 바탕으로 한 건전한 민족문화예술의 창달을 강조했다. 그는 젊은 층에 번지고 있는 대마초 흡연 등 퇴폐풍조 일소를 다시 강조하고 건전한 사회기풍 진작책과 관련해서 "외국문화는 선별해서 좋은 것은 받아들이나 퇴폐적이고 백해무익한 것은 과감하게 버릴 줄 알아야 한다"고 말했다. 그는 "주체성 없이 외래문물을 받아들이는 자세는 우리 자체의 문화예술을 좀먹게 할 우려가 있으며 이로 인해 어느 시기에 우리 것의 문예가 없어지게 된다면 중대한 문제가 아닐 수 없다"고 말하고, 그 예로 특히 젊은층과 성장하는 세대에 악영향을 주는 퇴폐적인 외국영화의 수입을 단속하라고 지시했다. 그는 또 불건전한 가요와 그 밖의 연예활동, 그리고 연예인들의 장발, 대마초 흡연 등

---

269) 김창남, 「유신문화의 이중성과 대항문화」, 『역사비평』 30, 1995 가을, 124~125쪽.
270) 김정렴, 앞의 책, 57~58쪽; 구체적으로 박정희 대통령 재임 당시 보수 또는 정화사업이 추진되었던 유적들에 대해서는 같은 책, 58쪽 도표 참고.

퇴폐풍조 현상도 단속하라고 말하고, 대마초 흡연이 고등학교 학생들에게까지 번져 있다는 것은 망국의 풍조라고 개탄했다.271)

이처럼 박정희 정권은 전통문화에도 관심을 들려 이에 대한 창조적 개발과 문화재 보호에 관한 종합적이고 체계적인 정책을 펴나갔다. 그리고 국난극복의 역사적 문화유적 및 선현유적에 대한 정화사업을 벌여 대중들의 민족주의적 감정을 고양시켜 유신체제의 통치이념을 대중적으로 홍보하고, 유신체제에 대한 헌신을 이끌어내고자 했던 것이다. 더 나아가 주체성을 바탕으로 한 건전한 민족문화 예술의 창달이라는 미명 아래 대중문화를 통제했다. 그리하여 이러한 문화정책 역시 유신체제를 정당화시키고 대중들을 유신체제에 동원하며 통제하는 성격을 띠게 되었던 것이다.

6) 사회혁신

박정희 정권은 유신체제의 통치이념으로 한국사회의 모든 부조리, 비능률, 비생산성, 무질서를 척결하는 사회혁신을 이룩할 것을 제시했다.272) 그리하여 10월 유신의 사회개혁운동은 반부조리운동, 반비생산성운동, 반비능률운동 등 3반운동으로 요약된다. 박정희 정권은 이러한 3반투쟁을 통해 합리적이고 생산적이며 능률적인 사회윤리가 이루어졌을 때 사회개혁의 목표가 달성된다고 보았다.273)

사회개혁의 촉진으로는 허례허식과 사치·낭비풍조의 감퇴와 합리적 생활기풍의 진작, 퇴폐풍조의 격감과 건전한 사회기풍의 진

---

271) 『동아일보』 1976.2.6.
272) 「10월 유신 의의와 전망」, 『서울신문』 1972.11.13.
273) 문화공보부, 『10월 유신의 의의와 전망』, 40쪽.

작, 근면·자조·협동의 건전한 사회풍토의 조성 강화, 부정·부패 등 제반 사회범죄의 감소와 건전한 사회기강의 강화, 인문숭상, 근로 천시 관념의 감퇴와 과학·기술·실업 존중의 사회기풍 진작 등이다.274)

　구체적으로 박정희는 일찍이 폭력·탈세·마약·도벌(盜伐), 밀수 등을 5대 사회악으로 규정하고 이들을 발본색인하고자 특별법을 마련하여 극형도 가할 수 있게 하는 등 단속 처벌을 강화한 바 있다.275) 그리고 보건사회부는 한국사회에 만연되어 있는 여러 부조리 현상을 제거하고, 건전한 가정윤리를 정립시키기 위해 1975년부터 1980년까지 3단계로 범국민적인 사회기풍순화운동을 펴기로 했다. 이 운동은 새마을운동의 정신계발 및 생활개선사업의 하나로 추진되면서 사회단체 및 각급 학교의 전인적 인간교육활동과 제휴하여 펼쳐 나갈 계획이었다. 1차 연도인 1975년도는 관계부처와 민간단체가 공동으로 참여하는 '사회기풍순화대책회의'를 발족시켜 세부 실천계획을 수립하고 행동화하기 쉽고 예산이 많이 들지 않는 사항부터 실천하기로 했다. 1976년부터 1979년까지의 2단계 사업은 이 운동의 확충단계로 정하여 부문별 세부계획에 따라 순화운동을 폭넓게 실천해 나갈 방침이었다. 1980년에 이르러서는 성숙단계로 잡아 부문별 실천 사항을 완전히 생활화하여 건전한 국민윤리와 사회기풍이 이루어지도록 한다는 것이다. 보사부가 1975년도 사회기풍순화운동의 1단계 실천사항으로 추진키로 한 것은 가정예절의 실천, 부덕(婦德)의 함양, 청소년 도의앙양, 사회예절의 실천, 접객업소의 기풍쇄신, 소비절약의 실천, 식품·약품 등의 광고풍토 쇄신 등 8가지이다.276) 이러한 정부 주도하의

---

274) 문화공보부, 『유신과업은 얼마나 이룩되었나』, 10쪽.
275) 「사설」, 『서울신문』 1972.10.25.

사회기풍순화운동은 결국 가정과 사회에서 유신이념을 생활화하고 대중들을 유신체제에 순응하도록 하는 것이었다.

또한 당시 박정희 정권은 나라의 존망은 국민총화에 있으며, 총력안보의 첨병은 바로 공무원들이라고 보았다. 그런 의미에서 오늘날의 행정은 안보와 직결되어 있고 또한 서정쇄신이 부단히 강조되고 있다고 주장했다. 그리고 서정쇄신의 요체는 행정의 민주화와 능률화에 있다고 했다. 민주적인 행정이란 국민의 이익이 되게 하고 국민의 불평을 사지 않게 하는 것으로 보았다. 그리하여 내무부는 서정쇄신의 방향을 처벌보다는 도덕성에 입각한 행정, 진실된 행정에 둠으로써 일선 공무원에 대한 인격적 강화를 강조하고, 행정의 민주화와 능률화에 힘쓰기도 했다. 민원처리에 있어서도 신속·공정·경제적인 처리에 역점을 두어 공개행정의 구현과 민원행정의 제도적 개선, 일선행정의 강화 등을 추진하기도 했다.277)

특히 박정희는 "북괴와 대결하고 있는 우리가 경제를 건설하고 국방을 튼튼히 하며 국가적인 어려움을 극복해나가는 데 있어서 가장 중요한 관건은 국민의 단결과 총화인데 이를 가장 저해하는 요소가 바로 부정, 부조리, 기강문란이라고 생각한다"고 하면서 공무원들의 서정쇄신을 강력히 추진해 나갔다.278) 그는 공무원들의 부조리를 없애는 서정쇄신이야말로 '소리 없는 혁명'이라고 지칭하면서 눈에 띄는 경제건설도 중요하지만 더욱 중요한 것은 공무원들의 부조리를 없애는 것이라고 했으며, "대한민국 공무원이 절대로 부정이 안 통하고 성실하고 친절한 봉사정신으로 무장되어 있다면 우리나라는 장차 강하고 훌륭한 나라가 될 것이 틀림없다"고

---

276) 「범국민사회기풍순화운동」, 같은 신문, 1975.2.25.
277) 「서정쇄신과 행정의 민주화·능률화」, 같은 신문, 1976.12.21.
278) 「서정쇄신 더욱 강화」, 『조선일보』 1976.11.13.

말했다. 그리고 공무원의 부조리를 제거한다면 굉장한 국력이 될 것이라고 강조했다.279) 그리하여 정부는 서정쇄신업무를 적극 추진하기 위해 모든 부처에 '서정쇄신추진위원회'를 둘 방침이었다. 위원장에는 차관이, 부위원장은 기획관리실장이, 위원에는 각 국장이 임명될 것이었다. 이 위원회는 서정쇄신 업무의 종합조정, 서정쇄신 사례의 선정, 조처 완료된 사례의 사후관리, 서정쇄신 독려에 관한 사항, 종합장기계획 및 실천계획 수립 등에 관한 사항을 협의할 것이었다.280) 또한 정부와 여당은 1976년 1월 서정쇄신작업을 보다 적극적이고 효율적으로 추진하고 이를 항속화(恒續化)하기 위해 공직에 근무하는 인사들의 생활자세를 강조하는 '공직자도(公職者道)의 규범' 제정을 추진했다.281)

더 나아가 박정희는 1977년 1월 27일 총무처를 순시한 자리에서 공직자는 역사와 자손에게 책임을 져야 한다고 말하고, 공직자의 행적은 자신의 명예 또는 불명예가 될 뿐 아니라 자손들의 명예 또는 불명예가 되게끔 가칭 '서정쇄신년감' 같은 것을 만들어 영구 보존토록 하라고 지시했다. 그리하여 서정쇄신에 의해 처벌된 비위 공무원과 표창을 받은 공무원의 명단을 기록하여 영구 보존하도록 했으며, 그 대상은 국가기관의 전체 공무원과 정부투자기관의 임직원으로 정했다.282)

그리하여 매년 늘어가던 각종 범죄가 1977년부터 줄어들기 시작했다. 이러한 현상에 대해 법무부 당국자는 경제성장으로 국민의 소득이 점차 늘어난 것과 아울러 당국의 강력한 서정쇄신작업으로

---

279) 「서정쇄신은 조용한 혁명」, 같은 신문, 1976.2.21.
280) 같은 신문, 1973.5.3.
281) 「공직자 규범제정추진」, 같은 신문, 1976.2.1.
282) 같은 신문, 1977.1.28, 1977.3.26.

각종 부조리가 줄어들었기 때문이라고 풀이했다.283) 이처럼 박정희 정권은 사회혁신의 일환으로 공무원들의 부조리를 없애는 서정쇄신을 단행했다. 이러한 노력은 유신체제에 대한 대중적 지지를 획득하기 위한 것이었으며, 이는 어느 정도 성과를 거두기도 했다.

한편 유신체제의 사회혁신은 가정에서도 준행되도록 했다. 즉 가정의례를 간소화하기 위한 새 가정의례준칙이 1973년 5월 11일 국무회의에서 의결되어 대통령령으로 공포되었다. 새 준칙은 보사부가 마련한 가정의례에 관한 법률과 함께 6월 1일부터 시행되었다. 준칙 내용은 혼례, 상례, 제례, 성묘, 회갑연 등에서의 간소화를 도모한 것이다. 혼례에 있어서는 식순을 맞절, 혼인서약, 성혼선언, 혼인신고서 날인, 신랑·신부 인사로 간소화하고 종전의 예물증정, 주례사, 양가 대표 인사 등 절차를 생략하고 혼인신고서 날인을 정식 식순에 추가했으며, 함잡이는 보내지 않도록 했다. 그리고 약혼식은 호적등본과 건강진단서를 첨부한 약혼서를 교환하는 것으로 대신토록 했다. 또한 상례에 있어서는 종전에 5일장까지 허용하던 장일을 부득이한 경우를 제외하고는 3일장으로 하도록 줄였고, 상복은 한복의 경우 흰색과 흑색으로, 양복일 땐 흑색만 입도록 했으며, 상복엔 상장 외에 흰 꽃을 대신 달 수 있도록 했다. 또 부고의 행정기관, 기업체 등 단체 명의의 신문게재와 상여의 과분한 장식은 모두 금했다. 제례에 있어서는 예식절차를 혼령모시기, 잔올리기, 축문 읽기, 물림절의 순만으로 규정하고 종전의 숭늉 올리기, 수저 꽂기 등은 못하도록 했다. 기제의 대상은 종전과 마찬가지로 제주의 2대 조까지로 한정하고 새 제례절차에 따라 기제 등에선 모두 2번의 배례만으로 끝내도록 했다. 또한 성묘도 제

---

283) 같은 신문, 1978.2.10.

수를 마련함이 없이 재배 또는 묵념으로 배례토록 했다. 이 밖에 노제, 반우제, 삼우제 등은 종전과 마찬가지로 계속 금지되었다. 회갑연에 있어서도 가정에서 친척·친지들에게 간소한 음식을 제공하는 것 외에는 모두 금했다. 이 준칙은 또 종교의식에 따라 가정의례를 행할 때에도 준칙에 위배되지 않는 범위 안에서 그 종교 고유의 의식절차를 따르도록 새 규정을 두고 있다. 특히 가정의례 금지사항을 보면 우선 혼례의 경우 인쇄물에 의한 청첩장 고지, 화환·화분 유사 장식물 진열 또는 사용을 금지하고 있으며, 상례의 경우 부고장 인쇄 및 개별고지, 화환·화분 유사 장식물 진열 또는 사용을 금지하고 있으며 음식물 접대도 금지되었다. 또한 굴건제복 착용이나 완장 사용도 금지되었다. 그리고 회갑연의 경우 가정 외에서의 음식 접대는 금지되었다.[284]

그리하여 실제 이 준칙이 시행됨에 따라 혼례와 장례의식이 눈에 띄게 간소화되었다. 결혼식장에는 축하객이 반으로 줄었고, 답례품과 화환, 꽃다발이 자취를 감췄다. 상가에서는 굴건제복이 검은 양복이나 평상복에 삼베, 검은 완장으로 바뀌었다. 장례의식도 크게 달라져 전 같으면 조객들에게 술과 음식을 대접하던 상가에선 홍차, 커피, 콜라류를 내놓는 게 고작이었다. 그러나 이러한 가정의례준칙은 밑으로부터의 자율적인 성격을 띤 것이 아니라 '강제규정' 형태를 띠고 있었으며, 법 금지 사항 위반자는 50만 원 이하의 벌금 또는 과료 처분되었다.[285]

그리고 박정희 정권은 내자동원을 극대화하는 방안의 하나로 1974년부터 1980년까지 농어촌에서 1조원의 저축을 동원키로 결정하고 이에 따른 강력한 농어촌 저축추진계획을 마련했다. 즉 1조

---

[284] 「주례사·예물교환 생략」, 같은 신문, 1973.5.16.
[285] 같은 신문, 1973.6.17.

저축추진방안은 다음과 같다. 첫째, 전 농어촌 저축 점포화로서 전국 34,665개 새마을에 새마을 저축반을 조직하고 2,307개 자립새마을에 새마을금고를 설치한다는 것이다. 둘째, 저축자원개발과 농어촌계기금 흡수로서 생산적 목적저축과 신종예금의 개발을 장려하고 농어촌계의 제도, 저축 유지 내지 생산자금화를 도모한다. 셋째, 농수산물 판매대금의 저축유인 강화. 넷째, 농어민저축의 제도적 우대로서 이자소득세 면세점을 인상하고 통장인지세를 면세해주는 것이다. 그리고 자금 자재 지원의 저축실적 인센티브제를 실시하도록 한다는 것이다. 다섯째, 저축의 생활화운동을 전개하는 것으로 전 농어가의 1호 1통장으로 1일 5원 '개미저축' 실시, 저축경진대회 개최로 범농어촌 저축무드를 조성한다. 여섯째, 저축교육을 강화하는 것으로 각급 학교의 교과서에 저축 고취 내용을 삽입하고 지역 특성에 따른 학생저축사업을 개발한다. 일곱째, 농어촌 저축추진기구의 대폭강화. 여덟째, 농어촌 1조 저축추진을 위한 '중앙저축추진위원회'를 구성하고 산하에 3개 실무협의회를 설치한다. 아홉째, 농어촌 소비생활의 합리화운동을 전개한다.286) 그리고 1974년부터 모든 초·중·고교생들은 의무적으로 연간 2백 원에서 7백 원 이상의 국민저축을 해야 하고, 이와 별도로 지역별로 목표액이 정해진 자력저축을 1백 원에서 3백50원 이상씩 내야 하는 전 학생 1인 2통장제가 문교부에 의해 마련되어 1973년 10월 15일 각 시도 교육위원회에 시달됐다.287) 더 나아가 박정희 정권은 근로자의 저축증대방안으로 월 25만 원 이하의 소득자를 대상으로 한 근로자저축형성저축제도를 1976년 4월부터 실시하기로 했다. 특히 재무부는 근로자재산형성저축 대상자의 범위를 확대하

---

286) 「농어촌 저축 1조원 운동」, 같은 신문, 1973.9.6.
287) 「전학생 국민저축 의무화」, 같은 신문, 1973.10.16.

기 위해 월 급여액이 25만 원 이하인 사람에서 30만 원 이하까지 가입할 수 있도록 했으며, 대학생 군사훈련과정 출신 장교인 ROTC도 가입대상에 포함시켰다.288)

이러한 저축운동의 결과 실제 임금이 가장 낮은 대한민국 공장 근로자들의 저축률이 임금이 높은 여타 직종 근로자보다 높은 것으로 나타나기도 했다. 한국사회복지협의회가 1978년 1월에서 6월까지 구로공단, 부산, 구미 지역공단 내의 11개 공장에서 일하는 1천2백 명의 남녀 근로자를 대상으로 조사한 자료에 따르면 이들 근로자들의 76.6%가 월 5천 원에서 5만 원 이상까지 저축하는 것으로 밝혀졌는데 이 중에서는 월 3만 원에서 4만 원 사이의 임금을 받는 사람이 전체의 반을 넘고 있었다. 이 같은 임금수준으로도 저축을 한다는 것은 피나는 인내와 각고의 결정이며 일반 고소득자로서는 상상도 할 수 없는 일이었다.289) 따라서 이러한 피나는 노력이 있었기에 대한민국의 경제가 성장할 수 있었다고 할 수 있다.

이상과 같이 유신체제의 또 다른 통치이념으로 제시된 사회혁신은 한국사회의 모든 부조리와 비능률, 비생산성, 무질서를 척결하는 것을 목표로 하고 있으며, 그 구체적인 내용으로 범국민적인 사회기풍순화운동, 서정쇄신운동, 가정의례준칙, 범국민저축운동 등이 시행되었다. 그리하여 사회혁신은 나름대로 성과도 있었지만 그것이 대중들에 의한 자발적인 의지에서가 아니라 위로부터 주어진 타율적이고 강제적인 성격을 띤 것으로 유신체제의 독재성을 드러낸 것이기도 했다.

게다가 가정의례준칙은 이후 '변칙의례'로 무색해지고 말았다. 인쇄물 청첩장 대신 필경(筆耕) 또는 프린트 청첩장이 전해지고,

---

288) 같은 신문, 1976.1.20, 12.3.
289) 「쥐꼬리만큼 벌어서 악착같이 저축한다」, 같은 신문, 1979.2.24.

굴건제복과 만장의 사용 및 하객들에게 답례품을 증정하던 관습은 크게 줄었으나 대신 점심티켓을 돌리는 사례가 눈에 띄게 늘어나고 있었다. 이 같은 사례는 법으로 금지되어 있는 게도 단속이 없어 더욱 성행할 기미를 보였다. 특히 준칙을 위반하는 사례는 농촌이 심해 많은 농민들이 여전히 전래의 고질적 관습을 벗어나지 못하고 있었다. 도시에서도 변칙의례가 성행하여 외형만 다를 뿐 준칙이 아직 정착되지 않고 있음은 농촌과 마찬가지였다.290)

또한 일부에서는 이상사치와 낭비풍조가 만연하고 있었다. 예를 들어 개혁의 대상이었던 사치풍조는 극성을 부리고 있었다. 상류층의 소비성 사치풍조 입김은 이제는 중류층에까지 번져 가계지출의 주름살을 깊게 하고, 너나 없이 분수 없는 생활을 조장하고 있는 것으로 나타나기도 했다. 국내의 최신유행을 창조한다는 서울 명동 충무로 일대에는 고급 양장점과 양품점이 즐비했으며, 저녁과 밤의 명동이 20대의 거리라면, 오전 11시부터 오후 4시까지 낮시간의 명동은 30~40대의 유한주부들이 호사와 부귀를 자랑하는 사치의 전시장이다. 여자실크 블라우스가 10만 원을 상회하고 실내복 원피스 등도 15~20만 원까지 호가하나 어떤 양장점은 그도 모자라 못 판다는 것이 종업원들의 얘기이다. 또한 명동의 미용실, 의상실 등에서는 사치품, 밀수품들이 고관부인과 재벌부인들에 의해 전화 주문되고 팔려나가는 것이 공공연히 알려져 있었다. 김포공항을 통해 은밀히 반입되는 연간 수십 억대의 다이아, 진주 등 보석류는 국내 밀수연락책의 손을 거쳐 이들 호화부인의 안방으로 흘러 들어가고 있었다.291)

더 나아가 이러한 사치풍조는 피아노와 에어컨 등을 예약하는

---

290) 같은 신문, 1974.4.2, 1978.10.27.
291) 「사치풍조 극성」, 『동아일보』 1978.11.18.

시대로 나가게 되었다. 즉 수요에 못 미치는 공급의 품귀현상과 함께 이중가격이 형성되자 중간판매업자나 메이커들이 예약을 받기 시작한 것이다. 수입제품에선 더욱 예약주문이 두드러지게 나타났다. 8백50만 원과 9백6만 원짜리 쉼멜그랜드피아노가 2백만 원 정도의 예약금을 내걸고 한 달이나 기다려야 현품을 손에 넣을 수 있으며, 수입냉장고와 가스레인지 등도 예약 후 1,2개월 후에야 물건을 받았다. 게다가 상품수입으로 국내 상품의 질을 향상시키고 가격인하를 꾀하려 한 당국의 본래의 의도와는 달리 업자들이 턱없이 비싼 가격의 사치품만을 들여오고 있어 사치풍조가 더욱 조장되고 있었다.292) 또한 이러한 사치풍조는 어린아이들에게까지 파급되어 호화판 생일상을 차리고 집단으로 어린이를 초대하는 잔치가 사립국민학교와 일부 고급 아파트 주변의 국민학교 가정에서 두드러지게 나타나고 있었다.293)

그리고 일선교사들에 의한 금품징수행위가 다시 성행하여 신종 치맛바람을 불러일으키기도 했다. 당국의 서정쇄신작업으로 한동안 주춤했던 이 같은 부조리는 국민학교뿐만 아니라 중·고등학교에까지 번져 이를 시정해 달라는 학부모들의 진정이 잇따르고 있는 가운데 제자들이 스승을 고발하는 사태까지 빚어 심각한 양상을 띠고 있었다. 학생들의 신상문제를 의논한다며 할 일 없이 학부모들을 불러내어 은밀히 봉투를 받는 것은 흔히 있는 일이고, 갖가지 이름의 행사를 내세워 일부 부유층 학부모들을 불러 모아 공공연히 금품을 걷는 경우도 있었다.294)

더 나아가 소비절약 및 저축운동은 자발성을 띤 것이 아니라 강

---

292) 같은 신문, 1979.2.15.
293) 「일부 국교생에 이상사치·낭비풍조」, 『조선일보』 1978.12.5.
294) 「다시 고개든 교사 봉투 부조리」, 『동아일보』 1978.12.7.

제성을 띤 것이어서 유신체제의 독재적 성격을 그대로 드러낸 것이었다. 따라서 야당에서는 "근로자들에 대한 저축형성운동이 저축증대와 저축형성을 지원하기보다는 강제저축 수단으로 쓰여져 제2의 세금을 부과하는 결과를 초래할 수 있다"295)고 주장하기도 했다.

7) 복지국가 건설

박정희는 1973년 연두기자회견에서 경제개발과 국력배양의 궁극적인 목적은 복지국가를 건설하는 데 있다고 말했다. 이를 위해 일자리를 많이 만들어 주고 열심히 일만 하면 생활이 안정되는 사회를 만드는 것이 국민복지정책의 시초에 해야 할 일이고, 그 밖에도 근로 대중들의 복지향상을 위해 1974년부터 사회보장연금제도와 국민복지연금제도 등을 추진하려고 한다고 밝혔다. 그리고 1981년까지는 서민주택을 마련할 계획도 추진 중에 있으며, 1970년대 후반에는 의료보험제도를 도입해서 생활보장제도를 점차 확대해 나갈 계획이라고 밝혔다.296)

그리고 박정희는 1978년 12월 27일 임기 6년의 제9대 대통령에 정식 취임되어 유신 제2기를 출범시켰다. 그는 취임사를 통해 "우리가 도전하는 80년대는 자신과 긍지에 가득찬 웅비의 시대가 될 것"이라고 전제하고, "80년대야말로 기필코 고도산업국가를 이룩하여 당당히 선진국 대열에 참여하고 인정과 의리가 넘치는 복지사회를 이룩해야 할 시기"라고 다짐했다.297)

구체적으로 의료보험제도인데 이는 1977년부터 시작해서 그동

---

295) 「야, 제2의 세금부과 우려」, 『조선일보』 1976.3.20.
296) 『박정희 대통령 연설문집』 10, 61~62쪽.
297) 『동아일보』 1978.12.27.

| 제1장 | 유신체제의 통치이념

안 의료보호대상자, 즉 생활능력이 전혀 없는 사람, 또는 소위 저소득층에 속한 사람, 한 달의 수입이 얼마 이하에 속한 사람들, 원호대상자, 이런 사람들 중에 이 제도가 실시되고 나서 그동안 진료를 받고 혜택을 받은 사람이 약 1백67만 명이 된다고 밝혔다. 또 의료보호대상자인데 이는 공장이 있는 공단이라든지, 또는 5백 명 이상의 종업원을 가지고 있는 기업체의 사람들이 여기에 모두 가입하게 되어 있는데 이 사람들 중에도 그동안에 의료혜택을 받은 사람이 약 3백만 명이 된다고 밝혔다. 그리고 1979년부터 제도를 고쳐서 종업원 3백 명 이상을 가진 기업체도 여기에 가입하도록 하고, 공무원과 사립학교의 교직원도 의료보험에 가입하도록 했다. 그리하여 실시 결과에 따라서 불합리한 점은 점차 보완해 나가겠고 추가로 가입하는 사람들에 대해서도 의료혜택을 줄 수 있게끔 모든 시책을 펴 나가야 한다고 했다. 그리하여 1979년부터는 의료보장 인구가 1천11만 명이 조금 넘게 된다고 했다.298)

더 나아가 노인보호문제인데 이것도 한국에는 과거의 경로사상이라든지, 충효사상이라든지 이런 미풍양속이 있어서 노인들에 대해서는 자기 부모를 잘 공경하고 받드는 것은 물론이요, 남의 노인이라도 잘 받들어서 보호하는 것이 하나의 미덕이나 미풍으로 되어 있으나, 한국도 역시 도시화되고 산업화가 되고 가족제도가 점차 핵가족제도로 변천되어 감으로써 노인들이 소외당하는 문제들이 자꾸 늘어나는 것 같다고 말했다. 따라서 한국에서 과거부터 내려오던 미풍양속을 살려 가면서 오늘날의 현실에 알맞게 노인들을 잘 보호하고, 노후에 편안하게 살 수 있도록 하는 방안을 정부에서는 여러 가지로 연구하고 있다고 밝혔다.299)

---

298) 『박정희 대통령 연설문집』 16, 76~77쪽.
299) 같은 책, 77쪽.

그리고 대중교통문제인데 이는 서울시가 특별히 문제가 된다고 했다. 서울시에 있어서는 우선 버스를 대폭 늘리는 것이 당면한 하나의 해결책이 되겠고, 중기 대책으로는 서울시가 현재 추진·공사하고 있는 지하철 제2호선과 3,4,5호선이 1980년대 중반까지 완공되어서 지하철과 전철이 서울 시내의 대중교통수단의 주축을 이룰 수 있도록 하고, 버스는 오히려 전철과 지하철역 사이를 연결하는 보조수단이 되도록 만드는 것이 가장 근본적인 대책이라고 밝혔다.300) 그리하여 오늘날의 의료보험제도, 국민복지연금제도, 노인복지 및 대중교통 문제 등이 유신체제기에 그 골격이 마련되었던 것이다. 이는 박정희 정권하에서 경제성장이 어느 정도 이루어진 상황에서 가능한 것이었다. 따라서 대중들은 유신체제에 대해 어느 정도 순응할 수밖에 없었던 것이다.

그러나 이러한 복지국가 건설의 약속에도 불구하고 1979년 8월 9일 YH무역 노사분규사건이 발생했던 것이다. 이는 봉제합성업체인 YH무역주식회사 여자 종업원 2백여 명이 기업주의 폐업에 반발하여 8월 9일 오전 마포 신민당사에 몰려와 농성을 벌인 사건이다. 이들 여공은 회사 측이 은행부채 이자 등으로 회사를 경영할 수 없으므로 폐업이 불가피하다면서 직장을 떠날 것을 강요하자 지난 7일부터 회사 기숙사에서 "회사를 계속 경영하여 작업을 하게 해달라"면서 농성을 벌이다가 경찰이 해산할 것을 종용하자 이날 오전 9시 반 신민당사 4층으로 자리를 옮겨 농성한 것이다. 이들은 "우리를 나가라면 어디로 가란 말인가", "배고파 못살겠다. 먹을 것을 달라" 등의 플래카드를 내걸고 노래를 부르고 눈물을 흘리면서 폐업조치를 철회해 줄 것을 요구했던 것이다.301)

---

300) 같은 책, 77~78쪽.
301) 『동아일보』 1979.8.9.

그러나 경찰은 '101호 작전'이라고 명명된 강제해산작전을 벌여 11일 새벽 2시경 40여 시간 동안 계속 농성 중이던 여공 172명과 여공의 연행을 제지하려던 신민당원 26명을 끌어내 미리 대기시켜 놓은 경찰버스에 싣고 서울시내 7개 경찰서에 강제로 연행해 수용했다. 이 와중에서 여성근로자 1명이 동맥을 끊어 목숨을 잃고 신민당 의원들이 경찰에 구타당하는 불상사가 일어났다.302)

이 밖에도 대규모의 반국가 음모조직인 '남조선민족해방전선'이 검거되기도 했다. 경찰은 1979년 10월 9일 북한의 폭력에 의한 적화통일혁명노선에 따라 대한민국을 전복, 사회주의 국가건설을 위한 전위대로서 소위 '남조선민족해방전선준비위원회'라는 불법·불온단체의 전모를 파악했다고 밝혔다. 경찰은 이들이 단순히 지하조직으로 선동 선전을 통해 민심을 소란시키고 북한에 정보를 제공하는 소극적인 행위 대신, 무기를 만들고 거리에 나가 선동 선전을 하고 끝내는 도시게릴라 활동을 펴기 위한 인민해방군을 기도했다고 했다. 경찰의 수사로는 이들이 북한의 지령을 직접 받은 사실은 밝혀지지 않은 것 같으나, 경찰은 그들을 반체제 민주화 운동의 틈에 끼어 북한의 노선에 따르는 일방적인 '자생적 공산주의' 혹은 '공산주의 찬양조직'으로 보았다.303)

이러한 분위기 속에서 1979년 10월 16일과 17일 부산에서 대학생들과 시민들이 합세한 시위운동이 일어나고 이에 대해 박정희는 10월 18일 부산에 비상계엄령을 선포했다. 그는 계엄선포에 즈음하여 담화를 발표하고, "오로지 악랄한 선동과 폭력으로 사회질서를 파괴하고 국리민복을 해치며 헌정기본질서를 위태롭게 하는 불순분자들의 일체의 경거망동과 불법행위를 발본색원하자는 데

---

302) 같은 신문, 1979.8.11.
303) 같은 신문, 1979.10.9.

계엄선포의 목적이 있다"고 밝혔다. 7년 전 10월 유신을 단행한 바로 그날인 17일 밤 정부는 부산사태와 관련하여 비상계엄을 선포한 것이다.304) 그러나 그는 1979년 10월 26일 김재규 중앙정보부장이 쏜 총탄에 맞아 하오 7시 50분에 서거했다.

김재규 중앙정보부장의 행위에 대해 계엄사령부 합동수사본부는 차지철(車智澈) 경호실장과의 대립과 갈등의 격화, 정권수습책의 거듭된 실패로 인해 수차에 걸쳐 박정희로부터 힐책을 받았으며 특히 부마소요사태와 관련하여 자신에 대한 인책 해임설이 파다하여 이를 우려한 나머지 정권을 잡으려는 발상에서 범행을 저지른 것으로 발표했다. 특히 수사본부는 김재규가 부마사태를 오히려 대통령 제거의 계기로 역용하여 거사할 경우 중앙정보부장의 막강한 권세와 방대한 조직력을 바탕으로 계엄군을 장악하면 사후 수습이 가능할 것이라는 판단 아래 시해계획을 구상하게 된 것이라고 발표했다.305) 그러나 김재규는 범행의 동기를 전적으로 '국가와 민족을 위하여'라는 구호를 내걸면서 민주회복을 위한 혁명이란 대의명분을 주장했다.306) 이러한 범행은 박정희 정권 내부의 권력내분의 결과이기도 했지만 그동안 전개되어 왔던 반유신체제운동 및 반독재운동의 결과이기도 했던 것이다.

그러나 실제 당시 대중들은 박정희 정권하의 경제성장과 유신체제의 통치이념에 세뇌되어 조직적으로 유신체제에 저항하지 못하여 유신체제를 무너뜨리는 주체세력이 되지 못했다. 따라서 유신체제의 붕괴는 대중 주도의 새로운 체제로 나아가지 못하고 박정희 정권의 잔당세력에 의해 군사통치로 이어지게 되었던 것이다.

---

304) 같은 신문, 1979.10.18.
305) 『서울신문』 1979.10.29, 11.6.
306) 「박대통령 시해사건 논고・변론」, 같은 신문, 1979.12.19.

4. 맺음말

　지금까지 박정희 정권이 주장한 유신체제의 성립배경과 유신체제의 통치이념을 살펴보았다. 그 결과 이를 정리하면 다음과 같다. 우선 박정희 정권은 당시 적자생존의 원칙이 강력하게 지배되는 냉혹한 국제정세의 급변 속에서 이에 능동적으로 대처해 나가면서 이질적인 체제를 갖고 있는 북한과 남북대화를 추진해 조국의 평화적 통일의 사명을 완수하기 위해서는 체제개혁 및 이를 법적으로 제도화하는 헌법개정이 필요하다고 강조했다. 특히 기존의 헌법과 체제는 냉전체제하에서 만들어진 것으로 새로운 평화시대를 열어 가는 데 적합하지 않아 개정해야 한다는 논리는 대중들에게 설득력을 지닌 것이었다. 더 나아가 기존의 헌법은 서구적 민주주의 제도를 모방하여 만들어진 것으로서 국민의 역량이 분산되고 능률의 극대화가 저해되었기 때문에 비상시국에서는 맞지 않는 것으로 새로운 헌법과 체제가 정비되어야 한다는 논리 역시 대중들에게 강한 설득력이 있었다.

　또한 유신체제가 성립하게 된 배경은 국제정세의 긴장완화에 따른 남북대화의 당위성이었다. 박정희 정권은 남북통일의 문제도 냉전시대와는 달리 무력대결이 아니라 남북대화로써 풀어나가야 한다는 입장이었다. 때문에 이러한 정세의 변화는 종래의 냉전체제로는 도저히 해결해 나갈 수 없으며 새로운 체제정비를 단행하지 않을 수 없다고 주장했다. 특히 박정희 정권은 유일성이 강한 북한 공산정권과 대화하기 위해서는 체제를 개편해야 한다고 표명했다. 이러한 논리에 따라 대중들은 유신체제가 등장했을 때 즉각적인 저항을 하지 않았다. 이는 박정희 정권이 그동안 이룩한 경제성장의 영향력 외에도 당시 국제정세의 급격한 변화와 통일의 당위성에 대한 홍보를 하면서 새로운 체제정비를 단행할 필요성을 강조했기 때문이기도 했다.

더 나아가 유신체제가 성립된 또 다른 배경은 국내 정치·경제 상황의 불안정과 그로 인한 박정희 정권의 위기감이었다. 특히 학생들에 의한 삼선개헌반대운동 및 교련반대운동은 장기 독재정권에 대한 저항운동으로 발전되었고, 이는 박정희 정권으로 하여금 비상한 조치를 취하지 않으면 안 되게끔 했던 것이다. 때문에 유신체제가 선포되기 직전 학원 내의 시위행동은 철저하게 배격되었으며, 이를 주동하는 학생들에 대해서는 학생신분을 박탈하도록 했다. 더 나아가 데모의 온상일 수 있는 서클활동을 학술목적 이외에는 못하게 했으며, 학술서클도 주임교수의 지도 아래 이루어지도록 감시했다. 이로써 학원의 자유는 거세되었고, 더 나아가 경찰과 군대를 학교에 투입시킬 수 있도록 했다. 이는 실질적인 계엄선포나 다름없는 초강경한 조치로서 유신체제를 안전하게 선포하기 위한 포석이었다. 이러한 강력한 통제정책으로 인해 당시 학생들은 유신체제의 등장에 제동을 걸 수 없었던 것이다.

요컨대 박정희 정권은 내외적으로 위기에 봉착하여 국가안보와 조국의 평화통일을 내걸면서 유신체제를 성립시켰다. 그리하여 이러한 10월 유신은 군부를 비롯해서 사회 각계 각층의 지지를 일정 정도 획득하게 되었던 것이다. 이러한 세력들에 의해서 10월 유신은 별다른 도전을 받지 않고 군부 쿠데타와 같은 과격한 방식이 아니라 조용한 제도개혁으로 이루어질 수 있었으며, 유신헌법이 제정되어 국민투표에 붙여졌을 때 압도적인 국민적 지지를 획득할 수 있었다. 그리고 박정희 정권은 유신체제의 정당성을 확보하고 대중들이 유신체제에 순응하도록 하기 위해 그 통치이념을 대중들에게 세뇌시켰다.

박정희 정권이 제시한 유신체제의 통치이념은 다음과 같다.

첫째로 박정희 정권은 유신체제의 통치이념으로 평화통일을 제시하고 있다. 이는 종전의 냉전적 대결의 자세를 지양하고, 조국의 평화통일을 유신체제의 국시로 하면서 이를 위한 국가기구의 제도화와 민족주체세력을 형성하고 대통령을 그 최고 책임자로 하여 유신체제의 정당성을 제도적으로 규정했던 것이다. 이러한 통일의 문제는 해방 이후 최대의 국민적 염원으로서 대중들에게 강한 설득력을 지닌 것이었다. 그리고 박정희 정권은 유신체제를 실제로 남북대화가 진행되는 과정에서 추진했기 때문에 그만큼 대중적 지지를 이끌어 낼 수 있었던 것이며, 유신체제의 대의명분을 세우기 위해 통일문제를 중요한 이슈로 내걸었던 것이다.

둘째로 박정희 정권은 유신체제의 통치이념으로 국력의 배양과 총력안보를 제시했다. 즉 당시 한반도가 처한 국내외적 위기상황 및 위기의 정부에 대응하여 낙후된 한국사회를 근대화시키고 선진국가의 대열로까지 향상케 하기 위해서는 먼저 국력의 배양과 총력안보를 이루어야 한다는 당위 아래 자주국방, 자립경제, 반공정신을 내세웠다. 특히 총력안보는 개인의 권리나 자유보다는 국가와 국민 전체의 안전과 생존에 우위를 두는 사고방식을 말한다. 한국처럼 공산도배들의 부질없는 침략위협을 받아 죽느냐 사느냐의 기로에 서 있는 극한적인 사회상황에서 자유란 한낱 사치품에 불과하다고 보았다. 그리하여 국가에 대한 충성심이 강조되었으며 안보제일주의 가치관이 대중들을 지배하게 되었다. 이는 유일체제로 무장한 북한과 대치하고 있었던 분단된 상황에서 대중들에게 강한 호소력을 지닌 것이었다. 그리고 이러한 국가주의 논리에 의해 대중들을 유신체제에 동원시키고 국민사상과 생활을 통제할 수 있었던 것이다.

특히 총력안보의 통치이념은 1974년 8·15 저격사건 및 1975년 베트남의 공산화로 인해 더욱 국민적 공감대를 형성했다. 그리하여 이후 북한의 도발을 경계하면서 김일성 타도 및 총력안보 결의대회가 개최되었으며, 총력안보에 대한 통치이념이 전 국민 차원으로 확산되어 갔다. 이는 유신체제에 대한 국민적 정당성을 더욱 높여준 것으로서 북한과 대화를 하면서도 북한의 적화통일의 위험성을 경계하여 체제경쟁을 통한 한국의 체제우위와 그 정통성을 확인하는 작업이었다. 이로써 분단정권하에서 안보를 명분으로 대중들은 유신체제에 동원되었고 유신체제에 순응하도록 길들여져 갔던 것이다. 이러한 동원정책과 통제정책이 바로 박정희 정권의 장기집권을 가능하게 했다. 즉 박정희는 이러한 분위기에 편승해서 북한이 적화통일의 망상을 포기하고 북한으로부터의 위협이 완전히 없어질 때까지 결코 유신헌법을 철폐해서는 안 되며, 오히려 유신헌법을 계속 수호하고 유신체제를 더욱 유지·발전시켜 나가야겠다고 말했던 것이다.

셋째로 박정희 정권은 유신체제의 통치이념으로 한국적 민주주의를 제시하고 있다. 이는 그동안 서구민주주의의 맹목적 모방에서 오는 각종 낭비 그리고 비능률 등 때문에 파생했던 국력의 약화와 능률의 비효율성을 막고, 더 나아가 북한의 획일적인 체제 및 권력구조와 대결하기 위해서도 보다 효과적인 국가체제로 나아가기 위한 국적 있는 민주제도의 육성발전 및 자유민주주의의 한국화를 기한다는 것이다. 즉 한국적 민주주의는 과거 한민족의 정신자세와 형식적인 서구의 자유민주주의에 대한 반성으로부터 비롯된 것으로 자유민주주의 체제를 한국의 역사적·사회적 배경에 맞게 토착화·한국화시킨 것이며, 유신체제는 그러한 취지와 정신을 가미한 제도요 체제라는 것이다.

특히 한국적 민주주의는 당시 냉전체제가 와해되고 긴장완화 상태가 된 국제정세의 분위기를 반영하여 이데올로기 대립의 해소 과정에서 형성된 신민족주의를 기반으로 침략주의 전쟁을 부인하고 국제적인 평화공존을 지향한다고 선언되었다. 이러한 한국적 민주주의의 표방은 소위 한국의 실정에 맞는 민주주의, 즉 국적 있는 민주제도를 토착화한다는 명분을 세운 것으로 강한 대중적 호소력을 가진 것이었다. 그리하여 박정희 정권은 한국적 민주주의를 통치이념으로 내세우며 유신체제를 정당화시켰던 것이며, 이러한 통치이념하에 대중들을 유신체제에 동원하고 통제했던 것이다.

그러나 한국적 민주주의는 정치적 비능률과 국회운영의 비효율성을 극복하고 더 나아가 유일사상에 의해 강력한 체제를 구축하고 있던 북한에 대항해서 자유민주주의의 고전적 기능을 제한하면서 권력구조의 구심점을 찾으려 했고, 그 구심점이 바로 국가의 정치적 지도를 담당한 대통령이라고 보았다. 따라서 유신체제는 국가권력을 대통령에게 집중시키고 있었다. 이는 종래 자유민주주의의 고전적 기능을 제한하면서 전통적인 삼권분립의 원칙 및 정당국가적 제도에서 벗어나, 대통령에게 권한을 집중시키고 행정우위·국가우위의 전체주의적 성격을 내포한 '공개적 독재정권'의 성격을 지닌 것이기도 했다.

넷째로 박정희 정권은 유신체제의 통치이념으로 성장주의를 제시하고 있다. 즉 한국이 국제정세의 급변이라는 밖으로부터의 도전과 북한과의 선의의 경쟁이라는 안으로부터의 시련을 극복하기 위해서는 무엇보다도 한국의 자유민주주의체제가 국민을 보다 잘 살 수 있게 해주며 보다 우월한 체제라는 점을 과시해야 한다는 것이다. 그러려면 한국이 하루 속히 경제성장과 안정을 이루어야 한다고 보았다. 그리하여 박정희 정권은 안정·성장·균형의 조화를 이루어 조국 근대화를 통한 번영을 기약했다. 이를 달성하기 위해 박정희 정권은 국토와 자원의 종합적인 균형개발과 그 이용의 극대화를 기하고 새마을운동을 촉진할 것과 지속적인 경제개발을 추진하고 산업 간의 균형발전과 중화학공업을 육성하고 수출을 신장하여 국제협력을 강화시켜 나갔다.

실제로 유신체제하에서 1인당 국민 총생산이 한국 역사상 처음으로 1천 불을 넘었고, 수출에 있어서도 원래 목표 1백25억 불을 초과해서 1백27억 불을 달성했다. 그리하여 박정희는 1980년대 중반에는 한국이 경제대국으로 부상할 수 있다는 희망적인 전망을 했다. 이러한 경제성장은 대중들이 유신체제의 전체주의 성격 및 그 독재성에도 불구하고 유신체제를 지지하는 원동력이 되었던 것이다.

그러나 이러한 경제성장에는 사회경제적 모순이 잠재되어 있었으며, 영세민들 사이에서는 고도성장이 무슨 의미가 있느냐는 회의가 일고 있었다. 그리고 이러한 번영과 경제성장 및 안정을 위해서도 대통령에게 권력이 집중되었던 것이다. 특히 안정을 위해 대통령의 연임에 제한을 두지 않음으로써 영구집권의 의지를 나타내고 있음을 알 수 있다.

다섯째로 박정희 정권은 유신체제의 통치이념으로 주체적 민족사관의 정립과 민족문화의 창달을 제시하고 있다. 우선 주체적 민족사관의 정립이란 철저한 민족주의를 기조로 서구식 자유민주주의의 폐단을 극복하고, 개인의 자유보다는 국가와 민족에 대한 사명의식을 고취하며 투철한 민족사관과 국가관을 확립하여 과거의 역사를 올바로 알고 민족의 진로를 세워 가는 것이었다. 그러기 위해 국사교육을 강화했다. 그리고 국사교육에 있어서도 국가와 민족을 앞세우는 새로운 한국인상을 형성하는 것을 목표로 하고 있었다.

특히 주체적 민족사관은 한국 민족의 번영과 안정 그리고 통일조국을 건설하자는 데 그 목적이 있었다. 그리하여 '국적 있는 교육'이 강조되었고, 이는 국민교육헌장의 이념을 구현하고 국사교육의 강화방침 및 국정교과서화로 나타났다. 특히 '국적 있는 교육'이란 뚜렷한 국가관과 올바른 민족사관을 기반으로 조국통일의 기반을 구축하고 국력의 배양과 한국적 민주주의의 토착화를 목적으로 하는 것이었다. 다시 말해 이는 유신체제의 통치이념을 내실화하는 것으로서 국가가 필요로 하는 인재, 즉 유신체제에 순응하는 사람들을 양성해 내는 것이었다. 더 나아가 올바른 역사관과 주체적 민족사관에 입각한 한국사 강의는 주로 식민사관을 청산하는 것으로 나타나 긍정적인 측면을 내포하고 있었다.

또한 박정희 정권은 전통문화에도 관심을 돌려 이에 대한 창조적 개발과 문화재 보호에 관한 종합적이고 체계적인 정책을 펴나갔다. 그리고 국난극복의 역사적 문화유적 및 선현유적에 대한 정화사업을 벌여 대중들의 민족주의적 감정을 고양시켜 유신체제의 통치이념을 대중적으로 홍보하고, 유신체제에 대한 헌신을 이끌어내고자 했다. 더 나아가 주체성을 바탕으로 한 건전한 민족문화 예술의 창달이라는 미명 아래 대중문화를 통제했다. 그리하여 이러한 문화정책 역시 유신체제를 정당화시키고 대중들을 유신체제에 동원하며 통제하는 성격을 띠게 되었던 것이다.

여섯째로 박정희 정권은 유신체제의 통치이념으로 사회혁신을 제시하고 있다. 이는 한국사회의 모든 부조리, 비능률, 비생산성, 무질서를 척결하는 것을 그 특징으로 하고 있다. 그리하여 10월 유신의 사회혁신운동은 반부조리운동, 반비생산성운동, 반비능률운동 등 3반운동으로 요약되며, 그 구체적인 내용으로 범국민적인 사회기풍순화운동, 서정쇄신운동, 가정의례준칙, 범국민저축운동 등이 시행되었다. 그리고 이러한 사회혁신운동을 통해 유신체제에 순응할 수 있는 건전한 사회기풍과 국민윤리를 조성하고자 했다. 이 역시 유신체제의 존립을 위한 하나의 통치이념으로서 정당성을 지닌 것이었다. 이러한 점으로 인해 박정희 정권은 장기독재를 할 수 있었던 것이라 볼 수 있다.

그러나 사회혁신은 나름대로 성과도 있었지만 그것이 대중들의 의지에 의한 자발적인 것이 아니라 위로부터 주어진 타율적이고 강제적인 성격을 내포하고 있어 유신체제에 대중들을 동원하고 통제하는 측면도 있었다.

일곱째로 박정희 정권은 유신체제의 통치이념으로 복지국가 건설을 내세웠다. 그리하여 오늘날의 의료보험제도, 국민복지연금제도, 노인복지 및 대중교통 문제 등의 기본골격은 유신체제기에 마련된 것이었다. 이는 박정희 정권하에서 경제성장이 어느정도 이루어진 상황에서 가능한 것이었다. 따라서 대중들은 유신체제에 대해 어느정도 순응할 수밖에 없었던 것이다.

그러나 유신체제는 이러한 자기논리의 정당성에도 불구하고 국가안보를 확보한다는 미명 아래 개인의 자유까지 침해하고 한국적 민주주의의 토착화라는 미명하에 자유민주주의제도를 변질시키며 대통령에게 권력을 집중시켰다. 그리하여 유신체제는 의회제적 국가형태로부터 공개적 독재체제로의 전환을 보장하고 있으며, 이때 국가권력 집행기구가 입헌적 통제로부터 벗어나 대통령에로의 권력 집중현상이 일어나고 국가권력의 외연적 확장이 광범위하게 진행되는 전체주의의 특성을 내포하고 있었다.

더 나아가 유신체제에서 강조하는 주체성 있는 민족사관의 정립과 국적 있는 교육이란 국사교육의 획일화와 관제국사 및 국수적 민족주의를 만들어 낼 위험도 있었다. 특히 역사교육과 역사의식에서 유신체제의 정당성을 체계화시킴으로써 정치선전 등으로 오염될 우려가 있었다. 또한 '국적 있는 교육'의 목표는 국가주의를 기본이념으로 하는 것으로서 국가와 민족을 위해 일할 수 있는 인간을 창출하는 데 있었다.

이는 유신체제를 정당화시키고 공개적 독재정권을 유지하기 위한 체제 순응적 인간형을 창출하는 데 그 목적이 있었던 것이다. 이때 국가는 행정수뇌부가 사회질서와 공공질서라고 지칭할 수 있는 유신체제의 통치이념을 사회 내에 영속화시키는 매개체가 된다. 그리하여 유신체제의 통치이념은 정치적 독재와 사회의 부자유와 불평등에 대한 중요한 방파제가 되었던 것이다. 즉 박정희 정권의 권력유지는 유신체제의 통치이념이라는 총구를 통해 이루어질 수 있었다.

요컨대 유신체제는 의회제적 국가형태로부터 '공개적 독재국가' 형태로의 전환을 의미했으며, 국가의 광범한 개입과 시민적 제 권리의 박탈 및 사회에 대한 전면적 감시·통제체제의 수립, 그리고 무제한 국가권력의 사용, 대통령 권력의 절대적 강화, 의회의 약화와 배제 등을 특징으로 하고 있었다. 그리하여 유신체제는 박정희 정권의 영구집권을 보장해 주는 객관적 현실을 반영한 것이었다. 이로써 유신체제는 사회진보를 가로막는 가장 중대한 장애물로서 기능해 왔던 것이다.

그럼에도 불구하고 박정희 정권은 그동안 이룩해 온 경제성장의 영향력과 대중적 설득력이 있었던 유신체제의 통치이념으로 인해 대중들을 유신체제에 동원시키고 통제할 수 있었다. 이러한 현상으로 나타난 대표적인 단체가 바로 다음에 검토할 학도호국단이다. 그리고 이러한 동원정책과 통제정책으로 인해 대중들이 유신체제를 무너뜨리는 주체세력으로 성장할 수 없었으며, 박정희 유신시대에 형성된 통치이념은 오늘날 박정희 신화가 대두되는 사상적 근원으로 작용할 수 있는 것이다.

참고문헌

『동아일보』, 『서울신문』, 『조선일보』, 『충대신문』
『공군』 164, 1978.10, 『국민회의보』 1, 1973, 『국민회의보』 2, 1973, 『국민회의보』 13, 1976, 『국민회의보』 15, 1976, 『국민회의보』 20, 1977.12, 『새충남』, 1972.11, 『연구월보』 147, 1977.5.6, 『자유공론』 141, 1978.10, 『통일생활』 3권 30호, 1972.12, 『홍대논총』 7, 1975, 『홍대논총』 9, 1977.

갈봉근, 『유신헌법해설』(광명출판사, 1975).
강 민, 「관료적 권위주의의 한국적 생성」, 『한국정치학회보』 17 (한국정치학회, 1983).
구경서, 「박정희 정치연설 연구」(건국대학교 정치학과 박사학위논문, 1998).
김석준, 「박정희 시대 민주화 운동에 대한 고찰」, 『부산대학교 사대논문집』 38, 1999.12.
김세균, 「한국에서의 민주주의 논의에 대한 비판적 검토」, 『사회비평』 6(나남, 1991).
_____, 「한국적 민주주의」, 『역사비평』 47, 1999 여름.
김승환, 「유신헌법 하에서의 헌법학 이론」, 『JURIST』 386(청림인터렉티브, 2002.11).
김영명, 「한국의 정치변동과 유신체제」, 한국정치학회 편, 『현대한국정치와 국가』(법문사, 1986).

김영순, 「유신체제의 수립 원인에 관한 연구」(서울대학교 정치학 석사학위논문, 1988).
김일영, 「박정희 시대 연구의 쟁점과 과제」, 정성화 편, 『박정희 시대 연구의 쟁점과 과제』(선인, 2005).
_____, 「박정희 체제 18년 어떻게 평가할 것인가」, 『계간 사상』 1995 겨울.
김정렴, 『아, 박정희』(중앙M&B, 1997).
김종호, 「유신체제 통치이념의 형성과 작용」(경북대학교 정치학 박사학위논문, 1996).
김창남, 「유신문화의 이중성과 대항문화」, 『역사비평』 30, 1995 가을.
김태일, 「권위주의 체제 등장 원인에 관한 사례연구」, 최장집 편, 『한국자본주의와 국가』(한울, 1985).
김호기, 「1970년대 후반기의 사회구조와 사회정책의 변화」, 『1970년대 후반기의 정치사회변동』(백산서당, 1999).
김효전, 「한국헌법-권위주의 헌법의 성립과 붕괴」, 『공법연구』 17(한국공법학회, 1989.7).
류상영, 「박정희와 그 시대를 넘기 위하여」, 한국정치학회 편, 『박정희를 넘어서』(푸른 숲, 1998).
리우 쑨 따, 『박정희 대통령의 통치철학』(크라운출판사, 2002).
문화공보부, 『유신과업은 얼마나 이룩되었나』(문화공보부, 1973.10.6).
_____, 『유신 6개월의 성과』(문화공보부, 1973.5.7).
_____, 『유신이념과 충무공 정신』(문화공보부, 1973.4.20).
_____, 『유신한국의 이정표』(문화공보부, 1973.1.13).
_____, 『10월 유신의 의의와 전망』(문화공보부, 1972.

11.10).

_____, 『총화유신의 시정지표』(문화공보부 홍보조사연구소, 1974.2.22).

박광주, 「국가론을 통한 한국정치의 패러다임 모색」, 『현상과 인식』 9집 2호, 1985 여름.

박정희 대통령 연설문선집, 『평화통일의 대도』(대통령비서실, 1976).

『박정희 대통령 연설문집』 10(대통령비서실, 1973).

『박정희 대통령 연설문집』 11(대통령비서실, 1974).

『박정희 대통령 연설문집』 12(대통령비서실, 1975).

『박정희 대통령 연설문집』 13(대통령비서실, 1976).

『박정희 대통령 연설문집』 15(대통령비서실, 1978).

『박정희 대통령 연설문집』 16(대통령비서실, 1979).

「박정희 정권 18년을 재평가한다」, 『역사비평』 23, 1993 겨울.

백낙청, 「박정희 시대를 어떻게 생각할까」, 『창작과 비평』 128, 2005 여름.

변재옥, 「드골 헌법과 유신헌법」, 『영광문화』 9(대구대학교, 1986.12).

서중석, 「3선개헌반대, 민청학련투쟁, 반유신투쟁」, 『역사비평』 1, 1988 여름.

송주명, 「신식민지파시즘론의 테제들」, 한국산업사회연구회 편, 『경제화 사회』 1989 겨울.

오병헌·고영복·이영덕, 『학생문제연구』(유네스코한국위원회, 1970).

유영옥, 「관료적 권위주의의 조직체로서 유신체제의 등장배경과 성립과정 분석」, 『한성대학교 논문집』 13, 1989.12.

유영재, 「유신체제의 성립원인에 관한 연구」(한양대학교 정치외교학과 석사학위논문, 1984).
윤정원, 「유신체제의 총화이데올로기에 관한 연구」(서울대 대학원 정치학 석사학위논문, 1989).
이기훈, 「유신체제 성립의 정치적 배경과 7·4성명」, 『역사비평』 42, 1998 봄.
이병천, 「개발독재의 정치경제학과 한국의 경험」, 이병천 엮음, 『개방독재와 박정희 시대』(창비, 2003).
이성형, 「신식민지파시즘론의 이론구조」, 『현실과 과학』 2(새길, 1988).
이수인·고성국·정관용, 『한국정치의 구조와 진로』(실천문학사, 1990).
이우영, 「박정희 통치이념의 지식사회학적 연구」(연세대학교 사회학과 박사학위논문, 1991).
이재오, 『해방 후 한국학생운동사』(형성사, 1984).
이종석, 「유신체제의 형성과 분단구조」, 이병천 엮음, 『개방독재와 박정희 시대』(창비, 2003).
임영태, 『대한민국 50년사』(들녘, 1998).
임지현·이상록, 「대중독재와 포스트파시즘」, 『대중독재』 2(책세상, 2005).
임현진·송호근, 「박정희체제의 지배이데올로기」, 역사문제연구소 편, 『한국정치의 지배이데올로기와 대항이데올로기』(역사비평사, 1994).
장달중, 「경제성장과 정치변화」, 한국사회과학협의회 편, 『한국사회의 변화와 문제』(법문사, 1986).
_____, 「제3공화국과 권위주의적 근대화」, 한국정치학회 편, 『현

　　　　대 한국정치론』(법문사, 1987).
전재호, 「동원된 민족주의와 전통문화정책」, 한국정치학회 편, 『박정희를 넘어서』(푸른 숲, 1998).
_____, 「박정희 체제의 민족주의 연구」(서강대학교 대학원 정치외교학과 박사학위논문, 1997).
정연택, 「관료적 권위주의 체제의 성립과정과 원인분석」(고려대학교 행정학과 석사학위논문, 1984).
정해구, 「박정희 신드롬의 양상과 성격」, 한국정치학회 편, 『박정희를 넘어서』(푸른 숲, 1998).
조석권, 「박정희 신화와 박정희 체제」, 『창작과 비평』 128, 2005 여름.
조영석, 「10월 유신의 결정요인에 관한 연구」, 『혜전전문대학논문집』 7, 1989.7.
조형제, 「한국국가에 대한 신식민지파시즘론의 적용」, 한국산업사회연구회 편, 『경제와 사회』 1989 겨울.
조희연, 「박정희 시대의 강압과 동의」, 『대중독재』 2(책세상, 2005).
_____, 「박정희 체제의 복합성과 모순성」, 『대중독재』 2(책세상, 2005).
_____, 『현대 한국 사회운동과 조직』(한울, 1993).
주관중, 『유신사상원리』(성아, 1979).
최경숙, 『한국현대사의 이해』(부산외국어대학교 출판부, 2001).
최완규, 「유신권위주의체제의 성립요인에 관한 연구」(경희대학교 정치학 박사학위논문, 1986).
최장집, 「과대성장국가의 형성과 정치균열의 구조」, 『한국사회연구』 3, 1985.

_____, 「한국국가와 그 형태변화에 대한 이론적 접근」, 한국산업사회연구회 편, 『경제와 사회』 4(이론과 실천, 1989 겨울).

_____, 「한국국가의 성격」, 『한국민주주의의 이론』(한길사, 1993).

탁희정, 「유신시대 박정희 통치이념의 역할」(성신여자대학교 정치외교학과 석사학위논문, 2002).

한배호, 『한국의 정치과정과 변화』(법문사, 1993).

한상진, 「관료적 권위주의와 한국사회」, 서울대학교 사회학연구회 편, 『한국사회의 전통과 변화』(법문사, 1983).

한승조, 「민주주의와 유신정치」, 『정경연구』 136, 1976.5.

한용원, 『한국의 군부정치』(대왕사, 1993).

현대정치연구회, 『유신정치의 지도이념』(광명출판사, 1976).

황대권, 「지금도 계속되는 박정희 패러다임」, 『창작과 비평』 128, 2005 여름.

제2장 유신체제기 학도호국단의 조직과 활동

1. 머리말

박정희 정권에 대한 평가에 대해서는 지금까지도 논란이 많다. 경제성장에 따른 긍정적인 평가와 함께 독재와 반민주정권의 상징으로 평가되고 있다. 특히 박정희 정권의 절정판이었던 유신체제란 1971년 12월 6일의 국가비상사태 선언에서부터 1972년 말 유신헌법의 제안 및 선포에 이르기까지 일련의 조치들을 통하여 성립되어 1979년 10월 26일 박정희 살해사건까지 지속되었던 지배체제를 일컫는다. 박정희 정권은 유신체제를 정당화시키고 자신의 권력기반을 영구적으로 안정화시키기 위해 그럴듯한 통치이념을 내세우고 대중들을 설득하려 했으며, 더 나아가 유신체제를 유지하기 위해서 대중들을 동원하고 그 사상과 생활을 통제했다. 이러한 대중동원과 통제정책으로 인해 박정희 정권의 장기집권이 가능할 수 있었던 것이다.

유신체제에 동원된 대표적인 통로는 통일주체국민회의를 통한 방법, 유정회를 통한 방법, 새마을운동을 통한 방법, 군대를 통한 방법, 학교를 통한 방법 등이 있다.1) 그중에서 대표적인 것이 학교를 통한 방법이다. 박정희 정권은 학생들의 반유신체제 저항운동을 차단시키고 그 사상을 통제하기 위해 고등학교 이상 대학생들을 체계적이고 군사적으로 유신체제에 동원시켜 정권을 유지하고자 학도호국단을 조직했다. 그리하여 유신체제하에서는 사실상 저항적 학생운동이 공개적으로 활성화되기는 어려운 형편에 있었다. 그 이유는 자율적 학생운동이 철저하게 봉쇄되고 위로부터의 타율적인 학생단체만이 존재하고 있었기 때문이다. 즉 유신체제하의 학생운동은 유신체제에 저항하는 운동도 있었지만, 공개적으로는 유신체제의 통치이념에 근거하여 학생들을 유신체제에 동원하고 학생들을 통제하기 위해 설립된 학도호국단이 있었다.

박정희 시대 민주화 운동에 대한 전반적인 연구로는 김석준에 의한 연구가 있다.2) 이 논문은 박정희 시대 전반에 걸쳐 민주화 운동을 잘 정리하고 있지만 1970년대 유신체제하에서의 학생운동에 대한 구체적인 내용은 미흡한 편이다. 그리고 유신체제에 저항하는 1970년대 학생운동에 대해서는 소광섭에 의한 석사학위논문이 있다.3) 그러나 이 논문은 정치외교학과의 논문으로서 주로 이론적인 측면 및 학생운동의 성격에 치중하여 서술되고 있기 때문에 학생운동에 대한 구체적이고 역사적인 내용을 검토하지 못하고 있다.

그리고 유신체제에 저항하는 1970년대 학생운동에 대해서는

---

1) 윤정원, 「유신체제의 총화이데올로기에 관한 연구」(서울대학교 대학원 정치학과 석사학위논문, 1989), 95쪽.
2) 김석준, 「박정희 시대 민주화 운동에 대한 고찰」, 『부산대학교 사대논문집』 38, 1999.12.
3) 소광섭, 「1970년대 한국 학생시위의 성격에 관한 연구」(한국외국어대학교 정치외교학과 석사학위논문, 1985).

이재오와 강대민, 전상봉, 서중석 등에 의해 부분적으로 검토된 바 있다.4) 또한 1970년대 학생운동에 관한 단편적인 기술이 있으며,5) 1970년대 전반기와 후반기 민주화 운동의 일부분으로서 학생운동이 다루어지기도 했다.6) 이 밖에도 유신체제기 민주화운동을 다룬『유신체제와 민주화운동』이라는 저서가 있다.7) 그러나 이 저서는 학생운동은 다루지 않았다. 따라서 유신체제기 학생운동에 대해서는 전문적인 선행연구가 미흡한 편인데, 특히 유신체제기 학도호국단에 대한 연구는 그 중요성에 비해 더욱 그러한 편이다.

학도호국단은 1949년 9월 28일 당시 안호상(安浩相) 문교부장관이 중등학교 이상의 모든 학교에 조직하도록 한 바 있다. 그러나 학도호국단은 4·19 직후인 1960년 5월 국무회의 결의에 따라 해체되었다가 다시 15년 만에 부활하는 것이었다. 문교당국은 과거의 학도호국단은 학생단체로서의 성격을 못 벗어났으나 이번 것은 난국에 처한 학원 전체의 대비체제를 갖추는 데 역점이 있으므로 그 근본적인 성격이 다르다고 밝혔다.8)

학도호국단은 1975년 베트남과 크메르가 공산화된 뒤 급격한 국제정세의 변화를 계기로 대통령령 제7645호(1975.6.7), 문교부령 제363호(1975.6.18)로 공포되어 비상시에 대비하여 학풍을

---

4) 이재오,『해방후 한국학생운동사』(형성사, 1984); 강대민,『부산지역 학생운동사』(국학자료원, 2003); 전상봉,『한국 근현대 청년운동사』(두리미디어, 2004); 서중석,「3선개헌반대, 민청학련투쟁, 반유신투쟁」,『역사비평』1, 1988 여름.

5)「특집 광복운동부터 총학생회 구성까지 학생운동 전개과정」,『충북대신문』1985.3.14;「한국학생운동소고」,『중대신문』1985.6.13.

6) 신광영,「1970년대 전반기 한국의 민주화 운동」, 한국정신문화연구원 편,『1970년대 전반기의 정치사회변동』(백산서당, 1999); 마인섭,「1970년대 후반기의 민주화운동과 유신체제의 붕괴」,『1970년대 후반기의 정치사회변동』(백산서당, 1999).

7) 한승헌 외,『유신체제와 민주화운동』(춘추사, 1984).

8)「배우면서 나라를 지키자」,『동아일보』1975.5.21.

쇄신하고 정신력을 배양하며 배우면서 지키는 호국학도로서의 사명을 완수함을 기본이념으로 하고 조직·운영되었다. 그러다가 10·26 사태 이후 학생회 부활운동이 일어났으며, 1980년 2월 16일 문교부에 의한 학도호국단 개선방안이 발표되었다가 이후 동년 5월 17일 비상계엄 확대로 학도호국단이 다시 부활되기도 했다. 그러나 학생들의 줄기찬 학생회 부활운동에 의해 1984년과 1985년 사이 총학생회가 부활되었다.

본 저서에서는 유신체제기 학도호국단을 조직과 활동에 국한시켜 살펴보기로 하겠다. 본 저서에서 학도호국단을 고찰하는 목적은 유신체제를 유지하기 위한 박정희 정권의 대중동원과 통제장치를 파악하여 박정희 정권의 독재가 어떻게 가능할 수 있었는가를 밝히려는 데 있다. 즉 학도호국단을 통해 유신이념이 어떻게 실현되었고, 그 특징과 성격이 무엇인가를 살피고자 한다. 더 나아가 학도호국단에 대한 고찰은 유신체제의 실체를 규명해 내고 이 땅에 진정한 민주주의를 실현시키는 데 그 목적이 있다. 그리고 한 걸음 더 나아가 학생단체의 진정한 민주화와 자율성을 오늘 이 시대에 환기시킴으로써 급격하게 쇠락해져가는 학생운동의 역할과 위상을 다시금 재고하고, 학생조직이 범대중적인 자율적 조직체로서 거듭나며, 학생들에게 개인주의화에서 벗어나 더불어 생활하는 대중공동체, 그리고 역사와 민족을 위해 치열하게 싸워 온 학생운동의 전통을 계승·발전시키려는 역사의지를 갖도록 하는 데 있다. 또한 이러한 작업은 앞으로 21세기 동아시아의 평화를 구축하기 위해 동아시아 3국의 열려진 민주주의와 민족주의의 필요성을 제기하는 데 그 의의가 있다.

2. 학도호국단의 조직배경

1) 인지(印支)사태

박정희는 다음과 같이 1974년 당시 국내외적 시기를 비상시기로 간주했다.9)

"오늘의 국제정세는 우리가 다 잘 아는 바와 같이 긴장완화와 평화공존을 주류로 하여 급변하고 있습니다. 그러나 우리 한반도에는 불행하게도 긴장완화를 위한 노력은 있어도 아직 평화는 정착되지 않고 있습니다. 우리는 이 긴장완화를 위한 노력을 마치 평화의 정착으로 착각해서는 절대로 안 되겠습니다. 왜냐하면 그 같은 착각은 또 하나의 긴장을 고조시키는 것이 되며, 새로운 전쟁의 불씨를 뿌리는 것과 다를 바 없기 때문입니다. 중동전쟁이 바로 그 한 실례였으며, 인·파전쟁이 또한 그러하였습니다. 그렇기 때문에 우리는 작금 북한 공산주의자들의 도발행위로 인해 고조되고 있는 서해상의 긴장상태가 과연 무엇을 뜻하는 가를 직시하고 안보태세를 더욱 강화해야 하겠습니다. 또한 작년 말의 세계적인 유류 파동은 자원전쟁을 더욱 치열하게 만들었으며, 국가 이익을 추구하기 위해서는 각국이 얼마나 무자비한가 하는 국제사회의 냉혹성을 한층 더 심각하게 피부로 느끼게 하였습니다. 이 같은 내외로부터의 갖가지 도전은 우리 조국의 분단된 현실 때문에 우리에게는 더욱 더 어려운 시련이 되고 있다 하지 않을 수 없습니다. 왜냐하면 우리는 외부로부터의 이 같은 도전을 극복하면서 북한 공산주의자들의 유일체제와 맞서서 한편으로는 대화도 하고, 또 한편으로는 발전과 번영의 치열한 경쟁에서도 이겨내야 하기 때문입니다. 이 같은 시련과 도전은 지금 우리의 국가적 현실이 그야말로 그 어느 나라와도 비길 수 없는 비상사태하에 놓여 있다는 것을 웅변으로 증명하고 있는 것입니다."

---

9)「신년사」,『박정희 대통령 연설문집』11(대통령비서실, 1974.1.1).

이는 당시 국제정세가 긴장완화와 평화공존을 주류로 하여 급변하고 있지만 한반도는 여전히 북한의 도발행위나 세계적인 유류파동 등으로 인해 긴장이 고조되고 있어 비상사태하에 놓여 있음을 밝힌 것이다.

특히 미국의 대소 화해정책인 데탕트 정책으로 1969년 닉슨 대통령의 "아시아 문제는 아시아인의 손으로 해결토록 한다"는 이른바 닉슨 독트린 선언 후 인지사태는 내리막길을 치닫기 시작하여 급기야는 1975년 4월 17일 크메르는 월등히 우수한 장비를 가지고도 공산군에게 수도가 함락 당하는 비운을 맛보고, 2주일 후인 4월 30일에는 20년 동안 미국으로부터 경제적·군사적 지원을 받아 오던 베트남이 공산군에게 무조건 항복을 했다. 그리하여 다극화 시대에 접어든 국제정세는 각국의 안보는 다른 어느 누구의 손에도 의지할 수 없다는 교훈을 우리에게 남겨 주었다.10) 특히 박정희는 우리가 살고 있는 이 환경은 전시도 아니지만 평화시대도 아니며, 이를테면 '준전시체제'하에 살고 있다고 하면서 평화시대에 살고 있다고 착각을 가진다면 이것은 큰 잘못이라고 주장했다.11) 그러면서 그는 비상한 시대를 사는 국민은 비상한 결의와 각오를 가져야만 난국을 타개할 수 있는 것이라고 강조했다.12)

1975년도 신년사에서도 박정희는 당시 시국을 난국이라고 인식하며 이를 극복하기 위해 국가의 안전보장을 더욱 공고히 다져 나가고, 오직 유비무환의 정신으로 총력안보의 태세를 확고히 구축해 나가야 한다고 강조했다.13) 그리고 그는 유류파동에서 비롯된

---

10) 양종구, 「국력배양을 위한 학도호국단 운영의 내실화」, 『연구월보』 147(전라북도 교육연구원, 1977.5.6), 18쪽.
11) 「연두기자회견」, 『박정희 대통령 연설문집』 11, 1974.1.18.
12) 「3·1절 기념사」, 『박정희 대통령 연설문집』 11, 1974.3.1.
13) 「신년사」, 『박정희 대통령 연설문집』 12(대통령비서실, 1975.1.1).

세계적 경제불황은 날이 갈수록 심화되고 있으며, 이에 겹친 자원난은 자원 보유국과 소비국 간에 새로운 긴장을 조성하고 있다고 하면서 국제정치정세는 강대국 간의 화해 노력에도 불구하고 국지적 전쟁의 발발 가능성이 오히려 증대되고 있다고 주장했다. 또한 그는 북한 공산주의자들은 이러한 상황 속에서 우리의 생존과 자유를 말살하고자 혈안이 되어 있으며, 그들은 한반도의 적화통일을 위한 기회만을 노리고 있다고 강조했다.14) 즉 툭한은 이른바 4대 군사노선인 전 국민의 무장화·전 지역의 요새화·전 군의 간부화·전 군의 현대화에 의한 전쟁준비를 일단락하고, 시기 선택에 혈안이 되어 있다는 것이다. 그들의 남침 흉계는 7·4공동성명에 의한 남북대화에도 불구하고 땅굴발견, 판문점에서의 8·18 사건 등으로 여실히 폭로되었다는 것이다.15)

특히 박정희 정권은 인지반도의 적화 양상은 북한 공산주의 집단의 대남 적화 혁명 유혹을 더욱 고무시키고 있다고 주장했다. 그리고 북한 공산주의 집단은 그들 전략의 주축인 무력을 기본으로 한 각종 수단 방법에 의한 직접적인 대남 위협은 두 말할 것도 없고, 소위 그들의 3대 혁명노선에 입각하여 우회적인 방법까지 동원해 우리에 대한 도전을 쉬지 않고 있을 뿐만 아니라 날로 그것을 강화하고 있다고 보았다. 나아가 그들은 냉혹한 실리 추구의 추세에 있는 국제사회의 사소한 변화까지도 전략 수행을 위한 기회의 일환으로 이용, 북한 주민들의 경제적 생활을 극도로 핍박하면서까지 막대한 자금을 살포하여 남한을 국제사회로부터 고립시키기 위해 광분하고 있으며, 해외동포 사회에는 더욱 집요하게 침투하여 그들을 대한민국으로부터 이반시킴으로서 국제여론을 그들에게 유

---

14) 「국민투표실시에 즈음한 특별담화」, 『박정희 대통령 연설문집』 12, 1975.1.22.
15) 양종구, 앞의 논고, 18쪽.

리하게 전개시키고, 나아가 해외동포를 통한 직접적인 대한민국의 체제파괴를 조성하기 위한 선전 편동과 공작을 부단히 시도하고 있다고 주장했다.16) 그리고 박정희 정권은 북한 공산주의자들이 정세를 그릇 판단하여 전쟁도발을 일으킬지도 모르는 긴박한 순간에 '국가안보'를 최우선의 과제로 해야 한다고 주장했다.17)

이와 같은 제반 여건에 비추어 북한 공산주의자들이 한반도를 적화 통일하겠다는 폭력혁명노선을 포기하고 북으로부터의 위협이 완전히 없어질 때까지는 결코 유신헌법을 철폐해서는 안 되며, 오히려 유신헌법을 계속 수호하고 유신체제를 더욱 발전시켜 나가야겠다는 것이 박정희의 소신이었다.18) 그리고 그는 다음과 같이 총력안보와 국력배양을 기본적인 통치이념으로 하는 유신체제의 강화를 호소했다.19)

"지금 우리 사회 일각에서는 아직도 시국의 중대성을 올바로 인식하지 못하고 중공이나 소련이 북한 공산집단의 무력 남침을 견제할 것이기 때문에 북한의 재침은 없을 것이라고 착각하고 있는 사람들이 있는 것 같습니다. 이것은 지극히 위험천만한 사고방식입니다. 이러한 사고방식은 우리의 총화체제를 약화시키고 우리의 국가안보를 위태롭게 하는 사대 의존적인 망상이라고 하지 않을 수 없습니다. 따라서 나는 우리 국민 모두가 이 같은 환상적인 평화론을 철저히 배격하고 오직 국력배양과 총력안보의 길을 일사 불란하게 밀고 나가야 한다는 것을 다시 한번 강조해 두는 바입니다."

---

16) 조덕송, 「학도호국단 출범의 의의」, 『수도교육』 21(서울특별시 교육연구원, 1975. 11), 15~16쪽.
17) 「학도호국단 발단에 즈음하여」, 『조대신문』 1975.7.1.
18) 「국민투표실시에 즈음한 특별담화」, 『박정희 대통령 연설문집』 12, 1975.1.22.
19) 「1974년도 육군사관학교졸업식 유시」, 『박정희 대통령 연설문집』 11, 1974.3.29.

이처럼 박정희는 지금 우리에게 가장 시급하고도 중요한 일은 모든 시련과 도전을 극복할 수 있는 튼튼한 국력의 배양이요, 국력의 알찬 조직화라고 주장했다. 다시 말해서 유신과업을 성실하게 계속 추진하는 길밖에는 없다는 것을 강조했다. 만약 우리가 이 시점에서 유신과업을 중단한다면 이것은 우리가 북한 공산주의자들에게 모든 면에서 우위를 빼앗기고 마는 것이 될 뿐만 아니라 한반도의 평화와 조국통일의 기회마저도 일실하고 마는 것이 된다고 말했다. 또한 이것은 우리가 치열한 국제경쟁에서 패배를 자초하고, 영원히 세계사의 진운에서 낙후되고 만다는 것을 뜻하는 것임을 주장했던 것이다.[20]

이처럼 박정희 정권은 유신체제를 성립시키고도 계속 당시의 상황을 '비상시국' 또는 '준전시체제'라고 선언했다. 그리고 이러한 인식은 베트남과 크메르가 공산화되는 인지사태로 인해 정당성을 갖게 되었고, 국가안보라는 미명하에 유신체제를 더욱 공고히 하게 되었으며, 국가안보를 최우선의 과제로 설정하게 되었던 것이다.

이러한 상황에서 학도호국단은 호국학도로서의 정신전력(戰力)을 배양하고, 총력안보의 선도적 대열에 나서서 싸우면서 배우고, 배우면서 싸우는 이념과 철학을 학생들에게 체득시켜 대한민국이 제2의 베트남이 되지 않기 위해서는 남북 간의 총력적 대결에 있어 대한민국의 승리를 보다 공고하게 보장하는 보루가 되어야 한다는 생각 아래 설치되었던 것이다.[21]

이상과 같이 박정희 정권은 당시 국제정세가 긴장완화와 평화공존을 주류로 하고 있지만 한반도에서만은 불행하게도 평화가 정착되지 않고 있을 뿐만 아니라, 중동전쟁 및 인·파전쟁 등으로 인

---

20)「신년사」,『박정희 대통령 연설문집』11, 1974.1.1.
21) 조덕송, 앞의 논고, 18쪽.

| 제2장 | 유신체제기 학도호국단의 조직과 활동

해 긴장이 고조되고 있다고 보았다. 더 나아가 세계적인 유류파동으로 인한 자원전쟁으로 인해 긴장은 더욱 심화되고 있다고 주장했다. 특히 인지사태로 인해 인지반도가 적화되고만 국제 정치정세가 북한의 적화 통일을 위한 야욕을 더욱 부추기고 있다고 주장했다. 따라서 박정희 정권은 당시의 상황을 비상시기라고 파악했으며, 더 나아가 우리는 '준전시체제'하에 살고 있다고 하면서 비상한 시대를 사는 국민은 비상한 결의와 각오로 난국을 타개해 나가야 함을 강조했다. 그리고 이러한 현실을 직시할 때 박정희 정권은 남북대결의 궁극적인 승자가 되기 위해서는 유신체제를 중단할 수 없으며, 북한의 유일체제와 맞서서 이기기 위해서도 역시 총력안보와 국력배양을 기본적인 통치이념으로 하는 유신체제를 더욱 강화해야 한다고 주장했다. 그리고 학도호국단은 유신체제의 대중적 보루를 더욱 튼튼히 구축하기 위해 조직되었던 것이다.

2) 반유신체제 저항운동

(1) 1973년 반유신체제 저항운동

학도호국단이 설치되게 된 배경은 종교계 및 재야세력 그리고 학원가에서 1973년부터 1975년 사이에 전개된 반유신체제 저항운동이다. 특히 학원가에서 격렬하게 일어나는 시위운동을 원천적으로 봉쇄하기 위해 위로부터 학생운동을 통제하고 학생들을 유신체제에 동원시키기 위해서 학도호국단이 조직되었던 것이다.

유신체제에 대한 최초의 집단적 저항은 1973년 10월 2일 서울대학교 문리대에서 일어났다. 이날 약 250여 명의 학생들은 자유민주체제 확립을 요구하면서 2시간여 동안 격렬한 시위를 벌였

다.22) 학생들은 선언문을 통해 다음과 같이 밝혔다.23)

"오늘 우리는 전 국민 대중의 생존권을 위협하는 이 참혹한 현실을 더 이상 좌시할 수 없어 스스로의 양심의 명령에 따라 무언의 저항을 넘어서 분연히 일어났다 … 학우여! 자유와 정의 그리고 진리는 대학의 생명이다. 오늘 우리는 너무도 비통하고 참담한 조국의 현실을 직시하며 사회에 만연된 무기력과 좌절감, 불의의 권력에 비굴하게 목숨을 구걸한 모든 패배주의, 투항주의, 무사안일주의와 모든 굴종의 자기 기만을 단호히 걷어치우고 의연하게 악과 불의에 항거하여 이 땅에 정의, 자유, 그리고 진리를 기어이 실현하려는 역사적인 민주투쟁의 첫 봉화에 불을 붙인다. 절대로 굴복하지 않고, 절대로 타협하지 않고, 절대로 주저앉지 않고, 과감히 항거하는 우리의 투쟁은 더없이 뜨거운 정의의 불꽃이며, 더없이 힘찬 민중의 아우성이며, 더없이 고귀한 생존의 활로이다. 우리의 외침을 억누를 자 누구냐?"

이처럼 학생들은 선언문에서 패배주의, 투항주의, 무사안일주의와 굴종의 자기 기만에서 일어나 역사적인 민주투쟁의 첫 봉화에 불을 붙인다고 밝혔다. 이는 10월 유신이 선포된 이후 최초의 민주투쟁이며 그 이정표였던 것이다.

이날의 시위 이후 반유신 민주화 운동은 전국의 각 대학으로 급속히 번져나갔다. 즉 1973년 10월 서울대 문리대·법대·상대생들의 반정부적 집단시위 운동에 이어서 연세대, 고려대, 숙명여대, 동국대, 한양대, 감리교 신학대, 수도여자사범대. 서강대, 중앙대, 경희대, 이화여대, 부산대, 명지대, 서울대 법대·서울의대 간호과, 한국항공대, 전남대, 효성여대, 영남신학대 등으로 확산되어 갔다. 학생 시위는 성토, 휴강, 맹휴투쟁, 삭발, 시험거부, 검은 리

---

22) 김석준, 앞의 논문, 227쪽.
23) 이재오, 앞의 책, 324쪽.

본 달기 등으로 형태를 달리해가면서 점차 에스컬레이트 돼 피크를 이룬 11월 말경에는 전국 대다수 대학에서 학생들이 동요했다. 이들 시위에서 학생들이 외친 구호와 요구사항은 "자유민주체제를 확립하라, 국민의 기본권을 확보하라, 비상사태 해제와 대일경제 예속화 탈피, 신앙의 자유, 학원사찰중지, 언론자유보장, 조기방학을 즉각 철회하라, 구속학생 석방하라, 정보정치 철폐, 민주기본질서에 입각한 새 헌법의 제정, 학원의 자유를 보장하라, 김대중씨 사건 규명" 등이었다.24) 이처럼 학생들은 유신체제 수립 이후 침묵해오던 상태를 깨고 유신체제에 저항하는 횃불을 밝혔던 것이다.

유신체제에 대한 투쟁은 대체로 삼선개헌반대투쟁과 교련반대투쟁에 참여했다가 제적되어 군대에 갔다온 선배그룹과 10·2 학생시위를 주도한 후배그룹이 결합하여 전개한 것으로 서울대 내 단과대와 서울지역 대학, 그리고 반체제 종교세력에 끈을 이어갔다.25) 10·2 시위에 이은 2개월간에 걸친 학생시위는 박정희 정권에 돌이킬 수 없는 타격을 주었다. 이러한 학생시위로 말미암아 종교계 및 일부 재야인사들도 유신의 마취에서 깨어나기 시작했고, 학생들이 그토록 규탄하는 패배주의, 무사안일주의, 투항주의의 자기 기만에서 벗어나기 시작했다.26)

우선 기독교는 1973년 10월 2일부터 번지기 시작한 학원시위로 많은 학생들이 구속되거나 제적되어 희생을 당하게 되자 '인권문제'에 비상한 관심을 갖게 되었다. 그리하여 12월 10일 세계인권선언일로부터 12월 25일까지 한국기독교교회협의회(NCC)와

---

24) 『동아일보』 1973.10.9, 11.29~11.30, 12.3, 12.5, 12.8; 조희연, 『현대 한국사회운동과 조직』(한울, 1993), 112~113쪽.
25) 서중석, 앞의 논문, 81쪽.
26) 이재오, 앞의 책, 329쪽.

가톨릭은 에큐메니칼 현대선교협의회를 매개로 '자유케 하옵소서'란 주제의 인권주간을 설정하고 각종 행사를 치렀다. 그리고 인권주간 12월 16일 YMCA 강당에서 있은 인권연합예배에서 가톨릭의 김수환(金壽煥) 추기경은 "국민의 기본권 보장은 제도적으로 실천되어야 하며 그렇지 못할 때는 중대한 위기를 면하기 어렵다 … 천부적으로 물려받은 국민의 기본적 권리와 의무가 마치 국가원수나 정부의 관용 여하에 따라 줄 수도 있고, 안 즐 수도 있는 것처럼 생각하는 것은 근본적으로 그릇된 사고이다"라고 처음으로 인권과 관련하여 헌법문제를 거론했다.27) 그리하여 명동성당의 신도들은 1973년 12월 25일 "민주헌법 회복하라"는 플래카드를 내걸고 가두시위를 벌이기도 했다.28)

이에 김종필(金鍾泌) 국무총리는 학원의 자율성 보장에 최대한의 힘을 기울이겠지만 학생들이 정부를 무조건 적대시하거나 반체제운동을 벌이는 것은 중대한 사태로서 결코 용납될 수 없는 일이라고 강조했다.29) 그리고 박정희 정권은 1973년 12월 28일 언론의 자율적 규제에 대한 기준으로 첫째, 10월 유신에 대한 부정이나 도전 둘째, 국가안보 및 외교상의 중대한 위협을 초래하는 사항 셋째, 사회불안을 조성하거나 경제안정기반을 와해하는 것 등 3개 항을 마련하고 이 한계는 지켜져야 한다는 방침을 밝혔으며, 종교도 활동이 지나치면 제재를 가하겠다고 밝혔다.30) 또한 1974년 4월 3일 전국민주청년학생총연맹(이하 민청학련) 및 인민혁명당(이하 인혁당) 재건위원회사건을 발표했다.31) 민청학련은 기존의 산

---

27) 한승헌 외, 앞의 책, 74쪽.
28) 『동아일보』 1973.12.27.
29) 같은 신문, 1973.12.13.
30) 같은 신문, 1973.12.28.
31) 김석준, 앞의 논문, 228쪽.

발적인 시위 중심의 투쟁에서 벗어나 전국적인 수준에서 목적 의식적 투쟁을 조직하고 이를 통해 유신체제와 대결하려 했다는 점에서 의미를 지니는 것이었다.32)

이처럼 유신체제에 대한 최초의 집단적 저항은 1973년 10월 2일 서울대학교 문리대에서 일어났으며, 이는 10월 유신이 선포된 이후 최초의 민주투쟁이며 그 이정표였다. 이후 반유신체제 저항운동은 전국의 각 대학으로 급속히 번져나갔고, 이러한 학생시위로 말미암아 그동안 침묵해오던 종교계 및 재야인사들은 유신의 마취에서 깨어나기 시작했다. 그리고 이러한 반체제운동에 박정희 정권은 강력하게 대응해나갔던 것이다. 그럼에도 불구하고 한번 터진 반체제운동의 불길은 다음과 같이 1974년과 1975년에도 거세게 일어났다.

(2) 1974~1975년 반유신체제 저항운동

유신체제에 저항하는 움직임은 1974년도에 들어와서도 종교계와 학생단체 사이에서 더욱 활발하게 전개되었다. 우선 1974년 9월 24일 '천주교정의구현전국사제단'이 발족되어 반유신투쟁을 전개해 나갔다. 또한 한국천주교회전국성년대회가 1974년 10월 9일 가톨릭대학 신학부 교정에서 전국 14개 교구에서 올라 온 국내외 성직자 500여 명과 2만여 명의 신도가 참가한 가운데 개최되었다. 이날 전주교구장인 김재덕(金在德) 주교의 강론이 있었는데 김주교는 강론을 통해 지학순(池學淳) 주교 등 구속된 성직자, 학생, 지식인 등의 석방과 민주헌정의 실시, 긴급조치의 철폐 등을 요구

---
32) 이광일, 「반체제운동의 전개과정과 성격」, 한국정치학회 편, 『박정희를 넘어서』 (푸른 숲, 1998), 178쪽.

하고, "이 나라에 참된 정의가 실현되고 민주시민의 긍지를 갖도록 혼연히 노력하자"고 말했다.33) 한국천주교전국성년대회에 참석했던 성직자, 신도 등 1천여 명은 1974년 10월 9일 대회를 마친 뒤 "회복하라 민주헌정, 석방하라 민주인사" 등의 플래카드와 피켓을 들고 가두데모를 벌이려다 긴급 출동한 경찰관의 저지로 가톨릭대학에서 연좌농성을 벌였다.34)

이러한 종교계의 움직임과 동시에 학생들 역시 1974년 말부터 다시 움직이기 시작했다. 즉 고려대학생 2천여 명은 1974년 10월 10일 이날부터 실시되는 중간고사를 거부하고 교내 대강당에 모여 학생총회를 열고 구국선언문을 채택한 다음, "유신헌법개정, 구속학생석방, 언론자유보장, 학원사찰중지" 등의 4개항의 결의문을 낭독한 뒤 운동장으로 나와 교내시위를 벌였다.35) 또한 서울대 상대 150여 명은 1974년 10월 10일 구속학생과 민주인사의 석방, 민주질서 회복 등을 요구하는 성명서를 낭독한 뒤 농성에 들어갔다. 감리교 신학대학 학생들 역시 같은 날 구속자 석방을 위한 기도회를 가진 뒤 교문을 나와 "구속자를 석방하라, 민주헌정질서 되찾자, 언론자유 보장하라"는 등의 구호를 외치면서 시위를 벌였다.36)

---

33) 『동아일보』 1974.10.10; 1970년대에 들어와 교회와 사회에서 가장 많이 오르내리던 이름 중의 한 사람이 바로 원주교구장인 지학순 주교이다. 그는 1973년 11월 서울 YMCA에서 반독재, 부정부패를 규탄하는 지식인 선언에 서명 참여함으로써 수난의 길을 택했다. 그는 1974년 7월 6일 CPA 항공기 450편으로 해외여행에서 귀국 중 김포공항에서 긴급조치 1호, 4호 위반혐의로 연행되었다. 그의 투옥은 정부 수립 이후 가톨릭 성직자로선 처음 발생한 것이라 국내외에 미치는 충격이 컸다. 그는 1974년 10월 7일 비상고등군법회의의 항소심 최후공판에서 "종교의 자유란 종교에서 가르치는 사회정의를 발언하고 실천할 수 있는 자유"여야 한다고 하면서, 조국과 교회를 위해 몸 바칠 각오가 되어 있다는 취지의 최후 진술을 하였고, 1975년 2월 17일 구속집행정지로 석방되기까지 서울구치소에서 지냈다. 한승헌 외, 앞의 책, 97~98쪽.
34) 『동아일보』 1974.10.10; 서중석, 앞의 논문, 85쪽.
35) 『동아일보』 1974.10.10.

이어서 10월 14일 동국대, 건국대, 부산대, 전남대에서도 시위를 벌였다. 이들의 구호 역시 구속학생 석방, 학원사찰중지 등이었다.37) 또한 10월 15일과 16일에 걸쳐 중앙대, 숭전대, 부산대, 춘천성심여대, 서울신학대, 조선대학교, 동아대, 국민대, 경북대, 서울대 법대·문리대 등에서 데모를 했다. 이때 학생들은 구속학생과 민주인사 석방, 자유민주주의 실현, 학원탄압 중지, 언론자유보장 등을 요구했다. 특히 서울대 법대생들은 헌법개정과 언론·학원의 자유를 요구하는 선언문을 채택하기도 했다.38)

　이러한 학생 데모에 대해 문교당국의 강경책이 총학장회의에 시달된 뒤 각 대학의 휴교·휴강조치가 잇따랐다. 그리하여 1974년 10월 17일 현재 휴교 또는 휴강조치를 내린 대학은 서울 8개교, 지방 10개교 등 모두 18개교에 이르며, 이 중 14개교가 종합대학이다. 그러나 이러한 정부의 강경대책에도 불구하고 11월 19일 이화여대 및 감리교 신학대학, 한국신학대학에서 시위가 있었다. 한국신학대학의 경우 "유신체제를 철폐하고 민주헌정을 회복하라, 아전인수격의 성서해석으로 진리를 모욕하지 말라, 포드(Gerald Rudolph Ford. Jr) 대통령의 방한이 유신체제를 지지하는 것이 되지 않기를 바란다"는 등의 결의를 하기도 했다.39) 그리고 11월 하순에 들어가 서울 경기고, 동성고가 시위를 한 것에 이어 15일 광주일고, 18일 광주조대부고가 가두시위를 벌였다. 학생시위가 고등학교까지 확산되자 각 대학은 조기방학에 들어가 버렸다.40) 이처럼 학생들은 1973년 10월 2일 이후 1974년 말에 다

---

36) 같은 신문, 1974.10.10.
37) 같은 신문, 1974.10.14.
38) 같은 신문, 1974.10.16~10.17.
39) 같은 신문, 1974.11.20.
40) 이재오, 앞의 책, 338쪽.

시 시위를 재개하여 '자유민주주의'의 실현이라는 대전제 아래 구속학생 석방, 학원탄압 금지, 언론·학원의 자유 및 헌법개정, 더 나아가 유신체제 자체를 철폐하는 것을 요구했다.

한편 대한예수교장로회청년회 신도 및 구속자 가족 등 400여 명은 1974년 10월 20일 새문안교회에서 '구속자를 위한 청년연합기도회'를 갖고 사회의 정의 구현과 구속자의 석방을 기구했다. 같은 날 인천가톨릭 교구 산하 18개 교회와 2천5백여 명의 가톨릭 신도들은 인천교구성년대회를 갖고 이들 중 3백여 성직자와 신도들이 거리로 나와 시위를 벌였다. 이날 신도들은 "민주헌정 회복하라, 지학순 주교 석방하라"는 등의 피켓과 플래카드를 들고 시위를 벌였다.41)

또한 가톨릭 성직자 및 신도 1천5백여 명은 1974년 11월 6일 명동대성당에 모여 '인권회복을 위한 기도회'를 갖고 천주교정의구현전국사제단 일동 명의로 제2차 시국선언을 발표했다. 이 선언은 "오늘날 정부는 시민의 개인적 자유 및 공공적 자유를 부당하게 억압하고 있으며 집권층 및 소수 특권층만을 위해 공권력을 남용하고 있다"고 주장했다. 이 선언은 또 언론인들의 자구선언을 전폭 지지한다고 밝히고, 포드 미국대통령의 방한이 국내에서 정치적으로 악용되어서는 안 된다고 주장했다. 그리고 성당구내 성모상 앞 광장에는 "유신비법 철폐하라, 기본인권 전취하자"는 플래카드가 내걸렸다.42) 특히 천주교정의구현전국사제단과 한국정의평화위원회가 공동 집전한 '인권회복을 위한 기도회'가 1974년 12월 10일 세계인권선언의 날을 맞아 이날 저녁 서울을 비롯한 부산, 인천, 춘천, 원주, 대전, 전주, 광주, 마산, 제주 등 전국 주요도시에서 6

---

41) 『동아일보』 1974.10.21.
42) 「인권회복 기도회」, 같은 신문, 1974.11.7.

천5백여 명의 교직자와 신도가 참석한 가운데 열렸다. 이들은 기도회에서 양심을 지키다 수감된 인사들에게 자유를 주고 인간의 기본적 인권을 회복시키자고 기도했다. 또한 서울 명동대성당의 기도회는 저녁 6시 2천5백여 명의 신부, 수녀, 신도 등이 참석한 가운데 김수환 추기경의 집전으로 열렸다. 이 기도회에는 김대중과 부인 이희호(李姬鎬)가 참석했다. 김추기경은 강론을 통해 "정부 여당이 유신체제만 살 길이고, 개헌주장은 좌시할 수 없다고 하는 것은 이 시국을 파국으로 몰아가는 것"이라고 전제하고, "개헌을 주장하는 인사들을 반정부인사로 몰지 말고 이들도 조국의 안정과 번영, 평화를 위해 신변의 위험을 무릅쓰고 말하는 것으로 이해하고 대화를 통해 이 난국을 극복하자"고 강조했다. 한편 이 기도회에서 사제단은 '우리의 인권주장'이란 선언문을 발표하고 다음의 6개항을 요구했다. 첫째, 부정과 부패는 일소되어야 한다. 둘째, 중앙정보부는 해체되어야 한다. 셋째, 구속인사 203명은 전원 석방되어야 한다. 넷째, 근로자의 노조 구성과 가입할 권리는 보장되어야 한다. 다섯째, 민주회복과 구속인사 석방을 요구하는 학생·교수·변호사·성직자들에 대한 방해를 중지하라.43) 이처럼 종교계에서도 기도회를 갖고 더 나아가 시위를 하면서 시국선언을 발표했으며 유신헌법 철폐, 구속인사 석방, 부정부패 일소, 민주회복 등을 요구했다.

 이상과 같이 학원가와 종교계에서 반유신 저항운동이 활발하게 진행되자 개헌시위에 앞장섰다가 경찰에 의해 자택으로 강제로 실려갔던 신민당 김영삼(金泳三)총재는 1974년 10월 15일 다시 국회소속 의원실에 돌아와 "정부 여당의 어떤 압력에도 민주주의의

---

43)「김추기경 강론」, 같은 신문, 1974.12.11.

횃불은 꺼지지 않을 것이며, 신민당은 국민의 성원 속에 단결된 모습으로 개헌투쟁을 계속할 것"이라고 말했다. 특히 같은 날 신민당원 40여 명은 단식농성을 벌이며, "개헌만이 살길이다. 언론자유 보장하라"는 등의 구호를 외치며 가두시위를 기도하기도 했다.44) 그리고 김영삼 신민당 총재는 1975년의 정책목표를 '민주회복을 위한 개헌투쟁'이라고 전제하고 이 땅에 새로운 민주질서가 회복되고, 국민의 손으로 국민의 정부를 건설하여 인권탄압이 없고, 언론탄압이 없고, 정보정치가 자취를 감추고, 학생들이 자유롭게 학구에 전념하며, 종교인들이 신앙의 자유를 누리는 위대한 민권의 시대를 쟁취해야 겠다고 다짐했다.45)

또 한편 재야세력들 역시 이러한 움직임에 동참했다. 즉 윤보선(尹潽善), 백낙준(白樂濬), 유진오(俞鎭午), 김영삼, 정일형(鄭一亨), 양일동(梁一東), 함석헌(咸錫憲), 김재준(金在俊), 강원용(姜元龍), 이희승(李熙昇), 천관우(千寬宇), 이병린(李丙璘), 이태영(李兌榮), 윤형중(尹亨重), 법정(法頂) 등 각계 대표 71명(이 중 참석자는 50여 명)은 1974년 11월 27일 서울 종로 기독교회관에서 민주회복국민선언대회를 갖고 '민주회복국민회의'(이하 국민회의)를 발족시키는 한편 "모든 가능한 평화적 공동행동으로 자유와 민주주의를 쟁취하기 위해 서슴없이 나설 것"을 선언했다. 이 자리에는 국민선언에는 서명하지 않았으나 전 신민당 대통령 후보 김대중 내외가 참석했다. 이병린의 사회로 진행된 이 대회에서는 "첫째, 헌법은 주권자인 국민에게 민주체제를 보장하는 기본법이어야 한다는 대원칙에 어긋나는 현행 헌법은 최단시일 내에 합리적 절차를 거쳐 민주헌법으로 대체되어야 한다. 둘째, 우리의 체제가 공

---

44) 같은 신문, 1974.11.16.
45) 「민주회복 위한 개헌투쟁 계속」, 같은 신문, 1975.1.15.

산주의의 체제적 특질을 날로 닮아가서 그 격차가 좁혀진다면 국민의 공산주의에 대항하려는 의지는 둔화될 수밖에 없으며, 현 체제의 억압에 반대하는 국민 각계·각층의 저항은 계속 확대될 것이다"는 등 6개항의 국민선언을 채택하여 발표했다. 이 선언은 또 "정부가 곧 국가라는 전제적 사고방식은 민주주의에 역행하는 것이며, 반정부는 반국가가 아니다. 우리는 반정부적 행동으로 말미암아 복역구속, 연금 등을 당하고 있는 모든 인사들을 사면 석방하고, 그들의 정치적 권리를 회복시키고 언론의 자유를 보장할 것을 요구한다"고 말하고, "공산주의체제에서도 통치권력이 피통치자의 최저생활에 대해서는 책임을 진다고 한다. 우리 정부는 정책을 전환하여 자유경제토대를 구축하면서 가난한 사람들의 생활과 복지를 보장함으로써 부패된 특권층만을 위한 정부가 아니라 전 국민의 정부임을 입증하여야 한다"고 밝혔다. 이 선언은 또한 "우리나라는 국가안보와 나아가 공산화의 염려가 없는 민족통일의 성취를 위해 우리의 입장에 대한 광범한 국제적 지지를 절실히 필요로 한다"고 밝혔다. 이 같은 내용의 국민선언을 하고 '민주회복국민회의'를 발족시킨 정계·종교계·학계·문인·언론인·법조인·여성 등 각계 대표 71명은 "우리가 속한 각계·각층의 국민들의 소망을 공감할 수 있는 우리는 이 바탕 위에서 선언에 밝힌 견식과 확신을 서로 공통히 지니고 있다는 것을 확인하고 이제 우리의 공통의 의사를 국민의 이름으로 내외에 선언함에 있어 우리가 이 선언의 정신으로 결속되어 있다"는 것을 밝혔다.46) 이처럼 재야세력 역시 유신헌법 철폐를 주장하면서 반정부운동은 반국가운동이 아니라는 사실을 적시하며, 자유와 민주주의를 쟁취하기 위한 투쟁에 나설

---

46) 「민주회복국민선언대회」, 『동아일보』 1974.11.27.

것을 선언했다.

　민주회복국민회의는 1974년 12월 25일 서울시내 YMCA회관에서 창립총회를 열어 회칙을 만장일치로 채택하고 함석헌, 김영삼 신민당 총재를 포함한 대표위원 10명과 운영위원 10명 및 윤보선 전대통령, 김대중을 포함한 18명의 고문 명단을 발표하고 활동 채비를 갖추었다. 이날 통과된 회칙은 "민주회복국민회의는 민주공화국인 대한민국의 국민 각계·각층이 국가의 주권자로서 11월 27일 국민선언의 정신에 따라 민주체제를 재건·확립하기 위한 범국민적 민주회복운동을 전개함에 있어서 필요한 연락조정을 통해 총체적인 공동행동을 발전시킬 목적으로 결성한 국민연합체로서 정당들에 대해서는 엄정히 중립을 지킨다"고 밝혔다. 회칙은 국민회의에 대회전국위원회, 고문회의, 대표위원회, 운영위원회, 사무국 등의 기관을 두고, 첫째로 대회는 최고기관으로 상임대표위원이 소집하고, 둘째로 전국위원회는 대회의 대행기관으로 국민 각계·각층과 전국 각 지역대표 1천여 명 이하로 구성하고, 셋째로 대표위원회는 대표적 인사 15명 이내로 구성, 운영에 대한 제 방침의 대강을 결의하며 호선(互選)으로 임기 2개월의 상임대표위원을 선출하고, 넷째로 운영위원회는 20명 이내로 구체적인 연락조정사항을 결의하고, 다섯째로 고문회의는 자문에 응하도록 했으며, 여섯째로 사무국에는 국장, 차장, 대변인 및 총무 연락선 전부를 두도록 했다.47)

　국민회의는 이 회칙에서 국민선언을 찬동·지지하는 개인 및 단체로 구성한다고 문호를 개방하고 있는데 개인회원은 국민선언 서명자 3인 이상의 추천으로, 단체회원은 당해 단체의 정식 결의

---

47) 「민주회복국민회의 창립총회」, 같은 신문, 1974.12.25.

로 가입을 신청하는 절차를 밟도록 했다. 이날 창립대회에서 임시 의장직을 맡은 이병린은 국민회의의 성격은 "범국민단체이고 비정치단체"라고 밝히고, 국민회의의 활동 3대 강령을 자주·평화·양심이라고 천명하고, 국민회의는 외국세력에 의존하지 않고 정부나 정당의 압력을 물리치고 합법적·비폭력적으로 대화를 통해 난국을 수습하며, 돈·명예·권력을 탐하지 않고 파벌을 만들지 않는다고 밝혔다.48)

다음은 국민회의의 역원 명단이다.49)

고문: 윤보선, 백낙준, 이인(李仁), 정구영(鄭求瑛), 이희승(李熙昇), 김홍일(金弘壹), 유진오, 김재준, 김수환, 이정규(李丁奎), 윤제술(尹濟述), 정일형, 강신명(姜信明), 정화암(鄭華岩), 정석해(鄭錫海), 진헌식(陳憲植), 홍익표(洪翼杓), 김대중

대표위원(15인 이내): 윤형중(尹亨重), 함석헌, 이병린, 강원용, 천관우, 김정한(金廷漢), 이태영, 김영삼, 양일동, 김철(金哲)

운영위원(20인 이내): 이해영(李海榮), 황호현(黃虎鉉), 법정, 함세웅(咸世雄), 한승헌(韓勝憲), 김병걸(金炳傑), 안필수(安弼洙), 계훈제(桂勳悌), 김정○(金正○), 이태구(李泰九)

사무위원, 대변인, 총무, 선전, 연락책임자: 미정

그리하여 국민회의 지부가 속속 결성되었다. 즉 1975년 1월 9일 목포민주회복국민회의가 조직되어 국가적 난국을 타개하는 유일한 길은 개헌을 통한 민주회복에 있음을 확신한다고 하면서, 민주회생을 위한 범시민적 운동 및 구속인사석방을 위한 범시민운동

---

48) 「민주회복국민회의 창립총회」, 같은 신문, 1974.12.25.
49) 같은 신문.

과 언론자유 수호를 위한 범시민운동을 전개하기로 결의했다.50) 또한 민주회복국민회의 경북도 지부가 1975년 2월 2일 결성되었다. 대구시 재야인사 8명은 발기인회를 갖고 "우리는 민주체제의 회복과 사회정의 실현을 위하여 끝까지 투쟁한다"는 결의문을 채택했다.51) 또한 민주회복국민회의 경기도 지부 결성식이 1975년 2월 8일 열렸다. 국민회의 경기지부는 결의문에서 "공산 독재를 배격・분쇄하며 민주주의를 위장한 어떤 독재체제도 거부하고, 집권자들과 권력층의 개과천선과 구속된 민주인사들의 석방을 촉구하며, 독선적 국민투표를 즉각 중지할 것을 촉구한다"고 했다. 이날 경기도 지부결성으로 국민회의는 지금까지 전남, 경북, 경기의 3개 도지부와 경기의 평택, 충남의 천안, 담양, 예산, 전남의 목포, 경남의 진주 등 6개의 시군지부를 발족시켰다.52)

특히 국민회의의 산하단체로 가입할 것을 요청한 지방조직이 그동안 약 50여 개에 이른다는 사실이 1975년 1월 10일 알려졌다.53) 이후에도 대전시 지부와 경북상주군지부가 1975년 2월 19일 결성되었으며, 2월 28일 충북도지부가 결성되었고,54) 3월 6일

---

50) 같은 신문, 1975.1.10.
51) 같은 신문, 1975.2.3.
52) 같은 신문, 1975.2.8.
53) 같은 신문, 1975.1.11.
54) 같은 신문, 1975.2.21, 2.28; 대전시 지부는 이날 "우리는 기본권이 보장되고 삼권이 분립하여 상호 견제하는 민주헌법으로의 개헌운동을 적극 추진한다. 국민투표는 그 자체가 위헌이며 국민의 주권의사가 차단된 채 일방적으로 자행되었으므로 무효임을 주장한다. 정부는 동아일보와 동아방송의 광고탄압을 즉각 중지하고 언론자유를 보장하라. 이번 출감한 민주인사와 학생의 완전한 사면과 아직 수감 중인 민주인사를 즉각 석방하라"는 결의문을 채택했다. 같은 신문, 1975. 2.21; 또한 충북도지부는 "국민투표는 무효다. 개헌을 통한 민주회복만이 난국타개의 길이다. 동아의 광고탄압을 즉시 중지하라"는 등 5가항의 결의문을 채택했다. 같은 신문, 1975.2.28.

서울시 지부와 청주·청원지부가 결성되었다. 이 지부들 역시 개헌을 통한 민주회복과 동아일보 광고탄압 중지, 학원 및 종교·성직자에 대한 탄압 중지 등을 요구했다.55) 이처럼 재야세력은 국민회의를 발족시켜 지부까지 조직적으로 결성하면서 유신체제에 저항하기 시작했던 것이다.

그러자 문교부는 민주회복선언대회에 참가 또는 서명했던 사립대학 교수들에 대해 교원의 신분으로서 허용되지 않는 정치운동을 했다는 이유로 해당 총장들에게 경고조치를 하도록 강력히 지시했다.56) 그리고 실제 백낙준 교수가 파면조치 되었다.

이에 서울대 문리대 영문과 40여 명은 1974년 12월 10일 민주회복국민선언에 서명한 백낙준 교수를 파면 조치한 사실에 대해 행정부의 지식인 탄압과 기본권 유린의 한 실례라고 주장하고, 파면을 철회시키기 위해 범대학서명운동을 전개할 것이라는 내용의 성명서를 발표했다. 학생들은 이 성명서에서 "우리는 민주회복국민선언이 소수 인사의 사사로운 의견이 아니라 현 상황에 따른 양심적 판단에서 우러나온 행동이며 국민의 기본권으로 행사한 순수의 사표시라고 확신한다. 우리는 백교수의 파면조치를 현 정부의 지식인 탄압과 기본권 유린의 한 실례라고 보고 학생들 모두의 각성을 강력히 촉구한다. 우리는 금후 백교수의 파면결정을 철회하도록 촉구하기 위해 범대학 서명운동을 전개한다"는 등 3개항을 결의했다.57)

그리고 민주회복대강연회가 1975년 1월 7일 서울 기독교회관 강당에서 '수도권특수지역선교위원회' 주관으로 1천여 명의 청중이

---

55) 같은 신문, 1975.3.7.
56) 같은 신문, 1974.12.4.
57) 「서울 문리대생 40여 명 성명」, 같은 신문, 1974.12.11.

모인 가운데 개최되었다. 수감 중인 박형규(朴炯圭)목사의 설교집 『해방의 길목에서』의 출판기념을 겸한 이날 강연에서 박○래 신부는 「정의구현운동의 신학적 해명」이라는 주제로 '기독교가 구원의 대상으로 삼는 것은 인간의 잘못뿐 아니라 정치·경제 질서의 잘못까지도 포함된다'고 말하고, 예수가 압박 받는 자들의 편에 섰다가 정치범으로 처형된 사실은 교회의 현실참여의 정통성을 입증한 것이라고 말했다. '수도권특수지역선교위원회'는 이날 강연회에서 성명서를 발표하고 앞으로 민주헌정회복을 위해 계속 싸울 것을 다짐하고, "유신헌법 철폐, 언론기관에 대한 압력 중지, 인혁당 관련자들에 대한 공정한 공개재판, 구속인사 석방" 등 6개항을 요구했다. 이 성명서는 또 "위정자들이 민주국가의 언론기관으로서 일제시대부터 과감한 애국투쟁을 해온 동아일보를 자금고갈이라는 책략으로 고사시키려 한다"고 말하고, 민주주의를 바르게 하는 것만이 공산주의를 막는 길이라고 강조했다.58)

그리고 대한예수교장로회(통합 측) 소속 목사들의 모임인 성직자 수요기도회가 1975년 2월 5일 기독교회관 소강당에서 20여 명의 목사들이 참가한 가운데 두 번째로 열렸다. 이날 영락교회 박조준(朴朝駿) 목사는 "전사에겐 공포가 따르기 마련이지만 용기를 갖고 싸우면 충분히 이길 수 있다"고 하면서 "믿음은 양심을 소생시키며 성직자들은 사회의 양심이고, 양심의 소리를 무시하면 사회와 민족은 타락해서 멸망할 것이다"라고 말했다.59)

이처럼 1974년과 1975년 새해를 맞이하여 민주회복운동은 산발적이나마 이미 개헌청원서명운동을 1년 만에 재개시켰고, 일부에선 현 정권의 퇴진요구까지 들고 나와 체제도전은 한층 가열될

---

58) 「민주회복 대강연회」, 같은 신문, 1975.1.8.
59) 「양심 무시하면 멸망」, 같은 신문, 1975.2.5.

조짐을 보였다. 1974년까지 학원사태는 긴급조치 이후 유신헌법 철폐, 구속자 석방, 언론자유보장 등을 요구하면서 교내시위 가두데모로 발전됐고 1974년 12월 19일의 서울대 사대 데모에선 현대통령의 하야를 주장하기까지 했다. 뿐만 아니라 종교계가 1974년 한 해 동안 강력한 체제 도전세력으로 등장하였다. 특히 가톨릭 측의 반체제운동은 1975년 들어 "우리는 온 국민의 자유와 안보, 인간회복을 위해 현 정권의 퇴진을 요구한다"는 천주교정의구현전국사제단의 결의문까지 등장하게 되었다. 더 나아가 동아일보에 대한 광고무더기 해약사태를 계기로 한 민주언론돕기운동을 통해 민주회복운동은 야당과 재야세력이 상승작용을 일으켜 가속화되고 있었다. 특히 민주회복세력의 집결체로 '민주회복국민회의'가 조직되었다는 사실은 앞으로 어떤 형태로든 보다 많은 국민과 연결을 가질 경우 현실적인 영향력이 더욱 커질 것으로 전망했다.60)

이처럼 1974년은 학원과 교회를 중심으로 민주회복운동이 전개되어 개헌과 박정희 정권의 퇴진을 주장하는 데까지 옥타브가 높아갔다. 그리고 유신체제 울타리 안에 안주하던 신민당이 체제 밖으로 뛰쳐나왔고, 침묵이 강요되던 언론계에 자유화의 물결이 일기 시작했던 것이다. 정부는 난국의 고비를 넘기기 위해 국론통일과 안정을 호소하고 있지만 불행히도 국론은 종교계·학원 등 각계가 정부와 의견을 달리하고 있고, 친정부와 반정부로 갈라져 있어 안정기조가 흔들리고 있었다.61)

이에 박정희는 1975년 1월 1일 신년사를 통해 "지금 우리가 당면하고 있는 중대시국을 올바로 인식하지 못하고 국론의 분열만을 일삼게 된다면 국가의 안전보장은 또다시 정권투쟁의 재물이 되어

---

60) 「새해정국을 내다본다」, 5, 같은 신문, 1975.1.16.
61) 「새해정국을 내다본다」, 1-2, 같은 신문, 1975.1.8~1.9.

북한 공산주의자들의 재침을 자초하는 비극을 낳게 될 것"이라고 경고했다.62) 그리고 그는 1975년 연두기자회견에서 요즘에 일부 인사들이 유신체제를 철폐해야 국민총화가 잘되고 북괴남침을 막을 수 있다고 운운하는 것은 하나의 잠꼬대 같은 소리라고 하면서 현행 헌법을 고쳐서는 안 된다는 게 소신이라고 밝혔다.63)

또한 개헌공방 속에서 박정희는 또다시 1975년 1월 22일 특별담화를 통해 유신헌법에 대한 국민투표로 그 찬반을 묻는다고 밝히고, 그의 국가정책에 대한 국민투표를 실시함으로써 주권자인 국민에게 그 찬반을 직접 물어 국론을 통일하고, 유신체제의 역사적 당위성과 국민적 정당성을 재확인함으로써 국가를 보위하고 국리민복을 증진하겠다고 밝혔다. 그리고 그는 "나는 이번 국민투표를 비단 현행 헌법에 대한 찬반투표일 뿐 아니라 나 대통령에 대한 신임투표로 간주하고자 한다"고 밝히고, "나 개인은 민족중흥의 역사적 사명을 위해 이미 나의 모든 것을 다 바쳤다. 만일 우리 국민이 유신체제의 역사적 당위성을 인정하지 않고 현행 헌법의 철폐를 원한다면 나는 그것을 대통령에 대한 불신임으로 간주하고 즉각 대통령직에서 물러날 것"이라고 말했다.64)

이에 대해 김대중은 1975년 1월 25일 기자회견을 열어 "우리가 당면한 가장 중요한 문제인 민주회복과 장기집권의 종식을 위해 박대통령은 현행 헌법을 3선 개헌 이전으로 환원하고 구헌법에 입각한 대통령과 국회의원 선거를 새로이 실시하는 것이 난국타개를 위한 유일한 구체적 방법이라고 확신한다"고 주장했다. 그리고 그는 국민투표실시에 관해 정부가 지금까지 극소수라고 하여 경시

---

62) 같은 신문, 1975.1.1.
63) 「박대통령 연두기자회견」, 같은 신문, 1975.1.14.
64) 「박대통령 국민투표안 공고」, 같은 신문, 1975.1.22.

해오더니 현 체제 반대파를 더 이상 무시할 수 없는 존재로서 인정한 점은 진일보의 사실이라고 할 수 있지만, 지금 행하려는 방식의 국민투표 가지고는 결코 사태해결의 길이 될 수 없다고 말했다. 또한 그는 국민투표가 후진국가에서 흔히 독재자들이 애용하는 국민의 이름을 빌기 위한 하나의 연극이 되지 않고 진정한 민의의 표현으로 받아들여지기 위해서는 첫째로 언론·집회·결사·신체의 자유 등 국민 기본권이 존중된 정치적 자유분위기가 보장되고, 둘째로 찬반 양측의 운동의 자유가 다같이 충분히 보장되며, 셋째로 투표와 개표의 전 과정을 공평무사하게 관리·감시할 수 있는 선관위 참관인 투개표 종사원의 구성에 있어 찬반 양측에게 동등한 참가의 권리를 주어야 한다는 3개항의 조건을 제시했다.65)

특히 천주교정의구현전국사제단의 주최하에 1975년 2월 6일 거행된 인권회복기도회에서는 당국이 사제단에 참여하고 있는 사제들의 과거 학창시절의 학적부를 뒤지고 사생활을 들추어내며 감시와 미행을 일삼고 있다고 폭로하고, 기도회에 참석한 신도들에게 종교와 신앙의 자유가 구체적으로 침해되고 있음을 밝혔다. 그리고 국민투표란 마치 먹을 것을 달라는 어린아이에게 먹을 것을 달라고 하면 때리겠다고 위협해 놓고 사람 보는 데서 "먹을 것을 달라고 할래, 안 달라고 할래"라고 물어보는 것과 같은 것이라고 하면서, 여기서 먹을 것이란 자유와 민주를 의미하고 먹을 것을 달라고 하면 때리겠다고 하는 위협은 현재의 공포분위기와 국민투표법이며 공포에 질린 어린아이가 겁에 질려서 '안 달라고 할게'라고 말할 수밖에 없는 것이 국민투표의 예정된 결과라고 지적했다. 그리고 동대문천주교의 안충석(安忠錫)신부는 인권회복·인간회복·민주

---

65) 같은 신문, 1975.1.25.

회복은 체제와 정의의 차원을 넘어선 인간적 양심의 요구라는 제3시국선언문을 낭독하고, 대구대교구기도회에서 발표한 천주교정의구현전국사제단의 국민투표 거부결의를 재천명했다. 그리고 인권회복·인간회복·민주회복의 노력을 국민투표와 관계없이 계속하며 지학순 주교의 양심선언 지지와 민주회복국민회의 양심선언 운동에의 적극 수호, 부정 부패, 독재 정보정치의 거부와 부조리·비리의 고발 광정(匡正), 약자에의 관심과 화해, 기도와 실천은 비폭력·무저항·평화적인 방법으로 한다는 등 7개항을 결의했다. 또한 기도가 끝난 뒤 귀가하던 학생 등 젊은 신도 1천여 명은 스크럼을 짠 후 시위에 들어가기도 했다.66)

이처럼 학원과 종교계, 재야세력 등에 의한 탄체제운동이 가열화되어 유신체제 철폐를 요구하면서 개헌투쟁을 전개하자 박정희 정권은 또다시 유신헌법과 유신체제의 역사적 당위성에 대한 국민투표 실시계획을 밝혔다. 이에 대해 야당과 종고계에서는 국민투표 실시는 유신체제하의 공포분위기 속에서 독재정권을 유지하기 위해 국민들의 이름을 빌리는 연극에 불과하다고 하면서 이를 거부하는 결의를 했다.

한편 한국기독교회협의회(NCC)가 주최하는 '신앙의 자유를 위한 연합기도회'가 1975년 2월 9일 새문안교회에서 기독교의 옥내집회로선 가장 많은 3천여 명의 신도가 모인 가운데 열렸다. NCC에 가입된 6개 교단의 최고 지도자를 비롯, 주요 성직자가 참석한 가운데 NCC 김기동(金基東)회장의 사회로 열린 이날 기도회에서 경동교회 강원용 목사는 「자유케 하는 진리」란 설교를 통해 "진리를 지키기 위해 우리 기독교인은 순교자적 자세로 오늘의 난국을

---

66) 같은 신문, 1975.2.7.

타개하는 데 앞장서야 한다"고 말했다. 강목사는 "유신헌법에도 3·1 정신과 4·19 정신을 얘기해 놓고 있으면서 그 정신에 따라 말하고 행동하는 기독교인을 박해하는 것은 무엇이냐. 일제치하에서도 종교와 신앙의 자유는 있었으나 치안유지법이라는 악법으로 종교박해를 일삼다가 끝내는 그 법 때문에 망하지 않았는가. 일찍이 교회를 박해해서 잘된 나라는 없었다"라고 하면서, "우리 기독교인은 모든 것을 용서할 테니 하루빨리 회개하라"고 최근 잇달아 가해지고 있는 당국의 종교탄압행위를 비난했다. 특히 강목사는 "전국 방방곡곡에서 국민투표를 앞두고 갖가지 찬성유도 행위가 저질러지고 있는데 이 같은 괴상망측한 국민투표가 어디 있느냐"면서 "동아일보의 빈 광고란은 하느님의 아들들이 메우라고 우리에게 준 선물이다"라고 말했다.67)

또한 「사회정의구현과 인권의 복을 기원하는 기도회」가 국민투표일인 1975년 2월 12일 새벽부터 전국 각 교회와 성당에서 열렸다. 한국신학대학교수 문동환(文東煥)박사는 설교를 통해 "지금 이 시간 방방곡곡에서 이번 국민투표가 정부의 조작으로 진행되고 있음을 슬프게 생각한다"고 말하고, "많은 선량한 백성들은 국민투표가 잘못되면 북괴가 금방 쳐들어오는 줄 알고 있고 정부는 이 조작극이 무사히 끝나기를 기다리고 있다"면서 현명한 국민은 기도를 올리자고 말했다.68) 이처럼 당시 민주세력들은 박정희 정권과 국가를 구별하고, 박정희 정권이 유신체제의 역사적 당위성과 국민적 정당성을 획득하며, 나아가 박정희 대통령에 대한 국민적 신임 여부를 묻기 위해 실시하려는 국민투표를 정부의 조작극이라고 비난했다.

---

67) 「순교자세로 난국타개」, 같은 신문, 1975.2.10.
68) 「전국 교회서 기도회」, 같은 신문, 1975.2.12.

그리하여 국민투표의 개표결과가 판명되자 신민당과 통일당, 민주회복국민회의는 1975년 2월 13일 각각 성명을 발표하여 이번 국민투표의 결과에 승복할 수 없다는 입장을 밝혔다. 국민투표거부운동에 보조를 같이해 온 야당과 재야세력은 이번 국민투표가 예정된 정치극에 불과하며 투표과정에서 각종 부정사례들이 있었다고 지적하고, 투표 결과에 승복할 것을 거부하면서 투표 전과 같이 계속 개헌을 요구한다는 방침을 분명히 했다. 특히 김영삼 신민당 총재는 2월 12일 "3·15 부정선거를 능가하는 부정으로 시종된 이번 국민투표 결과는 국민이 승복할 수 없으므로 전면 무효임을 거듭 확인한다"고 말하고, "나는 앞으로 민주회복이 쟁취될 때까지 계속 국민의 선두에서 싸울 것"이라고 말했다.69)

한편 민주회복국민회의는 1975년 2월 28일 3·1절 56주년을 맞아 '민주국민헌장'과 '국민에게 보내는 메시지'를 발표하고, "우리는 천부의 양심에 따라 의를 행함에 떨쳐 일어나 국가와 국민의 운명을 가름할 이 땅의 민주건설을 위해 언제, 어디서나 거국적인 민족·민주의 국민운동에 헌신한다"고 선언했다. 이 날 오전 서울 명동성당 구내에서 국민회의는 함석헌 대표위원이 낭독한 민주국민헌장을 통해 "우리는 민주주의에 역행하는 모든 법적, 제도적 장치를 거부하며 그 타파를 위해 분투한다"고 전제하고, 3개항의 강령 3장도 아울러 발표했다. 국민회의는 또한 3·1절 56주년과 민주국민헌장 발표에 즈음하여 국민에게 보내는 메시지를 통해 "이제 우리는 민족의 위대성을 보여주었던 3·1절을 맞아 우리의 민주주의를 향한 대행진을 계속해야겠다"고 밝히고, "민주국민헌장정신에 따라 민주주의 실현을 향한 우리의 결의와 신념을 집약하고 모든

---

69) 「투표결과는 예정된 정치극」, 같은 신문, 1975.2.13.

민주국민과 대동단결하여 민주구국투쟁을 전개하자"고 호소했다. 다음은 민주국민헌장의 전문이다.70)

"우리는 자유와 평화와 정의를 사랑하고 압제와 불의를 거부하는 민주국민이다. 우리는 독재를 반대하며 정보정치를 배격한다. 우리는 민주주의에 역행하는 모든 법적, 제도적 장치를 거부하며 그 타파를 위해 분투한다. 국민이 언론과 신앙의 자유를 누리고 공포와 불신, 결핍으로부터 해방된 민주사회의 건설이 우리의 나아갈 길이다. 침묵과 방관은 방자한 권력의 존속과 팽창을 조장하는 것이므로 이 같은 권력에 저항하는 것은 민주국민의 권리이며, 의무이다. 부정과 부패는 민주국민의 公敵이요 민주사회의 독소이다. 자주·자립의 국민경제 건립과 그 균형발전은 민주주의 실현의 토대이다. 모든 국민은 각자의 정당한 권익 옹호를 위해 단체를 구성하고 가입할 수 있으며, 인간의 존엄성에 상응하는 생활을 보장받아야 한다. 민주주의의 확립과 신장은 우리에게 주어진 사명이다. 우리는 민주주의의 실현만이 국민의 연대와 발전을 이룩하는 길이요, 국제사회에서 국가의 위신을 높이고 인류의 진보에 이바지하는 길이며, 갈라진 민족이 다시 평화로운 통일에 이를 수 있는 길임을 확신한다. 우리는 천부의 양심에 따라 의를 행함에 떨쳐 일어나 국가와 국민의 운명을 가름할 이 땅의 민주건설을 위하여 언제, 어디서나 거국적인 민족·민주의 국민운동에 헌신한다."

그리고 국민회의의 강령 3장은 다음과 같다.71)

- 우리의 민주화 투쟁은 시대적 양심의 소명이며 민주국민으로서의 의무요, 정당한 권리의 행사이다. 우리의 투쟁은 두려움 없이 비폭력, 평화적인 방법으로서 전개한다.
- 주권자인 우리들 민주국민은 부당한 권력의 자기존속을 위한 어떠한

---

70) 「거국적 민족·민주운동 전개」, 같은 신문, 1975.2.28.
71) 같은 신문.

음모와 횡포에 대하여도 비타협 불복종의 정신으로 대처한다.
- 평화와 양심을 사랑하는 우리는 국내외의 모든 민주역량과 상호연계를 강화하고 단결하여 통일되고 조직된 힘으로 그릇된 권력에 대항한다.

다음은 국민회의가 국민에게 보내는 메시지의 내용이다.[72)]

"3·1 정신은 곧 민족주의와 민주주의의 정신이다. 무수한 선열들의 피의 순국으로 조국은 해방되었으나 선열들의 피맺힌 함성은 무정한 독재자에 의해 해방된 조국에서 유린되고 있다. 이제 으리는 순국선열들에 대한 깊은 묵념을 올리면서 이 땅의 현실에 비추어 우리가 나아갈 바에 대한 각오와 결의를 새로이 할 때다. 그토록 선열들이 외쳤던 국민의 기본적 자유는 이민족 아닌 동족의 독재정권에 의해 무참히 짓밟히고 있다. 일제는 독립투사를 투옥했으며 법에 따라 했으며 3·1 만세운동의 주역은 최고 12년 형에 처했다. 일제하에서 창간되그 그 속에서도 지탱돼 온 동아일보는 이민족 아닌 동족의 독재권력에 의해 풍전등화의 위치에 처해 있다. 1인의 장기집권과 독재적 권력집중을 위해 3권 분립의 원리는 파산되고 정보·위압정치에 의한 국민의 인권유린은 다반사로 자행되고 있다. 민생은 도탄에 빠지고 국민의 생존권은 정치권력에 의해 위협받고 있다. 반공애국정신에 투철한 국민을 愚衆視하고 안보를 정권의 유지를 위한 도구로 이용하고 있다. 외채와 외국의 기술의 영향하에 질식당하고 있는 국민경제는 해외경기의 변화에 절질 끌려가고 있다. 3·1절날 우리의 순국선열에 대한 묵념은 민주회복을 향한 우리의 결의를 다짐하는 계기로 되어야 할 것이다. 순국선열에 대한 우리의 참다운 보답은 이 땅에서의 민주주의의 실현이기 때문이다. 현재의 독재정권으로 하여금 그들의 暗旨을 깨우치는 우리의 노력은 츤시도 쉼 없이 전개해야 겠다. 다같이 柳寬順의 뜻을 마음 속에 깊이 서기자."

---

72) 같은 신문, 1975.2.28.

이러한 전문과 강령 및 메시지는 숭고한 3·1 정신을 이어받아 거국적인 민족·민주주의 국민운동에 헌신하여 안보를 박정희 정권의 유지를 위한 도구로 이용하는 유신체제에 반대하며, 부당한 권력의 유지를 위한 어떠한 음모와 횡포에 대해서도 비타협·불복종의 정신으로 대처할 것을 선언한 것이다. 그리고 민주주의에 역행하는 모든 법적·제도적 장치를 거부하고 민주사회 건설을 위해 분투할 것이며 이러한 투쟁을 비폭력·평화적 방법으로 전개할 것을 선언한 것이다.

이상과 같이 박정희 정권은 학원과 종교계 및 재야세력 내에서 유신체제에 대한 저항운동이 거세어지자 이를 무마시키기 위한 국민투표 실시계획을 발표하여 그 찬반을 국민들에게 직접 묻는다고 함으로써 국론을 통일하고 유신체제의 역사적 당위성과 국민적 정당성을 재확인하고, 더 나아가 박정희에 대한 신임을 다시 묻고자 했다. 이에 대해 야당세력과 종교계를 비롯한 재야세력에서는 국민투표가 후진국가에서 흔히 볼 수 있는 독재자들이 애용하는 하나의 조작연극이자 예정된 정치극에 불과하다고 주장하면서 이를 거부하는 운동 및 인권회복·인간회복·민주회복을 위한 운동을 계속하겠다고 천명했다. 그리고 유신체제를 지지하는 국민투표 결과가 발표되자 이에 승복하기를 거부하고 민주건설을 위한 민주구국투쟁을 전개할 것과 유신독재정권을 타도할 것을 결의하기도 했다. 더 나아가 이들은 박정희 정권이 정권유지를 위한 도구로 안보를 이용하고 있다고 주장했다.

한편 이러한 종교계와 재야세력의 반유신 저항운동과 함께 학원가에서는 1975년 다시금 반유신 저항운동이 재개되었다. 1975년 3월 하순부터 다시 시작된 학생들의 유신헌법 반대투쟁은 4월 초 전국 각 대학과 일부 고등학교로까지 확산되었다.[73] 한국신학대는 1975년 3월 26일 교내에서 언론탄압 중지 및 석방교수와 학생들의 복교를 바라는 침묵시위를 전개했다. 연세대에서도 3월 27일 학생총회를 열고 석방교수와 학생들의 복직, 톡학문제를 대학의 자율에 맡기라는 등 3개항을 결의하고 침묵시위를 벌였다.74) 또한 고려대에서도 3월 31일 성토대회를 열고 "유신헌법 철폐, 학원 및 언론탄압 중지" 등 6개항을 결의했다. 학생들은 "정부는 독재정치를 중지하고 고문정치의 원흉을 처단하라"고 요구했으며, 아울러 "북괴는 신성한 학원을 야욕달성을 위한 도구로 이용하지 말라"고 주장했다. 이 밖에 구속학생 석방을 요구했다.75)

이에 문교부는 1975년 3월 26일 35개 지방대학 학생처과장회의를 소집하고 학원소요방지와 면학분위기 조성 등 학원대책을 논의했다.76) 그리고 고려대생의 교내시위와 관련하여 '학원질서 확립과 지도 철저'라는 공한을 고려대에 보내 시위에 관련된 학생들을 엄중히 조처하고 그 결과를 보고하도록 지시했다. 이러한 문교부의 경고에도 불구하고 한국신학대에서는 4월 1일 "유신철폐"라고 쓴 흰 띠를 머리에 두르고 민주헌정 복구 등을 외치며 데모를 벌였다. 연세대도 같은 날 연세대 민주학생 일동의 명의로 된 「대학구국양심선언」이라는 선언문을 채택했다. 학생들은 이 선언문에서 "모든 악법의 철폐와 유신헌법의 폐지, 권력형 부정부패의 근절, 언론탄압의 중지, 학원사찰 중지와 대학의 자율성 보장" 등 5개항을 요구했다.77) 서강대에서도 4월 1일 긴급학생총회를 열고 "석방학생들의 즉각 복교, 학원의 민주화 보장, 국민의 기본권 보장" 등

---

73) 김석준, 앞의 논문, 228쪽.
74) 『동아일보』 1975.3.27.
75) 같은 신문, 1975.3.31.
76) 같은 신문, 1975.3.27.
77) 같은 신문, 1975.4.1.

5개항의 결의문을 채택했으며, 이어서 3일 성토대회를 갖고 "유신헌법 철폐, 고문정치 원흉의 처단, 문교·법무·문공장관의 사퇴, 학원사찰 중지" 등 6개 항목의 결의사항을 채택했다. 서울대에서도 학생들은 4월 3일 '4·3선언문'과 4개항의 결의문을 채택한 뒤 가두시위를 기도했다. 연세대에서도 다시 6천여 명의 학생들이 교내 노천강당에 모여 비상학생총회를 갖고 문교장관의 즉각 사퇴요구 등 4개항의 결의문을 채택한 뒤 파쇼적 문교정책을 즉각 중지하라는 등의 플래카드를 들고 구호를 외치며 가두데모에 나서려다 경찰과 충돌했다.78) 그리고 서울대 농대생 2백여 명은 4월 4일 "유신헌법 철폐하라"는 구호를 외치며 가두시위를 했다. 이날 학생들은 이에 앞서 교내 강당 앞에 모여 시국성토를 벌인 뒤 "석방학생 사면시켜 복교시키라"는 등의 3개항을 결의하고, "언론자유, 인권자유, 학원자유"라고 쓴 플래카드를 앞세워 교내시위를 벌였다. 특히 서울대는 4월 7일 비상학생총회를 열고 유신정권을 규탄하는 선언문과 3개항의 결의문을 채택한 뒤 스크럼을 짜고 "유신철폐, 독재타도" 등의 구호를 외치며 가두시위를 벌이려다 경찰과 충돌했다.79) 한국외국어대에서도 운동장에서 성토대회를 갖고 유신헌법 철폐, 고문정치 철회, 석방학생 구제 등을 요구하며 교내 시위를 벌였다.80) 그리하여 학생들의 시위사태로 4월 4일 연세대가 임시휴강에 들어간 데 이어 서울대학도 4월 8일부터 휴강에 들어갔다.

이상과 같이 학생들은 석방학생 즉각 복교, 학원 및 언론탄압

---

78) 같은 신문, 1975.4.2, 4.4.
79) 『동아일보』 1975.4.5, 4.8; 서울대학교는 당시 제대로 공부한 기간이 1년에 3개월밖에 되지 않는다는 이야기도 있었다. 이는 대학 4년 중 1년만 공부하고 나머지는 데모나 방학으로 보냈다는 말이다. 「박대통령 지시내용」, 『서울신문』 1975.4.19.
80) 『동아일보』 1975.4.8.

중지, 학원의 민주화 보장, 국민의 기본권 보장, 인권 자유 보장, 학원사찰 중지, 유신헌법 폐지, 더 나아가 유신철폐 및 독재타도를 요구하며 반유신체제 저항운동을 전개했다.

이처럼 학원 내에서 유신체제에 반대하는 저항운동이 전개되자 박정희는 1975년 4월 8일 청와대에서 임시국무회의를 소집하고 헌법 제53조 대통령긴급조치에 따라 대통령긴급조치 7호를 발동하여 데모를 벌이고 있는 고려대에 휴교를 명했다. 그 내용은 첫째, 1975년 4월 8일 오후 5시를 기해 고려대에 휴교를 명한다. 둘째, 고려대 내에서 일체의 집회·시위를 금한다. 셋째, 위 1,2항을 위반한 자는 3년 이상 10년 이하의 징역에 처한다. 이 경우 10년 이하의 자격 정지를 병과할 수 있다. 넷째, 국방부장관은 필요하다고 인정할 때 병력을 사용하여 동교의 질서를 유지할 수 있다. 다섯째, 이 조치를 위반한 자는 법관의 영장 없이 체포·구금·압수수색할 수 있다. 여섯째, 이 조치에 위반한 자는 일반법정에서 관할 심판한다. 일곱째, 이 조치는 1975년 4월 8일 오후 5시부터 시행한다. 긴급조치 7호는 고려대에만 국한해서 취해지는 조치다.[81] 그리고 박정희 정권은 4월 9일에 인혁당 사건 관련자 7인과 민청학련 사건 관련자 1인 등 8인을 대법원 판결 다음날 새벽에 처형하는 '사법살인행위'를 저질렀다.[82]

고려대 휴교령을 내린 대통령긴급조치 7호는 한마디로 새 학기 들어 점차 악화돼 가고 있던 학생데모사태, 나아가서는 종교계 등 재야세력의 반체제운동에 강력한 제동을 걸기 위한 것으로 풀이되었다. 최근 학생데모가 격화됨에 따라 정부의 어떤 강경조치가 나오지 않을까 우려해 오기는 했으나 고려대 휴교조치는 매우 충격적

---

81) 「대통령긴급조치 7호 발동」, 같은 신문, 1975.4.10.
82) 김석준, 앞의 논문, 229쪽; 서중석, 앞의 논문, 85쪽.

| 제2장 | 유신체제기 학도호국단의 조직과 활동

인 의외의 사태로 받아들여졌다. 정부는 그동안 북한의 움직임, 베트남·크메르 등 인지사태 등을 감안하여 학생데모와 종교계 등의 반체제적인 언동이 우리나라의 사회안녕질서를 어지럽혀 궁극적으로는 총화와 안보를 크게 해치는 것이라고 기회 있을 때마다 강조해 왔다. 특히 학생데모가 처음엔 동료 석방학생들의 복학문제 등으로 출발되었으나, 그들이 주장하는 구호가 점점 유신체제를 부인하는 방향으로 발전돼 나가자 정부는 이에 크게 자극되었던 것이다. 그리하여 정부는 고려대에 휴교령을 내려 정부의 학원사태에 대한 강경의지를 표시하고, 여타 대학의 데모확대를 막고 아울러 재야세력 전반에 대한 제동의 효과까지 노렸던 것이다. 현행 법규에 의하면 대학에 대한 휴교조치는 문교당국의 행정조치만으로도 충분히 할 수 있었다. 그런데도 긴급조치까지 발동한 것은 필요에 따라 학원에 군대를 진주시킬 수 있고, 위반자에 대해 처벌도 할 수 있기 때문이었다.[83]

이러한 엄중한 조치에도 불구하고 이화여대, 한국외국어대, 한양대, 중앙대, 서울대 음대 등 서울의 6개 대학생 4천9백여 명은 긴급조치가 발동된 다음날인 1975년 4월 9일 각각 교정에서 유신헌법 철폐 등을 요구하는 교내시위를 벌였고, 일부 대학생들은 가두까지 진출했다. 그리고 4월 10일 서울의 한양대, 경희대, 건국대, 중앙대, 숭전대, 장로회신학대와 인천의 인하대, 부천의 서울신학대 등 8개 대학 4천9백여 명과 11일 동국대, 한양대, 서울대

---

83) 「반체제운동에 제동」, 『동아일보』 1975.4.10; 대통령긴급조치로 대학에 휴교조치가 내려진 것은 이번이 처음이다. 1965년의 6·3데모 때 연세대·고려대 등에 휴업명령이 내려졌고, 1971년 10·15 위수령 발동 때에는 서울대·고려대·연세대·서강대 등 8개 대학이 휴업명령을 받았다. 1974년 4월 3일 민청학련사건으로 인한 긴급조치 4호 발동 때에는 경우에 따라 폐교조치까지 단행하겠다고 경고했으나 실제 휴업명령이나 휴교조치는 내려지지 않았다.

농대, 성균관대는 "유신헌법 철폐, 석방학생 사면, 언론탄압 중지, 긴급조치 7호 철회" 등을 요구하며 교내시위를 벌였다. 그리하여 4월 11일 현재 18개 대학이 휴교 및 휴강상태에 들어가 있는 가운데 각 대학들은 문교부의 지시 또는 자체 결정으로 데모주동학생들에 대한 학사처벌을 잇따라 내렸다. 문교부는 그동안 시위가 있었던 각 대학들에 대해 데모재발을 예방하는 대책으로서 학칙엄수 지시를 계속 시달했다. 그 결과 4월 12일 현재 각 대학의 학생징계는 제적 56명, 무기정학 41명, 유기정학 1명에 달했다.84) 그리고 급기야 박정희 정권의 폭압통치는 한 대학생의 할복자살을 가져왔다. 4월 11일 서울대 농대 축산과의 김상진은 "민주주의란 나무는 피를 먹고 살아간다고 한다. 들어라, 동지여! 우리들의 숭고한 피를 흩뿌려 이 땅에 영원한 민주주의의 푸른 잎사귀가 번성하도록 할 용기를 그대들은 주저하고 있는가"라고 양심선언문을 낭독하고 과도로 할복자살했다.85)

이처럼 유신체제가 등장한 이후로 1973년부터 1975년 초까지 학원가를 중심으로 종교계, 재야세력에 의한 반유신체제 저항운동이 급물살을 타고 일어났다. 이는 박정희 정권의 최대의 위기이기도 했다. 그러나 박정희 정권에게는 인지사태라는 전환 극복의 새로운 카드가 주어졌다.

그리하여 1975년 4월 30일과 5월 1일 잇달아 열린 고려대 단과대학별 교수회의 및 합동교수회의에서 최근 학원사태와 관련된 학원질서 및 면학분위기 조성을 위한 교수의 자세와 학생지도방침 등을 논의하고 교수일동의 이름으로 현 시국에 임하는 결의를 밝혔다. 이날 논의된 학생지도대책 중에는 가정통신의 발송과 개별접촉

---

84) 『동아일보』 1975.4.10~4.12.
85) 서중석, 앞의 논문, 86쪽.

에 의한 적극적인 학생제도책 등이 포함되어 있었다. 또 '난국에 처한 우리의 결의'라는 제목으로 교수들의 자세를 밝힌 결의문은 다음과 같다.86)

  첫째, 총력안보 최우선주의의 정당성을 재확인하고, 전 국민의 총화단결과 국론의 통일이 오늘처럼 절실히 요청되는 시기는 없다.
  둘째, 학내소요로 휴교령까지 빚게 한데 대해 학생지도를 맡은 교수로써 이를 미연에 방지하는 노력이 미흡했음을 깊이 자성하고, 학원안정에 맡은 바 책무가 중차대함을 새삼 통감한다.
  셋째, 종래의 고식적 자세를 지양하고 앞으로는 학원질서의 정상화와 면학분위기 조성을 위해 최대의 열의를 다할 각오를 천명한다.

이 결의는 휴교령으로 학원의 기능을 상실하게 된 고려대 사태를 반성하고 앞으로의 진로를 개척하는 의미에서 채택된 것이라고 학교당국자가 밝혔다.87) 서울대 교수 9백여 명도 1975년 5월 2일 15개 단과대학과 3개 전문대학원별로 교수회의를 열고 교수 일동의 이름으로 '우리의 결의'라는 결의문을 채택했다. 이들은 결의문에서 인지사태에 뒤따른 공산집단의 책동을 전쟁 도발행위로 인정하고, 총력국가안보태세를 강화하기 위해 국민적 총화노력에 적극 참여하며 대학의 사명을 능동적으로 수행할 것을 다짐했다.88)

더 나아가 고려대 비상총학생회는 1975년 5월 1일 성명을 발표하고 첫째로 휴교조치까지 결과케 한 본교의 시위사태가 학생의 본분을 이탈한 과격한 행동이었음을 자인하여 그 책임을 통감하며, 둘째로 전 대학인은 인지사태의 비극적 종말이 의미하는 바를 깊

---

86) 「고대교수회의 시국결의문」, 『동아일보』 1975.5.1.
87) 같은 신문, 1975.5.1.
88) 「국민총화 적극 참여」, 같은 신문, 1975.5.3.

이 인식하고 승공의 정신으로 무장하여 국민총화단결의 선도적 역할을 담당해야 하며, 셋째로 대학인의 본분이 진리의 추구, 즉 면학에 있다는 것을 재확인한다는 3개항을 다짐했다.89) 또한 5월 2일과 3일에도 전국 곳곳에서 안보단합대회와 궐기대회를 열고 안보태세 확립과 총화단결을 다짐했다.90) 이후에도 계속 학교 및 기업체 등에서는 안보단합대회를 열었다.

이처럼 인지사태는 유신체제에 저항하는 메카역할을 했던 학원이 자성하는 기회를 제공했으며, 인지사태로 인한 북한의 도발을 방지하기 위해 안보태세를 강화하고 학원의 면학 분위기를 조성한다는 결의를 다지기도 했다.

이러한 속에서 박정희는 다시 1975년 5월 13일 오후 국가안전과 공공질서의 수호를 위한 긴급조치 9호를 선포하여 헌법에 대한 비방 또는 반대 등을 못하도록 금지하고 고려대에 내려졌던 대통령 긴급조치 7호 해제에 관한 긴급조치 8호를 각각 선포했다. 긴급조치 9호는 유언비어를 날조·유포하거나 사실을 왜곡하여 전파하는 행위, 집회·시위 또는 신문방송통신 등 공중전파수단이나 문서·도서·음반 등 표현들에 의해 헌법을 부정반대 또는 비방하거나 그 개정 폐지를 주장하거나 청원 또는 선전하는 행위, 학교당국의 지도감독하에 행하는 수업연구 또는 학교장의 사전허가를 받았거나 기타 의례적 비정치적 활동을 제외한 학생의 집회 또는 정치관여 행위, 이 조치를 공연히 비방하는 행위 등을 규제했다. 긴급조치 9호는 이 조치의 위반자, 범행 당시의 소속학교, 단체나 사업체에 대해 휴업·휴교·정간·폐간·해산·폐쇄조치를 취할 수 있도록 했다.91)

---

89) 「과격행동 책임통감」, 같은 신문, 1975.5.1.
90) 같은 신문, 1975.5.3.

긴급조치 9호가 선포된 목적은 북한 공산집단이 작금의 비극적인 사태에 편승하여 남침이 가능하다고 오판하고 무모한 도발을 감행할 우려가 급격히 증대되고 있는 미증유의 국가적 난국에 처하여 불필요한 국력의 낭비와 국론분열 그리고 국민총화를 저해하는 일체의 행위에 종지부를 찍고, 온 국민이 일치단결 하여 국론을 통일하고 국력을 기민하고도 유효하게 총집결할 수 있도록 헌법 제53조에 따라 신속한 조치를 취함으로써 국가의 안전을 공고히 하고 공공의 안녕 질서를 확고히 유지하려는 데 있었다.92) 이로써 학생들의 불법적인 집회시위 또는 정치관여 행위는 금지되었다.

그리하여 이 같은 조치에 따라 고려대 교무위원회는 1975년 5월 14일 사상·이념문제 및 종교관계 등 다음 12개의 학생서클을 해체하기로 결정했다. 가톨릭연구회, 민족이면연구회, 청년문제연구회, 기독학생회, 학생불교회, 동수회, 원리회, 대학생선교회, 한국민속문화연구회, 도산연구회, 민사법학회, 중국문화연구회 등이 그것이다.93) 더 나아가 문교부는 고등학교 이상 각급 학교의 학도호국단을 오는 7월 초까지 모두 조직할 계획이었다.

박정희 정권은 학생들의 이와 같은 소요가 사회에 미치는 영향이 적지 않다고 보았다. 첫째는 그들 자신이 공부하지 않으므로 입는 손실이 크고, 둘째로는 사회 전반에 심리적인 불안감을 조성함으로 인하여 생기는 유형무형의 손실이 또한 크다고 보았다. 더구나 북한의 무력 적화통일의 야욕이 더욱 노골화되어 북으로부터의 침략위협이 그 어느 때보다도 고조되고 있는 작금의 긴박한 상황

---

91) 같은 신문, 1975.5.13.
92) 「대통령 긴급조치 제9호의 해설」, 『수곡』 6(청주교육대학 학도호국단, 1975), 22쪽.
93) 『동아일보』 1975.5.15.

아래에서 이러한 불안감의 조성은 북한에게 남침의 오판을 저지르게 하는 자극을 줄 뿐이라고 주장했다. 그 뿐만 아니라 허무하게도 단시일 내에 공산주의자들의 발굽 아래 무릎을 꿇어 버린 자유베트남의 예는 공산주의자들의 통일전선 전략이 얼마나 무서운 것인가를 그대로 보여 준 산 역사적 증거로서 생생한 고훈일 뿐 아니라, 북한으로 하여금 이때야말로 무력남침의 호기가 도래한 것이란 착각을 하게 만든다는 것이다. 때문에 이러한 상황하에서 부질없는 학생들의 소요로 사회불안을 조성하는 일은 생각할 수조차 없는 일이라고 보았다. 이에 박정희 정권은 매년 연례 행사처럼 춘추로 벌어지는 학생 소요는 마땅히 시정되어야 할 고질적인 큰 병폐라고 지적했으며, 더구나 소수의 일부 불량 학생들의 책동으로 대다수 공부하고자 하는 선량한 학생들의 학업이 방해받는다면 이는 도저히 용납할 수 없는 일이라고 주장했다. 그리고 이러한 모든 사태를 감안하여 학도호국단 설치의 결단이 내려진 것이라고 주장했다.94)

이상과 같이 유신체제가 등장한 이후 1973년부터 1975년 인지사태가 발생하기까지 그동안 침묵해왔던 학원가를 중심으로 종교계, 재야세력 등에서 반유신체제 저항운동이 거세게 전개되었다. 이는 박정희 정권의 최대의 위기이자 유신체제의 최대의 위기였다. 그러나 1975년 4월 공산군에 대한 크메르와 비트남의 항복으로 인해 박정희 정권은 기사회생하는 절호의 기회를 갖게 되었다. 박정희 정권은 당시의 상황을 '비상시국', '준전시체제'라고 지칭하면서 총력안보·국가안보를 내세워 긴급조치를 남발하고 대중들을 통제했던 것이다.

특히 학원가에서 유신체제에 반대하는 운동이 활발하게 전개되

---

94) 이회우, 「학도호국단 운영에 관한 고찰」, 『수도교육』 21(서울특별시 교육연구원, 1975.11), 24~25쪽.

자 박정희 정권은 긴급조치 7호를 선포하여 고려대에 휴교를 명했다. 이는 점차 악화되어 가고 있는 학생데모, 나아가서는 종교계 및 재야세력의 반유신체제운동에 강력한 제동을 걸기 위한 것이었다. 그러나 이러한 엄중한 조치에도 불구하고 학생들은 계속 유신체제를 철폐할 것을 요구하는 시위를 벌였다. 이에 문교부는 각 대학에 데모재발을 예방하는 대책으로서 학칙엄수 지시를 시달했으며, 각 대학에서는 교수들 및 총학생회의 이름으로 현 시국에 임하는 결의를 밝혀 총력안보 최우선주의의 정당성을 재확인하고, 총화단결과 국론의 통일을 요구하면서 학원질서의 정상화와 면학분위기 조성을 위해 최대의 노력을 기울일 것을 천명했다. 이러한 분위기 속에서 학도호국단은 배우면서 지킨다는 호국학도로서의 사명과 함께 면학분위기를 조성한다는 목적 아래 조직된 관제학생단체였다. 즉, 학도호국단은 유신체제에 동원된 대표적인 단체였으며, 이러한 학도호국단 설치로 인해 민주적인 학생운동은 침체되어 다시 활성화되기까지 상당한 기간이 필요했던 것이다.

3. 학도호국단의 조직

1) 결성

1975년 5월 20일 전국 98개 대학 총·학장회의에서 '일면 면학·일면 호국'이라는 시대적 요청에 부응하여 국력 집결과 총력안보체제를 굳히기 위한 학도호국단의 창설을 발표하고 이어서 그 설치령을 국무회의에서 의결·발표했다.[95] 유비무환의 정신으로 학생들을 전력화(戰力化)시켜 국가 방위력을 증대시키는 한편 반공의식과 안보관념을 보다 강화하여 국가에 헌신·봉사할 수 있는 동원체제와 통제체제를 확립하여야 한다는 판단 아래 박정희 정권은 전국 고등학교 이상 각급 학교에 학도호국단을 조직했던 것이다.96) 학도호국단은 과거의 총학생회, 대의원회, 여학생회의 3기구를 통합한 것이다.97)

    1975년 5월 21일 문교부는 국무회의에서 통과된 학도호국단설치령이 공포되는 대로 곧 학도호국단 조직에 착수해서 1학기가 끝나기 전인 7월 초까지 중앙 및 시·도학도호국단과 학교별 학도호국단의 조직을 모두 끝낼 예정이라고 밝혔다. 문교부는 동 설치령이 공포됨에 따라 현재의 각급 학교 학생회 조직과 각종 클럽 등은 해산된다고 밝히고, 이로 인한 학생활동의 공백이 있지 않도록 하기 위해서도 학도호국단 조직을 되도록 빨리 매듭짓도록 하겠다고 말했다. 문교부는 새로 조직되는 학도호국단은 기존의 학생회 기능을 대부분 그대로 흡수해서 맡게 되며 학예부·운동부 등 필요한 부서는 학교장이 정하는 운영규칙에 따라 학도호국단 밑에 두게 될 것이라고 하며 다음과 같이 설명했다. '학도호국단의 조직은 고등학교 이상 각급 학교의 남녀학생 전원을 대상으로 하고, 교원도 지도위원으로서 이 조직에 참여하게 된다. 대상학교는 고등학교·전문학교·초급대학·교육대학 및 4년제 대학 등이며, 대학원 학생은 제외된다. 학도호국단은 모두 학교 단위로 조직하되 일단 유사시 동원하기 쉽도록 군사훈련 편제와 같이 편성한다. 학도호국단 조직은 평시엔 군사교육, 각종 단체활동, 새마을운동 및 봉사활동 등을 펴고 전시에는 후방질서유지와 지역방위 및 대민구호사업 등

---

95) 「호국단 출범 1년」, 『외대학보』 1976.7.16.
96) 「개정군사교육 그 내용」, 『인하대학신문』 1975.9.8.
97) 「호국단 출범 1년」, 『외대학보』 1976.7.16.

| 제2장 | 유신체제기 학도호국단의 조직과 활동

의 기능을 맡게 된다. 새로 제정된 학도호국단 설치령에 따르면 중앙과 시·도에 각각 중앙학도호국단, 시·도학도호국단과 지도위원회를 두어 중앙학도호국단의 총재에는 대통령을, 부총재에는 국무총리를 각각 추대한다. 지도위원은 교육과 학생지도에 학식 및 경험이 많은 인사 중에서 단장이 위촉 또는 임명하는데, 단장은 중앙학도호국단의 경우 문교부장관이, 시·도학도호국단은 교육감이 자동적으로 맡게 된다. 학도호국단 조직에 따라 앞으로 학도호국단에 소속되지 않는 학생단체를 조직하게 될 경우 학교장을 거쳐 문교부장관 또는 시·도교육감의 승인을 얻어야 한다. 현재의 각 학생단체는 학도호국단 설치령 시행일로부터 30일 이내에 이 같은 승인절차를 밟아야 하며, 승인을 못 받는 단체는 해산된다. 문교부는 학도호국단이 조직된 뒤에도 보이스카웃, 걸 스카웃, 4H클럽, 유네스코학생회 등 종래 학생회와 분리되어 있던 건전한 학생단체는 계속 존속시키되, 현재 이들 단체는 설치령 시행 후 30일 이내에 반드시 학교장을 거쳐 문교부장관과 시·도교육감의 승인을 받아야 한다. 학도호국단의 단원이 되는 학생은 중앙학도호국단장이 정하는 소정의 단비를 납부해야 할 의무를 지게 된다.'98)

학도호국단설치령에 따라 학도호국단은 6월 말까지 고등학교·전문학교 및 대학별로 조직을 완료했다. 그리고 전국 1천6백60개 고등학교와 대학교 학생 1백46만 명이 망라된 중앙학도호국단의 발단식이 1975년 9월 2일 서울 여의도 5·16광장에서 김종필 국무총리를 비롯한 3부 요인과 학계·종교계·언론계 등 각계 인사 및 학생대표 4만 1천여 명이 참가한 가운데 열렸다. 이날 발단식에서 학생들은 1백46만여 호국단원을 대표해 총지휘관 이주삼(李柱

---

98) 『동아일보』 1975.5.21.

三; 한양대 4년)이 낭독한 선서를 통해 "학칙과 단규를 성실히 준수하고 배우면서 나라를 지키는 호국학도로서의 사명을 다 하겠다"고 다짐하고, 다음과 같은 3개항의 행동강령을 채택했다.99)

- 우리는 배움과 수련에 전념하여 학도의 본분을 다하고 내일의 실력있는 지도자가 된다.
- 우리는 멸공호국에 앞장서서 민족의 시련을 극복하고 조국 통일의 역군이 된다.
- 우리는 민족사의 정통을 이어받아 겨레의 중흥을 이룩하고 자주와 긍지를 이 땅에 심는다.

이러한 학도호국단의 행동강령은 각 대학의 학도호국단의 경우에서도 동일하다. 예를 들어 고려대학교에서도 학도호국단이 1975년 6월 30일 발단되었는데 그 행동강령은 동일한 것이었다.100)

이상과 같이 박정희 정권은 '일면 면학·일면 호국'이라는 기치 아래 국력배양과 총력안보체제를 굳히기 위해 학도호국단을 창설했다. 이는 학생들을 전력화시켜 국가 방위력을 증대시키고, 반공의식과 안보의식을 강화하여 국가에 헌신·봉사할 수 있는 유신동원체제를 확립한다는 목적 아래 전국 고등학교 이상 각급 학교에 창설한 것이다. 특히 학도호국단 출범의 의의는 후술하는 바와 같이 학도호국단 설치령 제1조에서 밝힌 학도호국단 설치 목적과 제13조의 기능에 기본적으로 집약되어 있다. 즉 학도호국단은 학풍을 쇄신하고 정신전력을 배양하며 배우면서 지키는 호국학도로서의 사명을 완수하는 데 그 목적이 있고, 그 임무는 국가안보의식의 강화, 면학학풍의 조성, 학생 군사훈련의 실시, 각종 봉사활동 및

---

99) 「중앙학도호국단발단식」, 같은 신문, 1975.9.2; 조덕송, 앞의 논고, 14쪽.
100) 『고대신문』 1975.7.1.

| 제2장 | 유신체제기 학도호국단의 조직과 활동

새마을운동의 참여, 전시·사변 또는 이에 준하는 국가 비상사태에 있어서 사회 질서의 유지, 구호, 복구, 지역 방위를 위한 각종 지원 및 협조에 해당하는 것이었다.

이로써 보면 학도호국단은 학생들의 자발적인 의지에 따라 조직된 것이 아니라 국내외의 급변하는 상황을 반영하여 박정희 정권의 필요에 따라서 조직된 '관제학생단체'이자 '준군사단체'였던 것이다. 그리고 학도호국단의 결성취지와 강령에서 보는 바와 같이 학도호국단은 유신체제의 통치이념을 실천하여 유신체제에 동원되는 전위적 역할을 담당하는 단체였다. 이 같은 학도호국단의 성격은 다음의 학도호국단 설치령에서도 드러나고 있다.

2) 학도호국단의 설치령

학도호국단 설치령의 내용을 구체적으로 살펴보면 다음과 같다.[101]

제1장 총칙
- 제1조(설치)
① 대학·사범대학·교육대학·실업고등전문학교·전문학교 이에 준하는 각종 학교(이하 대학이라 한다)와 고등학교·고등기술학교 및 이에 준하는 각종 학교(이하 고등학교라 한다)의 학풍을 쇄신하고 정신전력을 배양하며, 배우면서 지키는 호국학도로서의 사명을 완수하게 하기 위해 문교부와 서울특별시·부산시·도의 교육위원회(이하 교육위원회라 한다) 및 대학과 고등학교에 학도호국단을 설치한다.

---

101) 「학도호국단설치령」, 『동아일보』 1975.5.21; 『학도호국단관계규정』(문교부, 1975).

② 문교부에 설치하는 학도호국단은 이를 중앙학도호국단, 교육위원회에 설치하는 학도호국단은 이를 시·도학도호국단, 대학 및 고등학교에 설치하는 학도호국단은 이를 대학·고등학교학도호국단이라 각각 칭한다.102)

- 제2조(총재 및 부총재)

① 학도호국단에 총재 및 부총재 각 1인을 둔다.

② 총재에는 대통령을 추대하고 부총재에는 국무총리를 추대한다.

- 제3조(입단)

① 대학 및 고등학교에 재학하는 학생은 당해 학교에 설치된 학도호

---

102) 1975년도 당시 전문·대학 중 국립종합대학교로는 경북대학교, 부산대학교, 서울대학교, 전북대학교, 전남대학교, 충남대학교 등이 있었다. 사립종합대학교는 연세대학교, 고려대학교, 이화여자대학교, 중앙대학교, 성균관대학교, 동국대학교, 숙명여자대학교, 한양대학교, 건국대학교, 경희대학교, 단국대학교, 동아대학교, 조선대학교, 영남대학교, 서강대학교, 숭전대학교, 홍익대학교, 원광대학교, 인하대학교 등이 있었다. 또한 국공립단과대학은 충북대학, 공주사범대학, 부산수산대학, 한국해양대학, 제주대학, 강원대학, 한국항공대학, 서울산업대학 등이 있었다. 사립단과대학으로는 카톨릭신학부, 가톨릭의학부, 한국외국어, 수도여자사범, 국제대학, 덕성여자, 서울여자, 국민대학, 삼육대학, 광운전자공과, 경기대학, 명지대학, 동덕여자, 성신여자사범, 상명여자사범, 한국신학, 서울신학, 대한예수교장로회총회신학, 강로회신학, 효성여자, 계명대학, 관동대학, 성심여자, 경남대학, 한국사회사업, 전주영생, 목원대학, 대건신학, 울산공과, 부산여자, 청주대학, 청주여자사범, 고려신학, 감리교신학, 아주공과, 한국그리스도교회신학, 상지대학, 경상대학 등이 있었다. 또한 초급대학으로는 경기실업, 경희여자, 서라벌예대, 동아대 병설, 한양대병설여자, 농협대학, 대전여자, 대전실업, 한성여자실업, 조선대병설여자, 고려병설의학기술 등이 있었고, 교육대학으로는 서울, 부산, 인천, 춘천, 강릉, 청주, 공주, 전주, 근산, 광주, 목포, 대구, 안동, 진주, 마산, 제주 등이 있었다. 그리고 국공립전문학교는 경기공업, 부산공업, 삼척공업, 충주공업, 대전공업, 천안공업, 한국해양대학부설해양, 목포해양, 예산농업, 순천농림, 진주농림, 안성농업, 상주농잠, 밀양잠사, 군산수산고등, 통영수산고등, 여수수산고등 등이 있었다. 마지막으로 사립전문학교는 도양공업, 홍익공업, 인천공업, 인하대부설공업, 대헌공업, 조선대병설공업, 영남공업, 영남, 울산공대병설공업, 서울보건, 숭의여자, 인덕예술, 부산여자실업고등, 부산실업, 동의, 신흥보건, 인천체육, 상지실업, 대전실업고등, 수피아여자실업, 상지, 포항실업, 계명대학병설, 영주, 대구보건, 경남대학병설산업, 제주실업, 서울예술, 한국의료, 삼육기술, 신구산업, 동남보건, 기전여자실업, 군산, 광주실업, 한국사회사업대학병설 등이 있었다. 『충대신문』 1975.6.30.

| 제2장 | 유신체제기 학도호국단의 조직과 활동

국단의 단원이다.
② 학교에 재직하는 교원과 문교부장관이 정하는 사무직원은 당해 학교학도호국단의 지도위원이다.

- 제4조(지도·감독 등)

① 시·도학도호국단과 대학학도호국단은 중앙학도호국단장의 지휘·감독을 받아 단무를 수행한다.
② 고등학교학도호국단은 제1차로 관할 시·도학도호국단장의, 제2차로 중앙학도호국단장의 지휘·감독을 받아 단무를 수행한다.

제2장 중앙학도호국단 및 시·도학도호국단

- 제5조(기능)

① 중앙학도호국단의 기능은 다음 각 호와 같다.
    가. 학도호국단의 기획·조사·연구에 관한 사항
    나. 시·도학도호국단 및 대학학도호국단의 지휘·감독에 관한 사항
    다. 학도호국단의 훈련·지도·검열 및 감사에 관한 사항
    라. 학도호국단의 출판 및 홍보활동에 관한 사항
    마. 학도호국단의 지원에 관한 사항
    바. 기타 학도호국단의 운영에 관한 기본적인 사항

② 시·도학도호국단의 기능은 다음 각 호와 같다.
    가. 고등학교학도호국단의 지휘·감독에 관한 사항
    나. 고등학교학도호국단의 훈련·지도·감독에 관한 사항
    다. 시·도학도호국단 및 고등학교학도호국단의 출판 및 홍보활동에 관한 사항
    라. 기타 시·도학도호국단 및 고등학교학도호국단의 운영에 관한 사항

- 제6조(중앙학도호국단의 임원)

① 중앙학도호국단에 다음의 임원을 둔다.
    가. 단장 및 부단장 각 1인
    나. 지도위원 15인 이상 25인 이내(단장 및 부단장을 포함한다)

② 단장은 문교부장관이 되고, 부단장은 문교부차관이 된다.
- 제7조(단장 등의 직무)
① 제6조 제1항의 규정에 의한 단장은 총재 및 부총재의 명을 받아 단무를 통리하고 중앙학도호국단을 대표한다.
② 부단장은 단장을 보좌하며 단장이 사고가 있을 때에는 그 직무를 대행한다.
- 제8조(중앙지도위원회)
① 학도호국단의 기본정책과 지도·운영에 관한 사항을 심의하기 위하여 중앙학도호국단에 중앙지도위원회를 둔다.
② 중앙지도위원회는 제6조 제1항 제2호의 지도위원(이하 중앙지도위원이라 한다)으로 구성한다.
③ 단장과 부단장을 제외한 중앙지도위원은 교육 및 학생지도에 관한 학식·경험이 많은 인사 중에서 단장이 위촉 또는 임명한다.
- 제9조(중앙지도위원회의 조직과 운영)
① 중앙지도위원회에 위원장 및 부위원장 각 1인을 두되, 위원장은 중앙학도호국단장이 되고 부위원장은 중앙학도호국단의 부단장이 된다.
② 중앙지도위원회의 위원장은 위원회를 소집하고 그 의장이 된다.
③ 중앙지도위원회의 의사는 중앙지도위원 과반수의 출석과 출석위원 과반수의 찬성으로 의결한다.
④ 중앙지도위원의 임기는 1년으로 하되 연임할 수 있다.
⑤ 공무원이 아닌 중앙지도위원에게는 예산의 범위 안에서 수당과 여비, 기타 직무수행상 필요한 실비를 지급할 수 있다.
⑥ 중앙지도위원회의 운영에 관한 세부적인 사항은 중앙지도위원회의 심의를 거쳐 위원장이 정한다.
- 제10조(시·도학도호국단의 임원)
① 시·도학도호국단에 다음의 임원을 둔다.
　가. 단장 및 부단장 각 1인
　나. 지도위원 10인 이상 20인 이내(단장 및 브단장을 포함한다.)
② 단장은 당해 시·도교육위원회의 교육감이 도고, 부단장은 당해

시·도교육위원회의 부교육감이 된다.
③ 단장은 당해 시·도학도호국단의 단무를 통리하고 이를 대표한다.
④ 부단장은 단장을 보좌하며 단장이 사고가 있을 때에는 그 직무를 대행한다.

- 제11조(시·도지도위원회)

① 시·도학도호국단의 운영에 관한 중요사항을 심의하기 위하여 시·도학도호국단에 지도위원회(이하 시·도지도위원회라 한다)를 둔다.
② 시·도지도위원회는 제10조 제1항 제2호의 지도위원(이하 시·도지도위원이라 한다)으로 구성한다.
③ 단장과 부단장을 제외한 시·도지도위원은 교육 및 학생지도에 관한 학식·경험이 많은 인사 중에서 시·도학도호국단이 위촉 또는 임명한다.

- 제12조(준용)

제8조의 규정은 시·도지도위원회에 이를 준용한다. 이 경우 중앙지도위원회는 시·도지도위원회로, 중앙학도호국단은 시·도학도호국단으로 중앙지도위원은 시·도지도위원으로, 중앙학도호국단장은 시·도학도호국단장으로 각각 본다.

제3장 학교학도호국단

- 제13조(기능)

학교학도호국단의 기능은 다음 각 호와 같다.
① 학생군사교육의 실시에 관한 사항
② 각종 봉사활동 및 새마을사업의 참여 및 전개에 관한 사항
③ 전시·사변 또는 이에 준하는 국가비상사태에 있어서 사회질서의 유지, 구호, 복구 또는 지역방위를 위한 각종 지원 또는 협조에 관한 사항

- 제14조(임원)

학교학도호국단에 다음의 임원을 둔다.
① 단장 1인 및 부단장 1인(대학학도호국단의 경우는 2인 이내)

② 단장은 당해 학교의 총장·학장(대학교의 학장을 제외한다) 또는 교장이 되고, 부단장은 대학의 경우에는 학생처장(실업고등전문학교 및 전문학교의 경우에는 학감, 학생처장이 없는 경우에는 이와 유사한 직무를 담당하는 부서의 장)과 학생 근사교육단장(학생군사교육단장이 있는 경우에 한한다)이 되고, 고등학교의 경우에는 당해 학교의 교감이 된다.
③ 단장 및 부단장의 직무에 관하여는 제10조 제3항 및 제4항의 규정을 준용한다. 이 경우 시·도학도호국단은 학교학도호국단으로 본다.

- 제15조(학교지도위원회)

① 학교학도호국단의 운영에 관한 중요사항을 심의하기 위하여 학교학도호국단에 지도위원회(이하 학교지도위원회라 한다)를 둔다.
② 학교지도위원회는 위원장·부위원장과 상임지도위원으로 구성한다.
③ 위원장은 학교학도호국단장이 되고, 부위원장은 학교학도호국단의 부단장이 된다.
④ 상임지도위원은 제3조 제2항의 규정에 의한 지도위원 중에서 학교학도호국단장이 임명한다.
⑤ 상임지도위원의 수는 시·도학도호국단장(대학학도호국단의 경우에는 중앙학도호국단장)이 정한다.
⑥ 학교지도위원회의 운영에 관하여는 대학의 경우에는 중앙학도호국단의 승인을 얻어 당해 대학학도호국단의 규칙으로, 고등학교의 경우에는 시·도학도호국단장의 승인을 얻어 당해 고등학교학도호국단의 규칙으로 각각 정한다.

- 제16조(학생梯隊와 운영위원회)

① 학교학도호국단에는 학생에게 호국정신을 고취시키고, 이를 실천하게 하기 위해 당해 학교의 규모 및 편성 등을 참작하여 학생제대를 둔다.
② 학생제대에는 각 단위 제대별로 1인의 제대장을 두며 최고단위의 제대장 밑에 필요한 부서를 둔다.

③ 학생제대의 운영에 관한 사항을 심의하게 하기 위해 당해 학교학도호국단의 최고단위 제대장 밑에 운영위원회를 두되, 운영위원회는 제2항의 규정에 의한 각 제대장과 부서의 장으로 구성한다.
④ 학생제대와 운영위원회의 조직 및 운영에 관하여 필요한 사항은 대학의 경우는 중앙학도호국단장의 승인을 얻어 당해 대학학도호국단의 규칙으로, 고등학교의 경우는 시·도학도호국단장의 승인을 얻어 당해 고등학교학도호국단의 규칙으로 각각 정한다.

- 제17조(사무처리)

학교학도호국단의 사무처리에 관하여 필요한 사항은 당해 학교의 장이 감독청의 승인을 얻어 정하되, 사무는 그 소속교원 또는 사무직원이 겸무하도록 한다.

제4장 보칙

- 제18조(단비 및 운영경비)

① 학교학도호국단의 단원은 단비를 납부한다.
② 제1항의 단비는 학도호국단의 운영 이외의 다른 목적에 사용할 수 없다.
③ 단비의 징수에 관한 사항은 중앙지도위원회의 심의를 거쳐 중앙학도호국단장이 정한다.

- 제19조(국가 및 지방자치단체의 보조)

국가 및 지방자치단체는 학교학도호국단의 운영에 필요한 경비를 보조할 수 있다.

- 제20조(기타 단체)

학교학도호국단에 소속되지 않는 학생단체를 조직하고자 할 때에는 당해 학교장을 거쳐 문교부장관(고등학교의 경우는 관할 시·도교육위원회의 교육감)의 승인을 얻어야 한다.

- 제21조(시행세칙)

이 영의 시행에 관하여 필요한 사항은 문교부령으로 정한다.

- 부칙

① (시행일) 이 영은 공포한 날로부터 시행한다.

② (경과조직) 이 영 시행 당시의 학생단체는 이 영 시행일로부터 30일 이내에 제20조의 규정에 의한 승인을 받지 않으면 해산된 것으로 본다.

한편 학도호국단 설치령 시행규칙은 다음과 같다.[103]

제1장 총칙
- 제1조(목적)

이 영은 학도호국단 설치령(이하 '영'이라 한다)의 시행에 관하여 필요한 사항을 규정함을 목적으로 한다.
- 제2조(학교의 정의)

이 영에서 사용하는 학교의 정의는 다음과 같다.
1. '대학'이라 함은 영 제1조 제1항에서 대학으로 약칭된 각급 학교를 말한다.
2. '고등학교'라 함은 영 제1조 제1항에서 고등학교로 약칭된 각급 학교를 말한다.
3. 영 제1조 제1항에서 '고등기술학교'라 함은 3년제의 고등기술학교를, '고등기술학교에 준하는 각종 학교'라 함은 고등기술학교에 준하는 3년제의 각종 학교를 말한다.
- 제3조(운영계획 등의 보고)

① 학교학도호국단장은 매년 당해 학교학도호국단의 운영계획서를 작성해야 한다.

② 제1항의 규정에 의한 운영계획서는 고등학교학도호국단의 경우에는 시·도학도호국단장에게, 대학학도호국단의 경우에는 중앙학도호국단장에 늦어도 당해 학년도 개시 1개월 전까지 제출하고 그 승인을 받아야 한다.

③ 학교학도호국단장은 학년말로부터 2월 이내에 전학년도의 운영계획 시행결과 보고서를 고등학교학도호국단의 경우에는 시·도학도

---

103) 『학도호국단관계규정』(문교부, 1975).

호국단장에게, 대학학도호국단의 경우에는 중앙학도호국단장에게 제출해야 한다.
④ 중앙학도호국단장 및 시·도학도호국단장은 제3항의 규정에 의한 운영계획 시행결과 보고서를 접수한 때에는 이를 심사하고 부진한 사업 또는 부당한 사항이 있을 때에는 시정 기타 필요한 조치를 명할 수 있다.

- 제4조(지도위원으로 될 사무직원의 범위)

영 제2조 제2항의 규정에 의하여 학교학도호국단의 지도위원으로 될 사무직원의 범위는 다음과 같다.
1. 국립 및 공립의 대학 및 고등학교에 있어서는 그 사무직원 중 4급 이상의 국가 및 지방공무원
2. 사립의 대학 및 고등학교에 있어서는 그 사무직원 중 당해 학교의 규칙·내규·정관 등에 의하여 제1호의 4급 이상의 공무원이 수행하는 직무와 유사한 업무를 담당하는 자

- 제5조(보고·검사 등)

중앙학도호국단장 또는 시·도학도호국단장은 학도호국단의 지도·감독상 필요할 때에는 관계학도호국단장에게 보고서의 제출을 명하거나 장부·서류 등의 검사를 하거나 기타 필요한 조치를 명할 수 있다.

제2장 중앙지도위원회

- 제6조(중앙지도위원의 임명 또는 위촉)

영 제7조 제3항의 규정에 의하여 중앙학도호국단장이 중앙지도위원을 임명 또는 위촉함에 있어서는 다음 각 호의 기준에 의하여야 한다.
1. 문교부의 소속 공무원 3인 이내
2. 문교행정과 관계 있는 중앙부처의 소속공무원 2인 이내
3. 대학(실업고등전문학교 및 전문학교와 이에 준하는 각종 학교를 제외한다)의 총장 또는 학장 6인 이내
4. 실업고등전문학교·전문학교 및 이에 준하는 각종 학교와 고등학교의 장 6인 이내
5. 학생지도에 관하여 학식·경험이 풍부한 자 6인 이내

▪ 제7조(보궐위원)

중앙학도호국단장은 중앙지도위원에 궐원이 생긴 때에는 지체 없이 그 후임자를 임명 또는 위촉해야 한다. 이 경우 보궐위원의 임기는 전임자의 잔임기간으로 한다.

▪ 제8조(분과위원회)
1. 중앙지도위원회에는 필요에 따라 분과위원회를 둘 수 있다.
2. 분과위원회의 조직 및 운영에 관하여는 중앙지도위원회 위원장이 정한다.

▪ 제9조(회의통지)

중앙지도위원회 위원장은 회의를 소집하고자 할 때에는 서면으로 이를 통지해야 한다. 다만 특별한 사유가 있는 때에는 전화·전보 또는 구두로 통지할 수 있다.

▪ 제10조(간사와 서기)
1. 중앙지도위원회의 사무를 처리하기 위하여 간사 1인과 서기 약간 인을 둔다.
2. 간사와 서기는 문교부 소속 공무원 중에서 위원장이 임명한다.

제3장　학교학도호국단

▪ 제11조(대학학도호국단부단장의 직무한계 등)
1. 대학학도호국단 중 부단장이 2인인 경우의 부단장의 직무한계는 다음과 같다.
① 학생처장 또는 학감인 부단장은 학생군사교육에 관한 사항을 제외한 사항에 대하여 단장을 보좌한다.
② 학생군사교육단장인 부단장은 학생군사교육에 관한 사항에 대하여 단장을 보좌한다.
③ 단장이 사고가 있을 때에는 학생처장 또는 학감인 부단장이 그 직무를 대행한다.

▪ 제12조(학생단체의 승인절차)
1. 영 제19조의 규정에 의하여 학교학도호국단에 소속되지 않은 학생단체의 조직에 관하여 문교부장관 또는 교육감의 승인을 신청하고

자 할 때에는 미리 당해 학교학도호국단 지도위원회의 심의를 거쳐야 한다.
2. 제1항의 승인 신청서에는 당해 학생단체의 목적·명칭·위치·규약 또는 정관·단원명부 및 학교학도호국단 지도위원회의 의견서를 첨부하여야 한다.

- 제13조(상임지도위원의 수)

1. 영 제14조 제2항에 규정된 학교학도호국단 지도위원회의 상임지도위원수의 기준은 다음과 같다.
① 대학교의 경우에는 25인 이내
② 대학(대학교의 대학을 제외한다)의 경우에는 15인 이내
③ 고등학교의 경우에는 10인 이내
2. 중앙학도호국단은 대학의 실정에 비추어 특히 필요하다고 인정할 때에는 제1항의 규정에 불구하고 대학학도호국단장의 요청에 따라 상임지도위원의 수를 증가시킬 수 있다.

제4장 단비의 징수 및 관리

- 제14조(징수금액)

학교학도호국단이 단원으로부터 징수할 단비의 금액은 매년 중앙학도호국단장이 정하여 이를 시달한다.

- 제15조(감면)

학교학도호국단장은 다음 각 호의 1에 해당하는 단원에 대하여는 단비의 전부 또는 일부를 면제하거나 감액할 수 있다.
1. 학교수업료 및 입학금에 관한 규정 제3조 또는 지방자치단체의 조례 또는 교육규칙이 정하는 바에 따라 수업료 및 입학금을 감액 또는 면제받고 있는 자
2. 법령의 규정에 의하여 국가 또는 지방자치단체로부터 학비의 보조를 받는 자
3. 기타 성적이 우수한 학생으로 경제적 사정이 곤란한 자

- 제16조(단비의 징수 등)

1. 단비의 징수방법 및 징수기일에 관하여는 학교 수업료 및 입학금

에 관한 규정에 의한 수업료의 징수방법 및 징수기일에 의한다.
2. 단비의 수납 및 지출에 관한 회계사무는 학교의 회계사무를 처리하는 부서에서 이를 담당한다.
3. 단비는 당해 학교의 다른 회계와 구분하여 특별회계로 경리하되, 세입·세출예산의 편성·수납·지출 기타 회계처리에 관하여는 학교에 적용되는 각 회계법규 등을 준용한다.

- 부칙

이 영은 공포한 날로부터 시행한다.

한편 대학교학도호국단 운영규정(준칙)을 보면 다음과 같다.[104]

제1장 총칙

- 제1조(목적)

이 규정은 ○○○대학에 설치하는 학도호국단(이하 '학도호국단'이라 한다)의 운영에 관하여 학도호국단설치령(이하 '영'이라 한다) 및 동 영 시행세칙(이하 '세칙'이라 한다)에서 위임된 사항과 기타 시행상 필요한 사항을 규정함을 목적으로 한다.

- 제2조(운영방침)

학도호국단은 영 제1조의 규정에 의하여 "학풍을 쇄신하고 정신전력을 배양하며 배우면서 지키는 호국학도로서의 사명을 완수"함을 기본 이념으로 하여 다음과 같은 운영방침을 세운다.
1. 학도호국단은 세칙 제3조에 의한 운영계획에 의하여 운영한다.
2. 단장을 중심으로 일사불란한 지도체계를 확립한다.
3. 교직원 및 학생전원으로 조직하며 호국단체로서의 역할을 신장한다.
4. 교직원 및 지도요원이 되어 그 부과된 임무를 최대한으로 발휘한다.

---

104) 「대학교 학도호국단운영규정」, 『학도호국단관계규정』(문교부, 1975).

5. 학도호국단의 기본정신에 배치되는 단체의 파생을 억제한다.
6. 각종의 대민봉사 활동에 적극 참여한다.
7. 학생 군사교육을 철저히 실시하여 전시나 사변 또는 이에 준하는 국가비상사태에 대처할 수 있는 태세를 확립한다.

- 제3조(임무)

학도호국단은 영 제12조의 기능을 완수하기 위해 다음의 임무를 수행한다.
1. 국가안보에 관한 정신교육 실시
2. 학생의 면학기풍의 진작
3. 학생군사훈련의 실시
4. 새마을운동에의 참여
5. 의료봉사, 근로봉사, 계몽활동 등의 각종 봉사활동
6. 비상사태하에 있어서의 사회질서 유지
7. 전시하에서의 구호사업의 전개, 파괴시설의 복구
8. 작전지역에서의 군사지원, 협조 또는 지역방위 분담
9. 부서의 주관에 의한 학·예술 및 체육활동
10. 기타 학도호국단의 기능에 따르는 활동

제2장 지도위원회

- 제4조(지도위원회의 기능)

지도위원회는 학도호국단의 운영에 관하여 다음의 사항을 심의한다.
1. 조직 및 편제에 관한 사항
2. 간부임명에 관한 사항
3. 단규의 제정 및 개폐에 관한 사항
4. 학도호국단 이외의 단체에 관한 사항
5. 학도호국단의 예산 및 결산에 관한 사항
6. 학도호국단의 상벌에 관한 사항
7. 기타 단장이 필요하다고 인정하는 사항

- 제5조(상임지도위원회의 임명)

영 제14조의 규정에 의하여 지도위원회를 구성하는 상임지도위원은

다음 각 호의 1에 해당하는 자 중에서 위촉한다.
1. 대학교: 학장 및 이와 동등 이상의 보직을 가진 교수
   대학: 과장급 이상의 보직을 가진 교수 및 3급 이상의 공무원
2. 전호에 해당하는 자가 없을 때에는 단장이 지명하는 교원

- 제6조(상임지도위원 및 지도위원의 임무)
1. 상임지도위원은 지도위원회에 출석하여 의안을 심의하고 위원장이 위촉한 임무를 처리한다.
2. 지도위원(상임지도위원을 포함한다)은 학생제대와 부서를 분담하고 단원의 교내외 활동에 대해 지도한다.
3. 지도위원은 단장이 정하는 바에 따라 학생을 상담 지도하고 그 결과를 단장에게 보고하여야 한다.
4. 지도위원의 학생지도에 관한 구체적인 사항은 단장이 정한다.

- 제7조(분과지도반의 편성)
1. 단장은 지도위원의 임무를 효율적으로 수행할 수 있게 하기 위하여 상임지도위원을 장으로 하는 분과지도반을 편성할 수 있다.
2. 분과지도반은 학년별, 제대별, 기타 학도호국단 활동 부서와 관련하여 편성하되 그 종류 및 정수는 단장이 정한다.

- 제8조(지도위원 연석회의)
단장은 학도호국단의 운영상 필요하다고 인정할 때에는 상임지도위원 및 지도위원으로 구성하는 지도위원 연석회의를 둘 수 있다.

제3장 학생제대 및 운영위원회

- 제9조(학생제대의 편성)
학도호국단의 학생제대 편제는 별표 1과 같이 하되, 남녀공학인 학교에서는 여학생만을 위한 별도의 제대를 편성하여 최고 제대장 밑에 둔다.

- 제10조(제대장 등의 임명)
1. 별표 1에 의한 각 학생제대에는 각각 1인의 장을 두며, 중대 이상에는 1인의 부제대장을 둔다.
2. 중대장 이상의 제대장(부제대장을 포함한다)은 별표 2의 임명기준

에 해당하는 자 중에서 학생처(과)장인 부단장의 추천으로 단장이 임명한다.
3. 소대장 및 분대장은 지도위원이 구성원 중에서 순번을 정하여 중대장이 지명한다.

- 제11조(학생제대장의 직무)
1. 최고학생제대장(사단장, 연대장, 대대장, 중대장이라 표기한다)은 단장의 명을 받아 학생제대와 부속 부서의 업무를 통할한다.
2. 각 제대장은 상급 제대장의 명을 받아 당해 제대에 부관된 임무를 수행한다.
3. 부제대장은 소속 제대장을 보좌하고 제대장이 사고가 있을 때에는 그 직무를 대행한다.

- 제12조(소속 부서)
1. 학도호국단의 운영을 합리적이고 능률적으로 수행하기 위해 최고 학생제대장 밑에 별표 3의 부서를 둔다(1차 감독기관의 승인을 받아 증설할 수 있다).
2. 제1항의 부서에는 부장 1인, 차장 2인과 부원을 두되, 단장이 임명한다.
3. 부서 간부의 임기 및 정수는 단장이 정한다(대대급 이상의 제대에는 필요한 경우 부서를 둘 수 있다).

- 제13조(학생제대의 대외활동)
최고학생제대장은 학생제대가 대외활동을 할 경우에는 제14조의 규정에 의한 운영위원회의 심의를 거쳐 단장의 승인을 얻어야 한다.

- 제14조(운영위원회의 기능)
운영위원회는 학도호국단의 운영에 관하여 다음의 사항을 심의한다.
1. 각 부서의 사업계획 및 활동에 관한 사항
2. 학도호국단의 대외활동에 관한 사항
3. 학도호국단의 동원에 관한 사항
4. 학도호국단의 홍보활동에 관한 사항
5. 기타 최고학생제대장이 필요하다고 인정되는 사항

- 제15조(운영위원회의 구성원)

운영위원회는 다음 각 호의 1에 해당하는 자로서 구성한다.

1. 중(대)대장 이상의 제대장 및 대대급 이상의 부제대장(소규모의 학교에서는 부제대장을 포함한다)
2. 제12조의 규정에 의한 부서의 장

- 제16조(의결)

운영위원회는 구성원 과반수의 찬성으로 의결한다.

- 제17조(의장 및 부의장)

운영위원회의 의장은 최고학생제대장이 되고, 부의장은 부최고학생제대장이 된다.

- 제18조(각 부서별 활동)

1. 제12조의 규정에 의한 부서에는 지도위원 중에서 약간인의 전담지도위원을 둔다.
2. 각 부서별 모든 활동은 전담지도위원의 지도하에 행하여야 한다.
3. 각 부서에는 연간사업계획에 따라 활동하고 기타 중앙학도호국단장의 승인을 받은 이외의 학생활동은 인정하지 아니한다.

제4장 보칙

- 제19조(서무처리)

학도호국단의 단비징수 및 경비지출에 관한 사항과 기타 일반서무는 당해 학교의 사무관장부서에서 담당한다.

- 제20조(개정)

이 규칙을 개정하고자 할 때에는 중앙학도호국단장의 승인을 받아야 한다.

- 제21조(세부사항)

이 규정의 시행에 필요한 세부적인 사항은 단장이 정한다.

- 부칙

이 규칙은 공포한 날로부터 시행한다.

별표 1 학생제대편성기준표

제대명	규모	간부	비고
사단	종합대학	사단장 1인 부사단장 1인	
연대	단과대학	연대장 1인 부연대장 1인	
대대	1개 학년	대대장 1인 부대대장 1인	640인 기준
중대	수개 학년 수개 학급	중대장 1인 부중대장 1인	160인 기준
소대	1개 학년 1개 학급	소대장 1인	40인 기준
분대		분대장 1인	9인 기준

별표 2 학생제대장 및 부제대장 임명기준

1. 5학기 이상 등록한 학생
2. 사상이 건전하고 신체 건강한 학생
3. 지휘 통솔능력이 있는 학생
4. 성적이 우수하고 품행이 방정한 학생
    성적 대학: B학점 기준
    출석 대학: 90% 이상

별표 3 부·차장 임명기준

1. 3학기 이상의 등록을 한 학생
2. 사상이 건전하고 성적이 우수하며 품행이 방정한 학생
    성적 대학: B학점 기준
    출석 대학: 90% 이상
3. 해당 부서에 적성을 가진 학생
4. 학칙에 위반한 사실이 없는 학생

별표 4 사단장 하급부서
연대장 하급부서
대장 하급부서

부서명	부장	차장	분장사
총무부	1인	2인	학도호국단의 기획, 서무, 운영위원회 운영 홍보
훈련부	1인	2인	학도호국단의 훈련 및 동원 업무
문예부	1인	2인	학술 및 문화, 취미, 오락활동
새마을부	1인	2인	새마을운동, 각종 봉사활동
체육부	1인	2인	학생 체위 향상 및 친선활동
지도부	1인	2인	학생의 학도호국단의 규율에 관한 활동
여학생부	1인	2인	여학생의 친목 및 구호활동

한편 고등학교학도호국단 운영규정 역시 대학교학도호국단 운영규정과 별반 차별성이 없다. 다만 제5조 상임지도위원의 임명의 경우 고등학교는 주임급 이상의 보직을 가진 교직원(서무과장 포함)으로 되어 있으며, 제20조 개정에 있어서 규칙을 개정할 경우 고등학교학도호국단은 시·도학도호국단장의 승인을 받아야 하는 것으로 되어 있다. 또한 별표 2에서 학생제대장 및 부제대장 임명 기준에 있어서 고등학교 3학년으로 성적이 '우' 기준이고, 출석은 정근상 이상으로 되어 있다. 또한 별표 4에서 부·차장 임명기준의 경우 고등학교 2학년 이상의 자로서 성적이 '우'기준, 출석은 정근상 이상으로 되어 있다.105)

이상과 같이 학도호국단 설치령의 내용은 학풍을 쇄신하고 정신전력을 배양하며, 배우면서 지키는 호국학도로서의 사명을 완수

---

105) 「고등학교학도호국단운영규정(준칙)」, 『학도호국단관계규정』(문교부, 1975.6.18).

하는 것을 목적으로 하면서 이에 준하여 학도호국단을 조직한 것이다. 이에는 문교부에 설치되는 중앙학도호국단과 시·도에 설치되는 학도호국단, 그리고 대학과 고등학교에 설치되는 학교학도호국단 등이 있었다. 그리고 총재는 대통령, 부총재에는 국무총리가 추대되고, 더 나아가 중앙학도호국단의 단장은 문교부장관이, 부단장은 문교부차관이 선임됨으로써 '관제학생단체'로서의 성격을 드러내고 있음을 볼 수 있다. 특히 시·도학도호국단과 대학학도호국단은 중앙학도호국단의 지휘와 감독을 받게 되어 있었다. 또한 학도호국단의 조직은 종래의 학생회 조직과 달리 선거제가 아니라 분대, 소대, 중대, 대대, 연대, 사단 등 군대식으로 편성되어 있었으며, 제대장을 비롯해서 중대장까지 모두 학교호국단 단장인 학교장이 임명하도록 되어 있었다. 이러한 군대식 편제를 통해 유사시 학생들을 동원하고 통제하기 쉽게 했던 것이다.

특히 학도호국단 간부들의 임명기준은 사상이 건전하고 성적이 우수하며 품행이 방정한 학생이어야 하고, 학칙에 위반한 사실이 없는 모범적인 학생이어야 했다. 이는 유신체제에 잘 순응하는 학생이어야 함을 의미한 것이다. 그리고 학도호국단의 운영은 중앙학도호국단과 시·도학도호국단에는 단장·부단장 및 지도위원으로 구성되는 지도위원회가 있어 학도호국단 운영의 기본적인 정책이나 방침을 논의하고 결정하여 하부 학도호국단을 지휘 감독하게 된다. 따라서 학생들에 의한 자치적인 운영이 이루어지지 못했다. 특히 학교학도호국단의 지도위원회에는 교원들도 참가했다. 즉 종래의 학생회는 학생들만으로 구성되어 있었지만 학도호국단은 교원과 학생이 다같이 학도호국단의 일원으로서 조직체를 이루고 있고, 또 함께 힘을 합하여 활동을 전개해 나가도록 되어 있어 이것이 한 특색이기도 했다. 그리고 이러한 특색은 학생운동을 보다 잘 통제하기 위함이었다.

또한 운영위원회는 학도호국단의 운영에 관하여 다음의 사항을 심의했다. 첫째, 각 부서의 사업계획 및 활동에 관한 사항을 1월 말까지 완성한다. 둘째, 학도호국단의 대외활동에 관한 사항. 셋째, 학도호국단의 동원에 관한 사항. 넷째, 학도호국단의 홍보활동에 관한 사항. 운영위원회의 구성은 중(대)대장 이상의 제대장 및 대대급 이상의 부제대장, 부서의 장·차장으로 구성된다. 학도호국단 운영위원회 개최는 대상 인원의 경우 연대장, 부연대장, 대대장, 부대대장, 부대장, 부서장·차장으로 한다. 희의 개최 시기는 해당시기 말에 주요 행사에 대한 내용을 주제로 한다.106) 그리고 학도호국단의 운영방침은 단장을 중심으로 일사불란한 지도체계를 확립하고, 교직원 및 학생 전원으로 조직하며 호국단체로서의 역할을 신장하고, 학생군사훈련을 철저히 실시하여 전시나 사변 또는 이에 준하는 국가비상사태에 대처할 수 있는 태세를 확립할 것을 정했다.

특히 학도호국단은 군사조직체계로 편제되어 유신체제를 물리적으로 뒷받침하고 있었다는 점에서 '준군사단체'로써의 성격도 가지고 있었다. 편제만 보더라도 대통령을 구심점으로 교수·학생의 일사불란한 지도체제였다는 것을 알 수 있다. 또한 군과 똑같이 제대편성을 하며, 교련을 강화하여 주당 2시간에서 4시간으로 늘린 점이나 1학년 때 10일간의 병영집체훈련을 받도록 되어 있는 점, 군복무를 마친 자라도 교내에서 교련학점을 이수하여야 하는 점 등은 군사적 기능을 강하게 뒷받침해 주는 것이다.107) 이로써 학

---

106) 조석호(선린상고 교사), 「학도호국단 운영의 실제」, 『수도교육』 46, 1979.6, 19~20쪽.
107) 「호국학도의 무장」, 『충대신문』 1975.7.21.

도호국단은 유신체제의 통치이념을 철저하게 실천하고 유신체제에 동원되는 대표적인 단체였음을 알 수 있다.

　이러한 학도호국단의 군사적 성격은 문교부의 '학도호국단 단번 부여방안'에 따라 학도호국단원의 효율적인 인적 관리 및 동원체제 확립을 위해 학도호국단 단번(신학번)으로 개정된 사실에서도 나타나고 있다. 신학번은 학번과 학도호국단 단번을 일원화하여 효율적으로 관리 운영하기 위한 것으로 학교별 번호를 추가하고 입학년도를 기준으로 했다. 1976년 3월 25일자 문교부 지시에 의해 10자리 단위로 구성되었던 신학번은 처음 세 자리는 고유 학교 번호, 다음 두 자리가 입학년도, 세 번째 두 자리는 학과번호이고, 네 번째 세 자리가 학생번호로 되어 있었다. 평상시에는 단번을 학번으로 하여 학사행정 전반에 걸쳐 활용하고, 전시에는 단번을 군번으로 대체하도록 되어 있었던 것이다.[108] 새 학번은 효율적인 인사관리와 동원체제를 갖추기 위한 것이었다.

　이 같이 학번이 학도호국단 단번으로 교체됨에 따라 변경될 휴학자, 군입대자의 단번부여방법은 다음과 같았다.[109]

- 휴학자 군입대자는 일단 단번사용을 중지하되 복교시 종래 단번을 재사용한다.
- 동일학과의 일련번호는 반드시 연번이어야 하나 휴학자, 입학 등으로 생긴 결번은 보충해서는 안 된다.
- 휴학자, 제대 복학자의 입학년도는 종전 학번 부여시도 본인의 입학년도를 사용하였으므로 단번도 학번 부여시와 동일하게 본인의 입학년도를 사용한다.

---

108) 「학번, 학도호국단 단번으로 개정」, 『외대학보』 1976.4.1; 「학번이 바뀐다」, 『연세춘추』 1976.3.29.
109) 『전남대학보』 1976.4.29.

- 편입자의 입학년도는 편입학생의 소속한 학년의 입학년도에 따른다.
- 이 밖에도 계열별로 입학한 학생들은 계열별로 단번을 부여받았다가 학과가 확정되면 단번을 재부여한다.

한편 이상과 같은 학도호국단 설치령에 따라 문교부는 종래의 학생회 조직은 물론 각종 서클 및 과별학회도 모두 학도호국단 부서 안으로 흡수하고, 학생자치단체 및 그 활동을 일체 인정하지 않기로 했다. 즉 각 부서별 모든 활동은 전담 지도위원의 지도하에 행하며, 각 부서는 연간 사업계획에 따라 활동하고, 기타 중앙학도호국단의 승인을 받은 이외의 학생활동은 인정하지 않았다. 이러한 문교부 방침에 따라 학도호국단 조직에 흡수되지 않은 종래의 이른바 이념서클 등 문제된 학생서클들은 모두 자동 해산되었다.110)

1975년 7월 10일 현재 각 대학의 학도호국단 조직 및 학생서클 정비상황을 보면 연세대의 경우 문교부가 학도호국단 운영규정 준칙에서 제시한 총무부, 훈련부, 문예부, 새마을부, 체육부, 지도부, 여학생부 그리고 추가로 인정받은 종교부 등 8개 부서에다 14개회 48개 반으로 학도호국단 조직을 완료했다.111) 그 관장사무를 보면 총무부는 학도호국단의 기획·서무·운영위원회 운영 홍보를 맡고 있었고, 훈련부는 학도호국단의 훈련 및 동원업무를, 문예부는 학술 및 문화·취미·오락활동을, 새마을부는 새마을운동 등 각종 봉사활동을, 체육부는 학생 체위향상 및 친선활동을, 지도부는 학생의 학도호국단의 규율에 관한 활동, 여학생부는 여학생의 친목 및 구호활동 등을 맡고 있었다.112) 이처럼 모든 서클은 학생처에 등록해야

---

110) 『동아일보』 1975.7.11.
111) 같은 신문, 1975.7.11.
112) 양종구, 앞의 논고, 19쪽;「학도호국단 발단식 거행」,『외대학보』 1975.7.16.

하며 학도호국단의 이념에 위배되지 않는 서클이여야만 활동이 가능했던 것이다.113)

그리하여 학도호국단의 기본정신에 배치되는 단체의 파생을 억제하고, 학도호국단의 학생제대가 대외활동을 할 때는 당해 운영위원회의 심의를 거쳐 단장의 승인을 얻도록 했으며, 학도호국단에 소속되지 않은 학생단체를 조직할 때는 지도위원회의 심의를 거쳐 학생단체의 목적·명칭·위치·규약·단원 명부 및 지도위원회의 의견서를 첨부 신청토록 하는 한편, 각급 학교에 상임지도위원을 장으로 하는 분과 지도반을 편성해 학생지도임무를 효율적으로 수행할 수 있도록 규정했다. 각급 학교의 학도호국단장은 매 학년도 1개월 전에 학도호국단 운영계획서를 제출하여 상부의 승인을 받아야 하며, 또 학년 말 2개월 이내에 결과보고서를 제출토록 했다.114)

더 나아가 수도여자사범대학 학도호국단 신설에 따른 학칙 개정에 따르면 학생은 학내외를 막론하고 정당 또는 정치적 목적의 사회단체에 가입하거나 또는 기타 정치활동을 할 수 없으며, 집단적 행위·성토시위·농성·등교거부·마이크 사용 등으로 학업에 지장을 초래하는 어떠한 행위도 할 수 없었다. 그리고 학생단체 또는 학생이 다음에 열거한 행위를 하고자 할 때에는 학장의 승인을 받아야 하며, 가항의 집회에 있어서는 목적·개최일시·장소 및 참가 예정 인원 등에 대해 승인을 얻어야 했다.115)

    가. 교내의 10인 이상의 집회
    나. 교내광고, 인쇄물의 첨부 또는 배부

---

113) 「학도호국단 발단식 거행」, 『외대학보』 1975.7.16.
114) 「호국단 조직」, 『조대신문』 1975.6.21.
115) 「학도호국단 신설에 따른 학칙 개정 일람」, 『수도사대』 8(수도여자사범대학 학도호국단, 1975), 267쪽.

다. 각 기관 또는 개인에 대한 학생활동 후원 요청 또는 사상의뢰
라. 외부 인사의 학내 초청

그리고 학생단체 또는 학생의 모든 정기·부정기 간행물은 지도교수(지도위원)의 추천과 학장의 승인을 받아 발행하며, 간행물의 편집은 학장이 위촉하는 약간 명의 지도교수(지도위원)가 지도하고, 인쇄된 간행물은 배포 전에 학장의 승인을 받아야 했다.116)

이처럼 학도호국단이 설치됨으로써 기존의 학생서클은 모두 이에 흡수·통합되었고 이에 흡수되지 못하는 이념서클 등 문제시되는 학생서클은 모두 자동으로 해산되었다. 이로써 유신체제에 저항하는 학생단체들은 모두 해체되고 원천적으로 그 조직이 봉쇄되었으며, 학생들의 정치적 활동이나 시위행동은 일체 금지되었다. 더 나아가 학생들의 대외활동은 철저하게 통제되었으며, 간행물 발간 등 사상의 자유도 억압되었다. 그리하여 학도호국단은 유신체제를 옹호하고 유지하기 위한 '관제어용학생단체'이자, 유신체제를 위해 동원되는 '준군사단체'로써 조직되었던 것이다.

4. 학도호국단의 활동

위에서 기술한 바와 같이 학도호국단의 기본적인 임무는 첫째로 국가안보의식의 강화, 둘째로 면학학풍의 진작, 셋째로 군사훈련의 실시, 넷째로 새마을운동에의 참여 및 사회봉사활동의 전개, 그리고 서클활동, 비상사태하에 있어서의 사회질서 유지와 지역방위의 분담 등이다.117)

---

116)「학도호국단 신설에 따른 학칙 개정 일람」, 같은 잡지, 267쪽.

이러한 기본임무에 따라 각 대학학도호국단의 활동사항을 구체적으로 살펴보면 다음과 같다. 우선 1975년도 중앙학도호국단으로부터 승인된 인하대학 학도호국단의 운영계획서 내용은 이러하다. 첫째로 임무를 보면 국가안보에 관한 정신교육 실시, 학생의 면학학풍 진작, 학생군사훈련실시, 새마을운동에의 참여, 의료봉사·근로봉사·계몽활동 등의 각종 봉사활동, 비상사태하에 있어서의 사회질서유지, 전시사태하에서의 구호사업의 전개와 파괴시설의 복구, 작전지역에서의 군사지원·협조 또는 지역방위 분담, 부서의 주관에 의한 학·예술 및 체육활동, 기타 학도호국단의 기능에 따르는 활동이다. 둘째로 목표를 보면 확고한 시국관과 국가관의 확립, 일사불란한 학생조직으로 단결도모, 호국학도로의 국가적 사태의 사명완수, 국가방위력 증대, 사회능률개발, 호국학도로서의 면학분위기 조성이며, 셋째로는 방침을 보면 국가안보에 관한 정신교육을 철저히 한다. 학생조직을 군사체제로 편성하여 동원체제를 확립한다. 건전한 면학풍토 조성·군사교육 강화·부서활동을 합리적이고 능률적으로 전개한다. 새마을운동에의 참여 등이다.[118]

또한 1978년도 단국대학교 학도호국단의 활동을 보면 간부후보자 사전평가회, 간부 이취임식, 간부 멤버십 트레이닝, 면학풍토조성캠페인, 신구간부간담회, 꽃꽂이 전시회, 학술연구 발표대회, 호국단 매스컴 친선체육대회, 1학년 병영집체훈련, 여학생 수련회, 학장배쟁탈체육대회, 흑곰기 쟁탈등산대회, 자연보호캠페인, 서클대항 체육대회, 단국인의 밤, 학도호국단 정기검열, 축구시합격려 및 응원, 럭비시합격려 및 응원, 학도호국단 간부 통일연수교육, 간부 새마을지도교육, UNSA주최 자선음악회, 전국대학생 학술연구

---

117) 「식사」, 『충대신문』 1975.6.30.
118) 「학도호국단 운영계획서 승인」, 『인하대학신문』 1975.9.15.

발표대회, 일선장병위문, 상이용사촌 위문, 불우이웃돕기, 총장님과 간담회 등이 있었다. 또한 1979년도 활동을 보면 학도호국단 간부 동계수련회, 사단장 유럽지역 방문, 예산편성, 수험생을 위한 봉사, 졸업생 기념품 증정, 면학분위기 조성 캠페인, 춘계럭비시합 격려, 복지사업, 신입생 환영회, 한식제, 지도부월결단 및 수련회, 땅굴견학, 본교 대 천안체육대회, 축전포스터 현상모집, 방송제, 합창경연대회, 전야제, 응미과 도자기 바자회, 성화제, 한남축전개회식, 공개행사, 연극공연, 단국가족과 함께, 웅녀들의 잔치, 경노잔치, 서클대항 장기자랑, 다스코라일라이트, 후보생의 밤, 문인초청강연회, 미니오락실, 박달뮤직 훼스티발, 체육제, 여학생 미용강좌, 민속놀이 대행진, 한남축전폐회식, 웅비의 밤, 전방부대 위문, 상이용사촌 방문, 춘계대학농구연맹전 응원, 학도호국단지 원고모집, 단국인상 정립사업 추진위원회 간담회, 봉사활동, 여학생 간부 연군단입영, 국군묘지참배, 육영수 여사 묘소 참배 등이 있었다.119)

또 한편 지방대학의 경우 1978년도 조선대학교 학도호국단 사업활동을 보면 입학식 및 개강식, 학도호국단 간부임명식, 59개 학도호국단 산하 서클 등록, 장학재단의 장학금 전달식, 제대장·서클 회장 연석회의, 1978년도 취락구조 개선사업 및 주택개량마을 자매결연, 춘계 전국하키리그전 전국제패, 학술발표회, 신입생환영체육대회, 교생실습, 면학분위기 개선 다짐, 강연, 호우회 전방 위문 및 시찰, 교육방송국 개국기념행사, 새마을 연수교육, 친선체육대회, 여학생 교양강좌, 병영집체훈련 첫 입소, 전교생 및 교직원 모내기 노력봉사, 현악연주회, 격전지 순례 대행진, 하계봉사 사전교육, 원호성금전달, 동창회 및 상임이사회, 해외동포 모국방문 성

---

119) 『단원』 11(단국대학교 학도호국단, 1979), 317~320쪽.

금전달, ROTC 병영입소훈련, 하계노력봉사, 대학생연합하계봉사에 대한 감사패 전달, 사단장 자유중국 방문, 의과대학 무의촌 봉사활동, 남학생 교련행군 실시, 각종 전시회, 단과대학 대항 민속놀이제, 조대극회 공연, 자연보호 활동전개, 학술발표회, 교련교육 사열, 통일문제 학생세미나, 학도호국단 간부 및 각 단과대학 대표학생 전방위문 및 시찰, 전남북 지역대학 새마을운동 종합발표회 등이 있다.[120]

그리고 종교대학으로서 1976년도 총신대학 학도호국단의 주요 활동을 보면 행정관리로서 기획조직관리(호국단 조직경비, 운영계획 작성 및 예산편성, 운영위원 활동, 호국단 경영)·사무관리(사무용품 확보, 비품 확보, 문서관리 보전)·위원회 운영(정기지도위원회, 정기운영위원회, 각 분과별 지도반회의, 간부수련회)·홍보(교내홍보, 교외홍보)가 있으며, 학예술활동으로 우선 학술활동은 학술공개강좌·학술논문현상모집 발표·교수세미나·여학생 교양강좌·교지발간·개교기념음악발표회·방송반활동·선교세미나 등이 있고, 체육활동으로 개교기념 체육대회가 있었고, 취미 및 레크레이션 활동으로서 레크레이션 리더 양성·취미활동·바자회 등이 있었다. 또한 학풍쇄신 및 호국기강 확립으로 고유학풍 조성(헌신예배, 신입생을 위한 강좌, 여학생 철야기도회, 부활절 예배)·학원정풍(학원정풍을 위한 캠페인) 등이 있었으며, 새마을사업 및 봉사활동으로서는 각종 수련활동(수원새마을지도자연수원입소, 중앙교육연구원입소 수련)과 새마을활동·봉사활동(고아원방문, 하기봉사활동, 동기봉사활동) 등이 있었다. 그리고 군사교육강화로서 입영집체교육(육군행정학교 입영교육, 조국순례 대행진, 격전지 대

---

[120] 「78학년도 학도호국단 사업보고」, 『조대학보』 12(조선대학교 학도호국단, 1978), 377~378쪽.

행군, 군선교 세미나)·군사교육강화와 야외훈련 등이 있었다.121)

이러한 각 대학학도호국단의 활동은 문교부에서 발표한 학도호국단 설치령의 기준에 따라 이루어진 것이었다. 즉 학도호국단의 추진사업은 통일연수교육, 국가안보에 관한 정신교육 실시, 강연회 및 학술대회 개최 등 학생의 면학학풍의 진작, 학생 군사훈련의 실시와 군사교육 강화, 새마을운동에의 참여, 의료봉사·근로봉사·계몽활동 등의 각종 봉사활동, 체육대회 등 친교활동 등으로 추진되었음을 알 수 있다. 이는 유신체제의 통치이념을 실천하여 학생들을 유신체제에 동원하고 그 사상을 통제하는 것이었다. 이러한 학도호국단의 주요활동을 구체적으로 살펴보면 다음과 같다.

1) 국가안보의식의 강화

우선 학도호국단의 활동 중 중요한 것은 학생들의 안보관념을 강화하고 학생들의 전력화로 국가방위력을 증대시키는 데 있었다. 즉 국가안보를 위한 정신전력을 배양하는 일이다. 정신전력은 정신교육을 통하여 배양할 수 있다. 국가의 안보에 직결되는 정신교육에서 강조된 점은 다음과 같다. 첫째, 바른 국가관을 확립하는 일이다. 민족사적 정통성을 인식시키고 주체의식을 고취하여 외래의 사상이나 풍조에 대한 비판력을 높여 취할 것은 취하여 우리 것으로 소화해 버리고, 버릴 것은 단호히 추방해 버리는 태도를 길러 주어야 한다는 것이다. 국가 없이는 개인의 생존을 유지할 수 없음을 이해시켜 국가의 발전이 나의 발전의 근본임을 깨닫게 해준다.

---

121) 「총신대학 학도호국단 사업현황」, 『총신』 1(총신대학 학도호국단, 1976), 254~255쪽.

둘째, 통일에 대비한 사상교육을 강화하는 일이다. 6·25 당시의 공산당의 잔학상을 느껴 알게 하고, 북한의 대남심리전의 양상을 주지시키는 등 공산당의 악독한 실태를 이해시키고, 공산주의에 대한 투철한 비판능력을 길러 반공의식이 생리화되도록 지도한다는 것이다. 북한으로부터의 남침 위험성이 어느 때보다도 높아져 있는 현실을 깨닫게 하고, 국제정세의 긴박성을 이해시키는 효율적인 역사교육이 대단히 중요하다고 보았다. 한편 자유민주주의의 발전과정을 하나 하나의 역사적 사실들을 통해 오늘날의 민주주의가 얼마나 많은 피의 대가로 얻어진 결과인가를 보여 줌으로써 자유민주주의의 우월성을 확신케 하고, 자유에 대한 확고한 신념과 아울러 자유 아니면 죽음을 달라는 비장한 결심으로 이를 지키겠다는 의지를 갖도록 지도한다는 것이다. 셋째, 국민총화를 선도하는 일이다. 적을 앞에 두고 가장 중요한 일은 모두가 한 마음으로 단결하는 일로써 이 단결이 적을 이기는 근본이라는 것이다. 그리고 이 단결하는 일이 바로 국민총화이며 이를 이룩하려면 먼저 모두가 조국통일과 민족중흥을 달성하기 위한 공동의 목표의식을 굳건히 가져야 한다고 보았다. 또 국민 간의 동질감을 조성하기 위해 지나친 호화나 사치는 절대 금물이다. 이는 상호 간에 위화감을 자아내기 때문이다. 때문에 오히려 적극적으로 불우이웃돕기운동을 전개하여 국민총화를 선도하도록 노력해야 한다는 것이다. 넷째, 이와 같은 정신교육은 학교교육의 모든 영역에서 이루어져야 하는데, 그 주요 기회가 어떤 것인지 보면 우선 전 교과시간에 계획성 있는 지도를 하고, 특히 도덕과 교련시간에 중점적으로 다룬다. 또한 조·종례의 훈화시간에 강조하며, 특별활동시간에 소집단교육으로 집중 지도한다. 더 나아가 모든 학교 행사에 유의 반영하고, 환경구성의 게시교육에 효과적으로 배려한다는 것이다.[122]

이러한 정신교육은 한민족의 역사 속에 면면히 흐르고 있는 호국정신을 발전시켜 국민총화를 다짐하는 '유신정신'과 자주성과 협동성을 강조하는 '새마을정신'으로 발전하여 집약된 국민정신으로 형성되어 있다. 이와 같이 유신정신과 새마을정신으로 집약된 국민정신을 교육과 생활을 통해 학생들에게 배양시켜야 한다는 것이다. 국민정신의 구현방법으로서는 안보연수회를 추진하여 교직원의 정신자세를 확립하고 반공 웅변대회 개최·일일 승공학교 개설·반공화보 수시 게시로 학생들에게 안보의식을 자각시키고, 전 교과시간에도 각 교과의 특성에 맞게 관련지어 교육시킴으로써 국가와 남을 위해서 자신을 희생할 수 있는 '충효 사상'을 심어 주고 일등국민으로서의 긍지와 자부심을 길러 주어 여기에 알맞은 생활태도를 갖도록 한다는 것이다.123)

　그리고 호국정신과 멸공정신을 함양하기 위해 긴장의 현장인 전방을 돌아보고 격전지를 순방하기도 했으며, 땅굴을 탐방하기도 했다.124) 즉 격전지를 시찰하고 북한이 판 땅굴을 몸소 체험하여 대학생들의 안보의식과 반공정신에 입각한 국가관을 가일층 고취시키고 확립시키려 했다. 구체적인 예를 든다면 조선대학교 전방시찰단은 전방의 격전지 순례 이후 말로만 듣고 생각하는 반공을 직접 체험하고, 호국학도의 자세 확립을 다짐하며 총력안보의 필요성을 재인식하기도 했다.125) 특히 학생들은 땅굴을 보고 와서 이는 "북괴 도발 야욕의 구체적 표현"이며, 비록 총성은 울리지 않고 있지만 엄연한 전쟁 속에 살고 있다는 것을 잊지 말아야 한다고 다짐

---

122) 이회우, 앞의 논고, 29~30쪽.
123) 양종구, 앞의 논고, 19쪽.
124) 「긴장의 현장」, 『외대학보』 1975.12.16.
125) 「총력안보 필요성 재인식」, 『조대신문』 1975.10.21; 「호국학도 사명절감」, 『전남대학보』 1975.10.2.

했다.126) 더 나아가 전남대학교에서는 땅굴견학을 마치고 좌담회를 했는데 여기서 사람들은 지금까지의 반공교육이 피상적이고 감정에 치우친 것이었다면 이제는 6·25를 경험하지 못한 세대들에게 반공교육을 재정비하여 북한 공산주의자들과 논쟁해도 이길수 있는 이론무장을 갖추어나가야 하며, 조국의 현실을 직시하고 경각심을 갖고 총력안보에 적극 나서야 한다고 역설하기도 했다.127) 특히 땅굴을 시찰하고 돌아온 대학생들은 호국학도로서의 자세를 가다듬어 내일에 대처하고 통일꾼으로서의 역할을 다하겠다고 다짐하기도 했다.128)

이처럼 학도호국단은 조국통일과 민족중흥의 달성이라는 목표 아래 자유민주주의의 우월성을 확신하게 하고 국가안보의식을 강화하며 올바른 국가관과 통일에 대비하는 사상교육을 강화하여 반공의식을 생리화하는 등 유신정신과 새마을정신을 구현시키고, 긴장의 현장인 격전지 순방과 땅굴 견학 등을 통해 호국정신과 멸공정신을 함양시키고자 했다. 그리하여 학생들은 호국학도로서 철저한 이론무장을 통해 북한과의 싸움에서 이기고 더 나아가 남북통일의 역군으로서의 역할도 다짐했다. 이는 학도호국단이 유신이념을 철저하게 실천하는 전위대임을 말해주는 것이다.

2) 면학학풍의 조성

박정희 정권은 1960년대 이후의 비약적인 경제성장과 사회발전은 고도의 지식과 학문을 지닌 인재를 더욱 요구하게 되었고, 이

---

126) 『전남대학보』 1975.10.2.
127) 같은 신문, 1976.4.22.
128) 「호국의 의지 넘치는 전선」, 『중대신문』 1979.3.15.

에 부응하기 위해서 면학이 필연적으로 요청된다고 주장했다. 특히 북한과 대치하고 있는 상황과 선진국에로의 발돋움을 하고 있는 현재는 과거 어느 때보다도 대학생의 면학이 절실히 요청된다고 보았다.129) 앞서 살펴보았듯이 1973년 말 이후 1975년도 학원가에서 빈번하게 발생하는 반유신체제 저항운동을 무마시키고 통제하기 위해서는 면학학풍 조성을 강조할 필요가 있었던 것이다.

학도호국단 창설의 배경에서 언급한 바 있고 또 법규상의 기본방향을 살펴보면 학도호국단 설치의 근본목적이 학풍을 쇄신하는 데 있음을 알 수 있다. 그러므로 각 학교에서 학도호국단을 조직하고 난 뒤 제일 먼저 노력한 일은 면학학풍을 진작하는 일이었다. 면학학풍을 진작하는 방안으로서 중요하게 제시된 것은 다음과 같다. 첫째, 근본적으로 중요한 일은 선생님들이 수업을 충실하게 하는 일이다. 모든 교원들이 지금까지도 알찬 수업을 하려고 부단한 노력을 해 왔겠지만 학도호국단 창설 이후에는 학도호국단 설치의 근본목적을 재인식하여 종전보다도 더 충실한 수업을 하도록 힘써야 한다고 보았다. 교재의 내용이나 수업의 방법에 대한 사전연구를 게을리 하지 않음은 물론 학습지도 자료의 준비에 만전을 기하도록 해야 한다는 것이다. 특히 강조되어야 할 점은 학생들로 하여금 생각하게 하는 수업을 하자는 것이다. 바꾸어 말하면 창의성이나 탐구력을 기르는 학습지도를 하자는 것이다. 둘째, 소정의 수업일수와 시간수를 철저하게 확보하는 일인데, 바꾸어 말하면 수업시간을 절대로 빼먹지 말자는 것이다. 그러기 위해 각 학교에서는 행사를 줄이도록 하고, 꼭 해야만 하는 행사는 간결하게 집약하여 요령 있게 실시하고, 그로 인한 결손시간은 반드시 보충하도록 노력

---

129) 「면학분위기 심화를 위한 실질적 방안」, 『충대신문』 1976.11.22.

해야 한다는 것이다. 셋째, 학습환경을 정비하는 일이다. 이 학습환경에는 도서실, 음악이나 미술실, 과학실험실, 또는 체육관 등의 시설이나 여러 가지의 기구들을 보다 충실하게 갖추는 일과 조경 등 환경을 미화하거나 게시물을 첨부하는 등의 학습환경을 구성하는 일이 있는데, 양쪽 다 깊은 연구와 신중한 검토를 거쳐서 높은 교육적 효과를 올리도록 하여 면학학풍을 조성하는 데 효율적인 촉진제가 되도록 해야 한다는 것이다.130)

그리하여 면학분위기 조성을 위해 전남대학교의 경우 학내생활 시간연장을 위한 지침을 마련하기도 했다. 이는 1976년 3월에 열린 대학교총학장회의에서 유기춘(柳基春) 문교부장관이 지시한 것이다. 실천지침의 내용은 다음과 같다.131)

 1. 도서관의 시설확충 및 운영개선
  1) 열람석의 증설 및 과제도서실 확보
  2) 신간도서 및 열람자료의 추가 확보
  3) 도서관 내의 환경개선
  4) 근무직원의 증원 및 봉사체제 강구
  5) 개관시간 연장
 2. 학생복지 및 체육시설 확충과 그 운영개선
  1) 학생회관, 체육시설의 신설확충(코치 초빙, 특별강습)
  2) 운영제도 개선
  3) 다양한 취미, 오락시설 증강
  4) 이용시간 연장
 3. 학생들의 과외활동에 교수참여의 의무화
  1) 건전한 과외활동 적극 권장

---

130) 이회우, 앞의 논고, 28~29쪽.
131) 「학내생활연장지침」, 『전남대학보』 1976.4.15.

2) 모든 과외활동에 관계 교수 원칙적 참여
  3) 학내의 각종 특강으로 인한 정규수업지장 방지
  4) 방과 후 개최로 다수 학생 참여 권장
  5) 특별프로그램의 개발 및 학내 과외행사의 공보 철저
 4. 학내의 학술활동 확대 및 다수 학생 참관 유도
  1) 각 분야의 학술활동 확대권장
  2) 다수 학생의 참관 유도
  3) 학보 및 학회지를 통한 활동내용의 사전·사후 홍보
 5. 학내의 건전한 기풍진작을 위한 선도활동 확대
  1) 대학새마을 행사의 계속 전개
  2) 주기적 면학캠페인 및 호국학생상 확립운동
  3) 각종 위문 및 다양한 봉사활동
  4) 학내외의 주변환경 개선

특히 면학분위기 조성을 위한 사전 예방활동의 내용은 다음과 같다. 첫째, 정문 등교지도이다. 학생들의 등교지도를 위하여 학급 정·부담임이 1개조가 되어 일과 개시 1시간 전에 출근해 용의 복장, 쾌기 있는 걸음걸이와 보행규칙, 인사 잘하기, 시간 잘 지키기 등에 대한 지도를 단장님을 선두로 연중 실시한다. 둘째, 교내순시의 강화이다. 항상 휴식시간에 실내 정숙을 기함으로써 교실을 도서실화하는 기풍을 기르고, 청결정돈을 위한 주변활동을 강화하여 정서순화에 힘쓴다. 셋째, 자체 교외지도 강화이다. 넷째, 불시 소지품 검사이다. 각부 주임을 조장으로 하여 2~3명이 1개조로 편성되어 예고 없이 학생들의 소지품을 검사하여 필요 이외의 소지품을 제거하는 동시에 각종 사고요인을 미연에 방지하게 했다. 다섯째, 일차적으로 지도교사가 선도를 필요로 하는 학생과 면담한 다음, 2차적으로 본인 자신이 지도교사를 선정케 하여 상담·지도

하도록 했다.132)

　이러한 면학분위기 조성과 함께 학내 퇴폐풍조 일소를 위한 환경정화 캠페인이 전개되기도 했다. 예를 들어 충남대학교 학도호국단 지도부에서 내건 환경정화를 위한 10대 시행사항을 보면 다음과 같다.133)

    1. 학내 부조리 제거
    2. 학내 새마을운동의 전개
    3. 건전 가요 및 건전 오락의 보급
    4. 시험부정행위의 근절
    5. 적극적인 수업태도
    6. 화기단속 철저
    7. 언어정화운동의 전개
    8. 단정한 용모
    9. 동계봉사활동의 적극적인 참여
    10. 교수, 학생, 학교당국의 일체감 형성

　학원정화운동은 학도호국단의 결성이 학원의 질서와 안보의식 강화에만 그 목적이 있는 것이 아니라, 학원 깊숙이 파고드는 히피풍조와 청바지 문화로 대변되는 서구 야만문화를 배척하고, 보다 건설적인 학원윤리를 확립하는 데 목적이 있었던 것이다.134) 이는 유신체제 통치이념의 하나인 사회혁신을 실천하기 위한 것이기도 했다.
　이상과 같이 학도호국단의 기본적인 활동으로 제시된 면학학풍의 조성은 표면적으로는 수업을 충실히 하고 학습환경을 정비하는

---

132) 조석호(선린상고 교사), 앞의 논고, 20쪽.
133) 「대학의 본래 사명 다하자」, 『충대신문』 1975.12.1.
134) 「식사」, 같은 신문, 1975.6.30.

데 목적이 있었으나, 근본적으로는 학생들이 시위행동에 나서지 않도록 하기 위함이었다. 그리하여 학생들의 과외활동에 교수들이 의무적으로 참여하고 학내의 건전한 기풍진작을 위한 학생선도활동이 확대되도록 하는 지침이 내려졌으며, 더 나아가 학생들의 교외지도를 강화하고 소지품을 검사하도록 해 학생들의 시위활동이 사전 예방되기도 했던 것이다. 요컨대 면학분위기 조성은 결국 학생들의 사상선도 및 데모방지에 그 목적이 있었다고 할 수 있다. 이로써 박정희 정권은 학생들의 사상을 보다 철저하게 통제할 수 있었다.

3) 군사훈련

학도호국단 운영에 관한 교과활동 중 다음으로 중요했던 것이 군사훈련이다. 즉 학도호국단의 사명 중 중요한 것은 배우면서 지키는 호국학도가 되는 길이었으며, 이를 위해 나라 지키는 능력을 기르는 것이었다. 이것이 곧 학생들에게 과하는 군사훈련이다.

학교의 학생 군사훈련은 크게 두 갈래로 나누어 볼 수 있다. 첫째, 교련교과 시간에 실시하는 군사교육이 있다. 소정 교육과정에 의거하여 정신교육과 실기교육을 병행시켜 나가는 것이다. 특히 모든 분야의 실기의 기본동작은 이 시간에 철저히 숙달되도록 훈련되어야 한다. 둘째, 학년 단위 또는 전교를 단위로 하는 큰 규모의 집단군사훈련이 있다. 이 훈련에는 행사나 검열의 형태를 띠는 것도 있다. 이때에 특별히 유념할 것은 많은 사람들이 동시에 움직이는 훈련이므로 사전에 주도면밀한 계획을 세워서 시간이나 정력 또는 경비의 낭비가 없도록 최대한의 노력을 경주하여야 한다는

점이다.135)

당시 국제정세나 북한의 도전양상이 새로운 위기를 조성한다고 보아 교련교과의 중요성과 그 효율적인 운영이 절실한 과제로 제시되었다. 그래서 우선적으로 교련교육의 방향은 총력안보태세의 확립을 위해 학도호국단의 전력화(戰力化)와 학생들로 하여금 시대적 사명감을 갖게 함은 물론 현재 우리들이 처해 있는 민족의 숙원인 조국통일과 국제사회에서의 경쟁을 이겨내는 조직적인 국력배양을 지향하는 것이었다. 그리고 교련교육의 내실화를 기하여 강인한 정신력과 협동단결심을 배양하고, 집단질서를 확립하여 배우면서 나라를 지키는 호국학도로서의 사명을 다할 수 있는 자세를 확립시키려 했다.136) 특히 학도호국단의 전력화를 뒷받침하기 위해서 효율적인 교육방법의 개발과 정신전력의 배양, 정확한 기초군사실기의 완성, 규율과 질서의 생활화, 학도호국단의 편성과 군사교육 편성의 일원화 등을 중점적으로 시범하도록 되어 있었다.137) 그리하여 학생군사훈련의 목적은 유신체제의 통치이념을 달성하기 위한 것으로 조국통일을 위한 조직적인 국력배양과 총력안보를 내실화하고 정착시키기 위한 것이었다.

대학군사교육은 1968년 향토예비군조직에 이어 그해 2학기부터 전국 11개 시도에 교련시범학교를 설치하여 처음 실시되기 시작했다. 1969년에는 7개 도시 소재 대학 및 고등학교에 확대됐다. 1970년 1학기에 전국의 대학 및 고등학교로 확대 시행되고 2학기부터는 여자고등학교 및 교대여학생에게 구급법과 간호교육 및 질

---

135) 이회우, 앞의 논고, 30쪽.
136) 이일영(김해고등학교 교장), 「교련교육의 실제」, 『교육경남』 55(경상남도 교육위원회, 1977.6), 53쪽.
137) 윤대희(김해여자고등학교 교장), 「교련교육의 실제」, 『교육경남』 55(경상남도 교육위원회, 1977.6), 61쪽.

서훈련을 실시했다. 1971년 교련교육을 대폭 강화하려다가 도로 완화·조정되었는데, 교련내용은 다음과 같았다. '주당 2시간의 교육시간을 4시간으로 배가시키고, 재학기간 중 10일간의 병영집체훈련을 실시한다. 이 집체훈련은 병영에 직접 들어가 집단 훈련하는 것으로서 1학년 방학 때 실시할 예정이다. 현재 교련은 대학의 필수과목으로서 연간 2학점씩 부과되어 있는데 이번에 교육시간이 늘어나되 학점엔 변동이 없다. 교육대상은 지금까지 군에 입대하지 않은 일반 학생만으로 되어 있었으나 앞으로는 예비역 및 현역 학생까지 모두 포함하게 된다. 다만 여학생과 4학년생 그리고 병역면제자와 심신장애자, 외국 영주권 소지자 등은 제외된다. 즉 징병검사 중 검사규칙에 의거 병종(징집면제자) 또는 정종(병역면제자)의 체격등위로 판정된 자와 병역법 제40조 2항, 동법 제41조 1항(특수전역과 병역면제) 규정에 의하여 제2 국민역에 편입된 자를 심신장애자로 규정한다. 이들 심신장애자는 교육면제를 받기 위해 매 학년 초 학군단에서 공고하는 기간 내에 비교육대상자 신고(병적증명서, 통합병원 진단서 각 2통)를 하여야 하며, 비교육대상자로 확정·공고함에 따라 유효한 교육면제자가 되는 것이다. 교육대상자는 군사교육 이수기간 동안 지시된 복장(교련모, 베레모, 교련복, 예비군복, 요대, 운동화)을 착용하여야 하며, 교육시간 중 필요한 강의내용을 기록하여 이론 및 실기평가에 대비하고 장차 필요한 곳에서 사용할 수 있도록 하고자 필기구를 준비 지참하여야 한다. 대상학교는 4년제 대학만 해당된다. ROTC 제도는 계속 존속되어 ROTC 학생은 종래와 같이 교련교육을 따로 받을 필요가 없게 된다. 예비역 학생은 군에서 받은 군사교육을 살려 예비역 장교는 교관보조로, 예비역 사병은 조교 등으로 활동한다. 이들 예비역 학생은 종래 대학직장 중대에서 받던 예비군 훈련이 면제된다. 군사교육대상자는 전원 동원체제가 될 수 있도록 제대(梯隊)편성해서 중대·소대·분대 등의 조직을 갖추도록 한다. 교육시간이 늘어남에 따라 군사교육 이수자에 대한 입영기간 단축 혜택도 늘려 3학년까지 소정의 교육을 모두 받은 학생은 종래의 단축기간 3개월이 6개월로 늘어나게 된다. 1학년만 이수하고 군에 입대하면 2개월간 단축되고 2학년을 마친 뒤엔 4개월이 단축된다.'138)

군사교육 거부자 판단기준은 1개 학기 정당한 사유 없이 10시간 이상 무단결석자와 고의적으로 군사교육 질서를 문란케 하는 자, 그리고 군사교육 시간 중 교관 및 조교의 교육지시를 거부한 자를 말하며, 이들에 대한 조치는 상급부대에 보고하여 병무청에 통보함으로써 병역법상의 수혜대상에서 제외하는 것이었다. 병역법상 수혜범위는 병역법 제22조(재학생 징병검사 연기), 동법 제38조(현역복무기간의 단축과 ○휴)였다.139) 아울러 군사교육 불참자에 대한 벌칙도 강화되어 10시간 이상 결석하면 졸업이 불가능했다.140)

또한 교련교육의 3대 부면을 보면 우선 정신교육과 군사지식과 기능의 연마, 실천 등이 있었다. 정신교육에 있어서는 교사 감화력·정신훈화·체험 등이 있고, 군사지식과 기능의 연마에 있어서는 정확한 출발·정확한 교정·정확한 반복훈련 등이 있으며, 실천에 있어서는 유신이념을 실천하고 생활화하는 것이었다. 그리하여 학도호국단은 단장을 중심으로 일사불란한 지도 체제 아래 국

---

138) 「배우면서 나라를 지키자」, 『동아일보』 1975.5.21; 「개정군사교육 그 내용」, 『인하대학신문』 1975.9.8.
139) 「개정군사교육 그 내용」, 『인하대학신문』 1975.9.8.
140) 「군사교육 대폭강화」, 『외대학보』 1975.12.16.

가 유사시에 즉각 대처할 수 있는 조직과 운영으로서 교련교육을 통해 심신을 단련하고 배우면서 나라를 지킨다는 호국학도로서의 사명을 완수하게 되는 것이다. 또한 정신교육 및 제식 훈련의 강화로 올바른 국가관 확립과 질서 있는 행동에 준법정신·희생정신을 가지게 하고 협동·단결하는 정신자세를 갖게 해 의지력과 극기심이 증대되어 개근자의 수가 늘어나는 효과도 가져왔다.141)

특히 올바른 인간상의 정립과 국가 방위력 증대를 목적으로 하는 교련교육은 정신전력 자세의 확립, 정확한 기본자세와 동작의 완성, 그리고 국토방위를 위한 저력 배양에 중점을 두고 지도를 했다. 정신전력 자세의 확립은 매 교과시간 전 간단한 정신 훈화와 교칙 준수 지도, 규율과 질서 있는 행동의 생활화, 그리고 국기와 국가 원수에 대한 예절지도로 국가관을 확립시키고자 했다. 다음으로 정확한 기본자세와 동작 완성은 정확한 출발, 올바른 교정, 반복훈련을 통해 얻음으로 각종 전술을 연마하고자 했다. 그리고 국토방위를 위한 저력을 배양하기 위해 춘추 장거리 행군, 집총체조, 교과시간 구보 등을 통해 유사시를 대비한 강인한 체력을 연마하고, 매월 실시하는 민방위 훈련에는 실전과 같이 적극적으로 참여하므로 비상시에 질서 있는 단체행동으로 즉각 대처할 수 있는 자세를 기르도록 되어 있었다.142)

한편 여자고등학교 교련교육과정을 보면 1학년의 경우 질서훈련·응급처치 이론, 2학년의 경우 응급처치 실기 지도, 3학년의 경우 반복종합숙달 교육 등을 주축으로 삼아 이를 생활화함으로써 국가 유사시에 비전투요원으로서 간호응급의 기능을 발휘, 공헌할 수 있게 하여 학도호국단의 전력화라는 교련교육의 기본방향에 합

---

141) 이일영(김해고등학교 교장), 앞의 논고, 56·59쪽.
142) 양종구, 앞의 논고, 20쪽.

치되도록 했다. 이러한 교련교육의 과정은 총 216시간의 교육시간으로 이수하도록 되어 있는데 그중 남자 교사가 담당할 수 있는 교육시간은 주로 질서훈련과 관련된 34시간(16%)에 불과하고 이 34시간 과정은 여교사의 자체 연수로 여자 교련교사가 전담하는 것이 여자고등학교의 경우에는 가장 이상적이자 효율적인 것으로 간주되었다.143)

또 한편 여자고등학교 교련교육은 복잡하고 기계화되어 가는 현대생활 속에서 빈발하는 사고에 대비하여 응급간호법을 습득시키고, 그 방법을 여러 사람에게 보급하여 생명의 연장, 또는 기능장애의 최소화 능력을 생활화시키며, 나아가 국가 비상시에 비전투원으로서 간호 구급의 지원·헌신을 할 수 있는 능력과 자세를 기르는 데 목적이 있었다. 교련교범에 나오는 응급처치의 종류 12가지는 물론이고 특히 삼각건법 및 로울러 붕대법을 학생들이 실습했다. 또 삼각건법 및 로울러 붕대법은 2학년 전체 학생의 집단훈련과 병행하여 실시함으로써 3학년에 가서 이루어질 대량 전상자 관리의 질서와 능률의 훈련으로 이어지게 했다. 더 나아가 단순히 제식 훈련을 독립적으로 실시하는 데 그치지 않고 가정응급처치, 각종 붕대법, 대량 전상자 관리 등을 질서 훈련과 함께 실시함으로써 가정·지역사회·국가의 유사시에 즉각 대처할 수 있는 조직을 강화하고 협동·단결심을 고취하며, 실제 처치 능력을 드높이는 것이 여자고등학교 교련교육에 있어서의 집단훈련의 특징적 양식이었다. 그리하여 응급처치의 긴박한 상황 속에서도 여유 있고 질서정연한 집단행동이 이루어져서 교련교육에서 습득한 각종 실시를 효율적·대량적으로 발휘할 수 있게 하려는 것이 여자고등학교 교

---

143) 윤대화(김해여자고등학교 교장), 앞의 논고, 62~63쪽.

련교육의 궁극적 목적이었다. 이로써 학교 단장을 중심으로 한 학도호국단의 일사불란한 지도체제를 확립하고 이를 군사교육에 적용함으로써, 전 교직원과 학생이 투철한 국가의식과 총력안보태세를 발휘하는 실천 계기를 마련할 수 있으며 교련 실기의 완성, 건실한 심신의 단련, 투철한 사명감 및 체계적 조직의 견지로써 학도호국단의 전력화가 현실적으로 가능하게 되는 것이다.144)

한편 군사교육의 내용은 일반학 30%, 화기학(火器學) 20%, 전술학 28%, 기타 22%로서 총 34개 과목으로 구성되어 학생들에게 안보관을 고취했다. 군사학의 과목은 정훈(政訓), 국방개론, 한국동란, 보안 및 전쟁 원칙 등으로 전체 계획시간의 약 10%를 차지하고 있었으며, 기타는 전투기술 연마를 위한 트레이닝 위주로 계획되어 있었다. 또한 대학의 군사교육은 ROTC와 일반학생으로 구분되어 제도적으로 이원화되어 있었다. 교육내용은 대동소이하며 훈련시간도 주당 ROTC가 5시간, 일반학생은 4시간으로 큰 차이가 없었는데, 다만 ROTC는 연간 1회(176시간)씩 2년간에 걸쳐 병영훈련을 받게 되어 있었다. 일반학생은 3년간 총 440시간의 교육을 받고, 졸업 후에는 훈련소 및 부대에서 6~10주간의 교육을 받은 후 각 부대에 배치되어 26개월간의 군복무를 마치고 귀향했다. 그리고 ROTC 학생은 졸업 후 해당 학교에서 16주간의 초등군사반을 이수한 후 각 부대에 배치되어 24개월의 군복무를 마치고 귀향했다. 학점 취득에 있어서 일반학생은 1,2,3학년 기간 중 6학점을 취득해야 했는데 이 학점은 출석만 제대로 하면 40%까지 얻을 수 있고, 교련시간에 불성실한 시간을 보내더라도 교련시험시에만 정신을 차려 치른다면 20%는 무난히 얻을 수 있었다.

---

144) 윤대화(김해 여자교등학교 교장), 같은 논고, 63~64쪽.

뿐만 아니라 전체 교련시간은 다른 전공과목과 비교한다면 24학점에 해당하는 시간임에도 불구하고 6학점만 배정되어 있었다. 또한 징집연령에 해당되지 않는 학생에 대해 학점미달 및 군사교육거부자로서 학적변동보고를 냈을 경우 징병검사연령이 될 때까지 일반과목에 대해 계속 수강하고 군에 입대하게 되며, 제대 후 복교하여 해(該)학년의 군사학점만 취득하게 되면 졸업하도록 되어 있었다. 따라서 재학 중 군에 입대하려는 학생에 대해서는 교련수강의 인센티브가 제도적으로 불충분한 것이었다. 더 나아가 군사교육이 일반학생에게 주는 영향은 6학점이 졸업요건이 되고 6개월간의 군복무를 단축시켜 준다는 것 외에는 아무런 혜택이 없었기 때문에 교련에 대한 참여도는 소극적인 면을 벗어나지 못했다.[145]

특히 당시 대학생들은 전쟁을 겪어보지 못한 세대로 이루어져 무엇보다도 국가안보에 대한 인식의 결여와 체험의 부족으로 군사교육에 대한 반응이 소극적일 수밖에 없었다. 또한 군사교육이 개인의 발전과는 무관하기 때문에 군사교육에 대해 흥미를 느끼지 못하고 소극적인 태도를 가지고 있었다. 더욱이 군사교육은 국가정책적으로 교양필수과목이며, 많은 시간을 할애하고 있음에도 불구하고 실제 3년간 총 학점을 6학점으로 배정했다는 것도 학생들이 군사교육을 경시하고 이에 소극적인 한 요인이 되었다. 특히 군사교육이 1975년 9월 1일부터 새로이 강화되어 교육시간이 주당 2시간에서 4시간으로 증가하고 교육수준도 사병과정에서 하사관 및 사관후보생 과정으로 변경되었지만 교육내용 면에서 볼 때 근본적인 교육내용의 변화는 없고, 다만 교육시간만 연장되고 종전의 교육내용을 반복하는 훈련 위주의 교육에 머물고 있어 자발적인 학

---

[145] 노무식, 「대학군사교육의 개선방향」, 『군사평론』 185(육군대학, 1976), 14~16쪽.

습동기를 부여할 수 없었다. 요컨대 군사교육이 학생들 스스로 관심을 갖고 자기의 역량을 최대로 집중시킬 수 있는 학문적 차원에서 교육되지 못했으며, 이러한 것은 자연히 학생들의 관심과 흥미를 이끌어 내지 못했던 원인이 되었다.146)

한편 병영집체훈련은 입소와 퇴소에 걸쳐 11일간의 시일이 소요되며, 일반군사 교육과정의 일환으로 실시되는 것이었다. 대학 1학년 군사교육 대상자 전원에게 이수를 의무화하고 있는 것으로 볼 때 학교교련과 동일한 과정이면서 병영이라는 현장에서의 교육이라는 점에 의의를 두었던 것으로 보인다. 문교부에서 하달된 교육지시에 따르면 대학생의 안보의식 강화 및 전시통일체제 확립 등 국가 방위의 임무를 완수할 수 있는 정신무장과 그 위에 필수적이며 기초적인 군사실기를 체득케 하는 데에 중점이 두어져 있었고, 동시에 심신을 단련하여 지도적인 인격도약을 추진하는 일들로 교육목적이 집약되어 있었다. 교육내용 역시 사격과 전술훈련, 내무생활로 짜여져 있어 정규 군인과 똑같은 생활환경에서 집단적으로 실시되는 교육훈련인만큼 학우이자 전우라는 동지애와 일체감 아래에서 협동심과 책임감을 배양하고, 군의 생명인 군기(軍紀)와 명령지휘계통이 존중되는 군대사회를 직접 체험하게 함으로써 그들의 마음에 새로운 자각과 자신과 용기를 불어넣어 나라를 지키는 젊은이의 긍지를 실감하는 계기를 마련하는 것이었다. 요컨대 병영집체훈련의 참뜻은 배우면서 지키는 학도상을 확립하는 것이었다.147) 교육기간 중의 성적은 당해 학기 교련성적에 반영되었고 정당한 사유가 있는 자는 차후 결정되는 소속학교 입소시에 보충교육을 받을 수 있었다.148)

---

146) 노무식, 「대학군사교육의 개선방향」, 같은 잡지, 16~18・22~23쪽.
147) 「병영집체의 참뜻」, 『외대학보』 1976.11.16.

입영기간 중 부대의 규정을 어겨 징계 퇴소된 학생이나 정당한 이유 없이 집체교육에 불참한 학생도 군사교육 거부자로 인정, 현역병 입영연기 혜택을 주지 않기로 되어 있었다. 병영집체훈련 입소자는 정규교련 복장에 육군 장교와 같이 앞머리 7㎝, 뒷머리 3㎝ 길이로 머리를 깎아야 하고 장발자는 입소하지 못하며, 학교에서 1차 신체검사를 받은 후 2차로 입영한 부대에서 신체검사를 받으며 신체검사 불합격자는 건강이 회복되는 대로 졸업 전까지 보충집체교육을 받아야 했다.148) 병영집체훈련 교육은 이론 및 실기 60점과 실습 및 내무생활 40점으로 총 100점 만점이 되며, 60점 미만의 학생은 불합격 처리되는데 해당 학기 군사교육시간에 이수하고 재수강 하지 못했다.150)

한편 학도호국단 자체 검열식이 있었다. 자체 검열의 목적은 유사시에 대비하는 전시대응능력을 강화하고 건전한 학풍 확립과 호국학도상 정립을 촉진시키는 데 있었다. 이 자체 검열은 해당 대학에서 주관하며, 중앙학도호국단에서 감독관을 파견하여 확인하는 식으로 실시되었는데,151) 예를 들어 조선대학교의 경우 학도호국단 자체 검열이 실시되었다. 이는 학도호국단의 조직 및 운영실태를 분석·평가하고 학원의 면학분위기, 호국학풍 조성과 군사교육 실시 상황을 정기 검열하여 전시 대응능력을 강화하는 것을 목적으로 한 것이며, 4학년을 제외한 남녀 전체 학생의 참가 아래 열병·분열을 실시하고 군사교육 실태를 확인했다. 검열반 반장에는 교무처장이, 반원에는 사열에 학군단 교관이, 편성운영·교육실

---

148) 「병영훈련계획발표」, 『충북대학보』 1976.6.15.
149) 「집체교육실시요강 확정」, 『외대학보』 1976.5.1; 「11일간 병영집체 교육」, 『한대신문』 1976.5.31.
150) 「병영집체훈련일정 확정 발표」, 『고대신문』 1976.6.1.
151) 「학도호국단 자체검열」, 『전남대학보』 1976.10.21.

태·동원태세에는 교무과장과 학생과장이, 민방위대 편성 확인은 학생과장이 맡았다. 남학생은 교련복·베레모·훈련화(흑색)·요대·각반·명찰·호국단 마크·학년장·학교배지를 착용해야 하며, 여학생은 흰 블라우스·검정바지·흰 운동화·베레모·배지·구급낭을 지참해 착용하고, 지도위원은 새마을모·운동화를 착용해야 했다.152) 이러한 검열은 유신체제를 유지하기 위한 것으로서 "조국의 평화적 통일을 위해서는 주체역량, 즉 국력의 절대 우위의 확보뿐"이라는 유신체제의 이념에 따라 굳건한 정신자세를 갖추는 계기로 삼은 것이었다.153)

　이상과 같이 학생들에 대한 군사훈련은 배우면서 나라를 지킨다는 호국학도의 사명을 다하기 위하여 실시되었다. 이는 난국에 대비하여 학생들의 단결과 총력안보태세를 가다듬어 학생들의 전력화로 민족의 숙원인 조국통일을 달성하고 국제사회에서의 경쟁을 이겨낼 수 있는 조직적인 국력배양을 목표로 자주국방태세를 갖추며 유사시에 대처할 수 있는 체계를 조직한다는 정부의 굳은 결의를 나타낸 것이었다. 이를 위한 군사교육의 내용은 군사학에 관한 것으로서 실제 전투기술 연마를 위한 훈련 위주로 되어 있었다. 특히 이러한 군사교육은 필수과목이었으며, 대상이 되는 학생들은 모두 의무적으로 참여하여 학도호국단의 전력화가 이루어졌던 것이다. 그리고 군사교육에 불참하면 졸업을 하지 못하도록 규정되었다. 이러한 군사교육의 목적은 유신체제의 통치이념인 총력안보의 내실화 및 정착화를 위한 것이었다. 특히 군사집단훈련인 병영집체훈련을 통해 학생들에게 실제로 군대사회를 직접 체험하게 함으로써 학생들의 전투력을 강화시키고 안보의식 강화 및 전

---

152) 『조대신문』 1975.11.11, 1976.11.1.
153) 「호국태세, 완전무결」, 『충대신문』 1976.11.8.

시체제를 확립하려고 했다.

요컨대 군사훈련은 학생들에게 배우면서 나라를 지킨다는 호국 학도로서의 사명을 높이고 뚜렷한 안보관과 전시 통일체제의 확립 및 건전한 학풍을 확립시키기 위해 유신이념을 고취시키고, 유신체제에 학생들을 동원하여 유신체제를 유지하려는 데 목적이 있었던 것이다.

4) 새마을운동 및 사회봉사활동

새마을운동이란 근면·협동하는 새마을정신을 행동강령으로 하고, 나태와 의존·이기심 등 부조리를 제거하여 생산적인 기풍을 조성하는 정신개발운동이며, 이러한 새마을 정신을 생활화하여 잘 사는 마을, 윤택한 사회, 부강한 국가를 건설하려는 '잘 살기 운동'이다. 그러므로 이 운동은 조국근대화를 위한 일대 약진운동이며, 동시에 범국민적인 정신혁명운동으로 규정되었다.154) 이로써 새마을운동은 낙후된 농촌을 부흥시키고, 농촌을 부강한 마을로 만들어 농공 간의 격차를 줄인다는 목적과 함께 국민들이 갖고 있는 근대화의 정신기조가 될 의식구조의 변혁을 농민에서부터 도시에 사는 시민에게까지 파급시킴으로써 범국민적 가치관 및 규범을 올바르게 정립하고, 그것을 바탕으로 하여 한국적인 산업혁명을 완수하자는 데 그 지표가 있었다. 즉 새마을운동은 한국의 역사와 현실을 감안한 하나의 '한국적 산업혁명'으로 불려지기도 했다.155)

새마을운동이란 박정희가 1970년 4월 22일 한해대책 지방장

---

154) 「도시 새마을 운동의 방향」, 『서울신문』 1974.3.28.
155) 「새마을운동 총점검」, 같은 신문, 1974.10.22, 10.28.

관회의에서 제창한 새마을가꾸기운동으로 시작되어 1979년 박정희의 사망과 더불어 실질적으로 종식되었다고 할 수 있다. 새마을운동은 농촌에서 처음 시작되었으나, 그 후 도시 새마을운동·공장 새마을운동·학교 새마을운동 등 전국적으로 확장되었고, 운동의 영역도 단순한 마을 가꾸기를 넘어서 정치·경제·사회·문화·전 영역에 걸친 일종의 사회개혁운동으로 확대되었다.156)

새마을운동의 목표는 첫째, 자립적 산업기술혁명 둘째, 총화적 민주혁명 셋째, 자주적 협동사회건설 넷째, 주체적 교육혁명 다섯째, 협동적 영농 여섯째, 생산적 정신혁명이고 사회개혁운동으로서 새마을운동의 주요한 과제와 방향이 다음과 같이 설정되기도 했다.157)

첫째, 국적회복과 산학협동을 위한 유신적 교육개혁운동
둘째, 농촌새마을사업과 민족주체세력 형성을 위한 협동조합운동
셋째, 자립경제를 위한 사장된 내자개발과 국산화 운동
넷째, 고용기회의 극대화와 기술혁신을 위한 인력개발
다섯째, 도시새마을사업을 위하여 특히 자원지도자로서 사장된 고급 인력의 활용을 위한 사회봉사운동
여섯째, 농촌새마을사업을 위한 영농의 협동화, 즉 협동부락의 건설
일곱째, 새마을사업의 결과로 생긴 자원(마을회관, 마을금고, 지도자, 볏집, 마을 안길, 農路) 등의 효율적 활용
여덟째, 직장새마을운동을 위하여 특히 근로자 복지와 사기앙양(생산성 고조)을 위한 참된 노사협의회의 운영, 즉 산업민주주의의 개발
아홉째, 자주적 문화창달과 생산적 가치관 형성을 위한 생산자가 우

---

156) 박진도·한도현, 「새마을운동과 유신체제」, 『역사비평』 47, 1999 여름, 37~38쪽.
157) 「새마을운동의 전개방향」, 『국민회의보』 13, 1976, 44쪽.

대 받는 시민문화운동과 새마을교육의 강화
열 번째, 새마을지도자에 대한 사회적 보상
열 한번째, 대통령 직속의 새마을지도감독기구의 설치와 면·구단위에서 새마을운동을 지도·감독하고 민정시찰과 다목적 대민봉사활동을 할 수 있는 사명감에 불탄 새마을 요원의 확보와 배치

요컨대 새마을운동은 '한국적 산업혁명'으로 그 정신은 유신정신이었으며, 유신이념을 실천하는 것이었다. 그리하여 새마을운동에서 교육의 중요성이 강조되어 교육은 생산과 직결되어야 하며, 교사는 지역사회개발의 선구자가 되어야 하고 민족의 스승이 되어야 하며, 학교는 새마을운동의 센터로서의 구실을 해야 한다고 주장되기도 했다.158) 이에 학도호국단의 활동 중 하나는 박정희 정권이 역점을 두고 전개했던 새마을운동에 참여하는 일이었다. 즉 근면·자조·협동의 새마을운동을 실제로 학생들로 하여금 체득하게 하는 학습경험을 주고 또 심화시킨다는 것이다. 빈곤에서 벗어나 잘 살 수 있는 내 마을, 내 나라를 건설하려면 그 길은 오직 이 길밖에 없음을 확신시켜 주는 동시에 실제로 실천·궁행하여 감격적으로 경험할 수 있도록 한다는 것이다. 또한 학생들에게 검소·절약하는 생활태도를 습관화시키고, 자원절약을 위해서도 검소·절약해야 하며, 국민총화를 위해서도 검소·절약하는 생활을 해야 한다는 것이다.159)

특히 학도호국단의 활동목표인 면학·호국·봉사기능과 새마을운동의 지향목표인 자활·부국·협동의 3개 부면은 서로 공통목표가 결합되어 있다고 보았다. 즉 자력으로 잘 살 수 있는 지역사회

---

158) 이성근, 「10월 유신의 생활화를 위한 새마을운동」, 『국민회의보』 12, 1975, 64쪽.
159) 이회우, 앞의 논고, 32쪽.

의 자립도 향상은 곧 지역주체가치의 발전적인 형성이며, 면학을 통하여 독립적인 역할인이 된다는 것은 인격적 주체가치의 발전적 형성이라고 볼 수 있고, 잘 살 수 있는 터전을 마련하여 나라를 부강케 하는 것이 새마을운동의 목적가치라고 본다면 대학인이 호국활동으로써 우리의 사회적 안정도를 높인다는 것은 곧 학도호국단 활동의 추구목적 가치라고 보았다. 그리고 사회적 기능의 종횡적 결합의 형태로 협동체별을 형성하여 자강도를 높이는 것이 그 수단가치라고 본다면 대학인의 전문적 기량을 바탕으로 한 산학협동적인 봉사의 전개는 곧 우리의 공통목표를 추구 달성해 나가는 수단가치가 되고 있다는 것이다.160)

그리하여 학생들에게 새마을연수교육이 실시되기도 했는데, 이는 국민 모두가 잘 살 수 있는 복지사회를 건설하고 가치관과 태도의 변혁을 통해 조국 근대화와 민족중흥을 이룩하여 여기에서 연마된 국민적 역량으로 우리의 숙원인 조국통일을 평화적으로 달성하는 데 그 목적이 있다고 했다.161) 새마을연수교육은 대학새마을운동의 선도적 역할을 했는데, 여기에는 하루 동안 200여 명의 교직원과 학생들이 참여하여 성공사례발표, 새마을교육의 전달교육, 영화상영, 안보에 관한 강의, 건전가요 등을 보급했다.162)

특히 새마을교육이란 자조・자립・협동・근로의 정신혁명을 학교를 중심으로 한 지역사회에서 구현하려는 노력이었다. 구체적으로 새마을교육의 기본이념은 국민교육헌장에 반영되어 있다. 즉 자주독립・창조・개척정신・협동・봉사의 정신으로 점철되어 있는

---

160) 김유혁, 「호국단과 새마을운동의 결합」, 『세대』 159, 1976.10, 211쪽.
161) 「새마을 연수교육을 마치고」, 『충대신문』 1978.3.27.
162) 최조병, 「학도호국단 활동보고」, 『홍익』 20(홍익대학교 학도호국단, 1978), 181쪽.

국민교육헌장의 기본이념 속에 새마을교육의 기본철학이 담겨 있다는 것이다. 특히 새마을교육의 기본이념은 유신이념 속에 내포되어 있다고 보았다. 한국적 민주주의의 토착화, 자주적 민족통일, 유신적 개혁, 민족주체성의 확립 등의 유신이념 속에서 새마을교육의 기본이념을 찾을 수 있다는 것이다. 또한 새마을교육의 방향은 학교교육을 통해 이루어졌는데, 이는 생산과 직결되는 산 교육이 되어야 함을 의미했다. 그리하여 새마을운동을 실효성 있게 추진하기 위해서는 지역사회의 모든 학교가 직업교육의 강화를 핵심으로 하는 '산학협동체제'를 더욱 확대하고, 각 지방대학은 그 고장의 특성에 알맞게 전문화되어야 한다고 했다.163)

요컨대 새마을교육이란 국가사회가 요청하는 국민상을 형성하고, 시대가 원하는 인간상을 길러 주어서 학생들이 성인이 되었을 때에는 살기 좋은 사회를 이루어나갈 능력을 갖춘 사람으로 만들고자 하는 것이었다. 그리고 그러기 위해서는 학생들에게 기술을 익히게 하여 소득을 증대시키는 것뿐만 아니라, 자기가 이상으로 여기는 인간이 되기 위해 스스로 노력하도록 도와주는 기능을 해야 한다고 보았다.164) 즉 새마을교육이란 학생들을 유신체제가 요구하는 인간상으로 만드는 것을 목표로 하는 것이었다.

한편 1970년대 초 농촌근대화에 경제적 목표를 둔 박정희 정권은 새마을가꾸기사업에 우선순위를 두어 마을 안길 넓히기, 지붕개량, 담장개량 등 농촌의 생활환경개선에 많은 투자를 하지 않을 수 없었으며, 여기서 학생들의 봉사활동도 새마을사업과 연계하여 지역사회발전에 일익을 담당하도록 했다. 여가를 노는 일에만 보내지 않고 집단적으로 농어촌을 방문하여 그들을 위로하고 그 촌락을

---

163) 「새마을교육 그 실천방향과 문제점」, 『서울신문』 1973.1.18.
164) 「새마을운동 총점검」, 같은 신문, 1974.10.29.

위해 봉사하는 활동을 전개하도록 하는 것이 새마을운동에 적극적으로 참여하는 일이었다. 박정희 정권은 이런 일이 농어촌의 어려운 생활실정을 알게 하고 그 사회를 이해할 수 있게 할 뿐만 아니라, 국민의 일체감을 조성하는 데도 많은 공헌을 할 수 있다고 보았다.165) 그리하여 1970년 박정희 정권은 '전국대학생봉사연합회'라는 것을 구성하여 대학생들의 봉사활동에 관한 모든 내용을 일관하기 위해 필요한 사전교육 및 방향설정에 관한 제반 문제를 다루었다. 또한 연합봉사단은 학도호국단 체제하에서 연합봉사대로 구성됨에 따라 더욱 강력한 조직화가 마련되어 각 대학의 모든 봉사단에 사전계획을 시달하고 새마을사업에 발맞추어 나가는 대학 봉사활동의 유도를 꾀하였다. 특히 문교부의 막대한 경비지원과 학교당국의 다각적 유도정책(S여대의 경우 봉사활동에 참가하지 않으면 특정과목의 학점이수가 불가능하여 타의적으로 참가한 경우도 있었다)으로 봉사활동에 참가하는 학생이 늘어갔다.166)

학생들의 봉사활동 내용은 지역과 봉사단의 구성에 따라 다소의 차이가 있으나 봉사활동 반별 구성과 내용은 대부분 비슷한 양상을 띠었다. 활동반의 편성을 보면 크게 아동반, 4H반, 장년반, 부녀반, 기타 대민지원 활동을 하는 근로반 등으로 나뉘어진다. 이들은 활동반별로 유기적 상관관계를 갖고 활동자세에 임하게 되는데, 중심사업으로는 보건위생 문제에 가장 큰 비중을 두고 있으며, 교육문제·농촌사회문제·지역사회 개발문제·생활개선문제·새마을운동문제·경제적 지위문제·식생활문제·영농개선문제 등에 순차적 관심을 가지고 활동을 전개했다.167)

---

165) 이회우, 앞의 논고, 32쪽; 「대학생과 봉사활동」, 『대학문화』 1(서울시립산업대학 학도호국단, 1978.5), 302쪽.
166) 「대학생과 봉사활동」, 같은 잡지, 302~303쪽.

그러나 봉사활동은 전체적으로 치밀한 계획에 의하여 좋은 성과를 가져왔다고 보기 어려웠다. 임의로 작성한 활동계획을 종합 분석해 보면 대체로 사전교육의 미비와 지역에 대한 실정 파악의 불충분으로 치밀한 사전답사의 문제가 나타나고 있었고, 봉사활동에 대한 충분한 오리엔테이션의 필요성이 제기되기도 했다. 주민들의 봉사활동에 관한 반응은 뚜렷한 성과를 지적하기보다는 그저 고맙다는 식으로 나타났으며, 대원들의 협동생활을 통한 행동의 모범이 지역 주민들에게 큰 자극을 준 것은 사실이지만 주민들의 경제적·사회적 권익옹호에는 근본적인 학생들의 봉사활동은 문제 해결책이 되지 못했다. 특히 봉사활동 참가 대원의 대다수가 참가 경험이 없는 1, 2학년으로 구성되어 있고 봉사활동의 주축이 되어야 할 고학년 층의 참여가 저조한 편이어서 그 실효성을 거두지 못했다. 더 나아가 대학생 봉사활동에 대한 종합평가를 통해 나타난 문제점은 소속 대학의 지원이 소극적이었고, 대학별로 자체 교육·사전답사·사후관리가 소홀했으며, 소득증대를 위한 영농기술·부업증대 등에 관한 활동이 미흡했다는 점이었다. 그리고 중환자를 치료할 수 있는 의약품 및 재정지원이 미약했다.168)

이상과 같이 학도호국단의 새마을운동 및 봉사활동은 깊은 연관 속에서 유기적으로 이루어졌으며, 이 역시 조국을 근대화시키고 유신이념을 궁극적으로 실현시킨다는 목적 아래 이루어진 것이었다. 특히 새마을교육은 학생들을 유신체제가 요구하는 인간상으로 만드는 것을 목표로 하는 것이었다. 즉 새마을교육은 국민 모두가 잘 살 수 있는 복지사회를 건설하고 조국통일을 평화적으로 달성하는 데 목표를 두고 한국적 민주주의의 토착화, 민족주체성의 확

---

167) 「대학생과 봉사활동」, 같은 잡지, 303~304쪽.
168) 「대학생과 봉사활동」, 같은 잡지, 304~306쪽.

립 등 유신이념을 실천하는 것을 내용으로 하고 있었다.

그러나 이러한 활동 역시 학생들의 자발적인 참여가 아니라 문교부와 학교당국의 유도정책에 의해 타의적으로 이루어지는 경우도 있어 학도호국단의 타율성이 드러나기도 했던 것이다. 더 나아가 이러한 활동에 대한 주민들의 반응은 소극적인 것이었으며, 학생들의 봉사활동이 주민들의 경제적·사회적 권익옹호에는 근본적인 해결책이 되지 못했다.

5) 서클활동

한편 대학 서클활동은 학도호국단의 어느 한 부서에 소속하여 명칭, 목적, 활동계획, 대표자, 인원 및 지도교수를 명시·등록함으로써 이루어질 수 있는 하나의 자율적 공식집단이었다. 일반적으로 명칭, 목적, 활동계획 및 대표자 선정 등은 학생들의 자발적 의사에 의해 이루어졌고, 회원은 개방적·임의적 가입이며 지도교수는 학생들의 요청에 교수의 동의로 이루어졌다. 대학생들의 서클 참여 정도를 보면 전체 학생 중 대개 34% 정도가 서클에 가입했으며, 그중 서울은 약 22.5%, 지방은 45% 정도로 지방대학생들이 서울의 대학생들보다 서클에 더욱 많이 참여하고 있었다. 그리고 1,2,3,4학년별로 각각 2%, 77%, 20%, 1%의 비율을 가지고 있었는데, 이는 압도적으로 대학생 서클이 2학년에 의해 이루어지고 있었음을 보여주는 것이다.[169]

서클 활동의 목적과 태도에 따라 서클의 유형은 몇 가지 형태로 구분되어 질 수 있다. 즉 서클 활동의 목적에 따라 서클의 유형을

---

[169] 「대학서클론」, 『개신』 20(충북대학교 학도호국단, 1979), 158·168쪽.

분류하면 학술연구, 사회봉사, 종교, 체육, 예술, 교양, 친목 등으로 대별되기도 하고 학술분야, 교양, 봉사집단, 취미·오락분야집단, 종교관계집단, 향우회 관계집단 등으로 분류되기도 한다. 더 나아가 서클의 성격을 중심으로 학예서클, 봉사서클, 오락서클, 친목서클 등으로 나누기도 한다. 전반적으로 취미·오락영역의 서클 유형이 1위를 차지하고 있으며 다음으로 종교서클이 많고, 수양영역의 서클과 봉사서클은 거의 같은 숫자로 나타나고 있었다. 그리고 유형별 서클 가입 학생수를 보면 전체적으로 수양서클에 제일 많이 가입하고 있으며, 다음이 취미·오락서클이었다. 다음으로 종교서클, 학예서클, 봉사서클 순으로 분포되어 있었다. 이처럼 대학의 서클에는 취미·오락서클과 종교서클이 중심이 되었고, 학예서클은 그 비중이 낮은 것으로 나타나고 있었다. 즉 학예서클은 그 수에 있어서 열세를 면하지 못하고, 적은 학예서클도 본래 목적의 학예에 관한 연구보다 친목 내지 사교적 모임이 되어 더욱 문제시되었다. 심오한 학문을 해야 할 최고 전당으로서의 대학 또는 학술연구에 치중해야 할 대학생이 취미나 오락 중심의 서클활동에 우선하고 있다는 것은 학문발달에 공헌해야 할 대학의 기능이란 차원에서 시정되어야 할 문제로 지적되었다.170)

국민대학의 경우 1979년 현재 총 29개의 서클이 학생처에 등록되어 정규활동을 전개하고 있었다. 구체적으로 ESS, 필뮤즈, ALA, 불교연구반, 기독연구반, PTP, 청문반, KUSA, 농연반, 서도연구반, MRA, 문예창작반, 합창반, 북안연극반, UNSA, 가톨릭연구반, 호우반, 민속극연구반, 아마무선반, LEO, 향토문화연구반, 원리연구반, 바둑반, 해바라기반, 유학연구반, 사진연구반, 그린벨

---

170) 「대학서클론」, 같은 잡지, 175~177쪽.

트반, 유스호스텔반, 새마을반 등이 있었다. 각 서클의 설립취지와 회원들의 가입 동기를 살펴보면 대다수가 개인적인 목적, 즉 인격의 도야와 원만한 인간관계의 확립, 취미나 오락생활을 통한 여가의 선용, 각종 행사와 강좌를 통한 교양과 정서의 함양 등 자아의 정립 및 확대에 있었음을 알 수 있다. 특히 서클활동의 내용을 보면 편의상 학술과 교양에 중점을 둔 서클, 종교활동이 중점을 둔 서클, 취미활동에 중점을 둔 서클 등으로 구분될 수 있었다.171)

그리고 사회성을 띠는 서클의 경우 주로 하계방학이나 동계방학을 이용한 사회봉사가 대표적이었다. 사회봉사는 농촌봉사, 어촌봉사 등 지역봉사가 대표적이었는데 이는 그 지역의 부조리를 시정하고 지역사회의 수준에 맞게 강연회, 심포지엄, 교화, 캠페인 등을 실시하여 많은 도움을 주었다. 반면 개인성을 띠는 서클의 경우에는 자아존립을 위한 토론회, 독후감 발표회, 독서모임, 특정 강사 초빙강연회, 인격완성에 맞는 수련회 등의 방법을 쓰고 있었으며, 신체활동을 위해서는 서클 간의 스포츠 대항전, 단체 등산회 등의 방법을 쓰고 있었다.172)

이상과 같이 서클활동은 일반적으로 그 명칭, 목적, 활동계획 및 대표자 선정 등이 학생들의 자발적 의사에 의해 이루어지는 하나의 자율적 공식집단으로 기능했으나 그 목적이 앞서 언급한 바와 같이 학도호국단의 정신에 위배되어서는 안 되는 한계를 태생적으로 안고 있었다. 그리하여 서클의 유형이 전반적으로 취미·오락영역의 유형이나 종교서클 중심으로 되어 있었으며, 이념서클은 물론이고 학예서클은 열세를 면하지 못하고 있었다. 그리고 학예서클의 경우도 친목·사교적 모임이 대부분이었다. 이러한 현상은 당시 학생들

---

171) 「서클, 그 만남의 현장」, 『북악』 31(국민대학 학도호국단, 1979), 190~196쪽.
172) 『북악』 27(국민대학 학도호국단, 1975), 252쪽.

의 자발적인 학생활동이 원천적으로 봉쇄되고, 학생들의 사상선도를 목적으로 한 학도호국단만이 존재했던 분위기 속에서 나타난 것이라 볼 수 있다. 따라서 이는 박정희 정권의 의도가 여실히 반영된 현상이라 할 수 있으며, 학생들의 사상이 유신체제에 의해 통제되고 있었기 때문이라고 볼 수 있다.

이 밖에도 학도호국단의 활동은 비상사태하에서의 사회질서 유지 및 임무수행, 전시하에 있어서의 구호사업 및 파괴시설 복구 작업의 전개, 작전지역에서의 군사활동 지원 및 협조 또는 지역방위의 임무, 부서 주관의 학도호국단의 학・예술 및 체육활동의 전개, 기타 학도호국단의 기능에 따르는 활동 전개 등으로 되어 있었다.173) 그리하여 이상과 같은 활동에서 드러나는 학도호국단의 성격은 유신체제를 유지하기 위한 관제학생단체이자 '준군사단체'였다는 점이다.

6) 문제점

이상과 같이 학도호국단은 유신체제의 통치이념을 실천하고 학생들을 유신체제에 동원하는 전위적 조직체였다. 따라서 박정희 정권은 이러한 학도호국단을 통해 학생들을 통제할 수 있었고, 유신체제를 유지하고자 했던 것이다.

그러나 학도호국단은 위로부터 주어진 타율적인 관제단체의 성격을 띠고 있었기 때문에 학생들의 적극적인 지원을 받기 어려웠으며, 참가하는 학생 상호 간의 불화가 매우 심각했고, 학도호국단 행사에 대한 학도호국단 간부들의 책임의식도 부족했다.174) 특히

---

173) 이훈, 「학도호국단의 전통과 사명」, 『자유공론』 106, 1975.8, 120쪽.

학도호국단의 간부 임명은 학생들에 의한 선거제가 아니라 사상이 건전하고 성적이 우수하며 품행이 단정한 학생으로서 유신체제에 잘 순응하는 학생들에 대한 하향식 임명제였다. 그리하여 간부들은 임명된 뒤에도 학도호국단에로의 참여를 주저했으며, 간부추천과정에 지원자도 그렇게 많지 않았다. 또한 학도호국단 간부로서의 긍지를 내세우는 대신에 우연히, 뜻하지 않게 되어버렸음을 말하기도 했다.175) 그리하여 학도호국단은 학생간부들에 의해 운영되는 학생들의 대변기관이라고는 하지만 학생들의 직접적인 참여에 의해 형성된 조직이 아니라는 점에서 학생들과 학도호국단과의 괴리감이 있었다.176)

더 나아가 학도호국단이 학생들의 의사와 관계없이 그리고 대다수 학생들이 알지 못하는 사이에 타율적으로 구성되었기 때문에 학생들은 학도호국단을 그들의 진정한 대표기관이라고 느끼지도 않았다. 즉 학도호국단이 학생 스스로의 선출에 의해 구성된 조직이 아니라 '주어진 체제'라는 것이다. 따라서 학도호국단은 대표성이 없었고, 그 존립의의에 대해 학생들은 부정적 견해를 나타내며 무관심으로 흐르고 있었다. 학도호국단이 어떤 목적으로 무슨 일을 계획하고 있는지에 대해 전혀 알고자 하는 의도가 없는 것이 일반적인 현상이었다. 학생들이 공식적으로 학도호국단을 비판하거나 호국단실을 찾아가 활동에 수정을 요구한 사례는 없었다. 이런 점에서 외연상으로는 학도호국단과 학생들 간에 아무런 갈등도, 충돌도 없는 것 같았지만 그 내면에는 '무관심'이라는 가장 근본적인 문제점이 만연해 있었다. 즉 '반항 없는 무관심'이라고 할 수 있었다.

---

174) 「학도호국단의 일년」, 『고대신문』 1979.6.19.
175) 「호국단 간부임명의 저변」, 『연세춘추』 1977.7.18.
176) 「학도호국단을 조감한다」, 같은 신문, 1977.10.3.

상당수의 학생들은 학도호국단이 학생들보다 학교당국에 더 밀접해 있는 기관이라고 생각하는 경향도 있었다. 특히 한 학생은 "국가가 당면한 현실로 보아 안보라는 요인을 고려하지 않을 수는 없는 일이지만 진리 탐구에 열중해야 할 학생집단에 시국적인 요인을 지나치게 가미시키는 일은 강박관념을 조장할 우려가 있다"고 말했다.177)

또한 학도호국단이라는 명칭에 대해 일반 학생들의 반응은 호의적이 아니었다. 명칭 자체에서 풍기는 기백이야말로 화랑도의 호연지기와 다를 바 없이 중후한 맛이 나지만 호국정신을 너무 노골적으로 명시하여 자칫 자연발생적으로 조성되어야 할 순수한 국가애호의 정신에 역반응을 일으킬 가능성 마저 있었다. 그리하여 학생들은 호국단이라는 명칭에서부터 거리감을 느끼고 있었다. 더 나아가 학도호국단의 제대 편성의 명칭이 소대·중대·대대·연대장 및 사단장으로 되어 있는 것도 아주 어색한 느낌을 주었다. 물론 당시의 상황을 고려해서 그렇게 명명된 것이라고는 하지만 수평적인 활동이 호칭 때문에 자유로운 대화가 단절되거나 상의하달식의 일방적인 운영이 될 우려가 있었던 것이다. 그리하여 어휘가 주는 체제상의 경직성과 타율적인 이미지가 대학의 자율적이고 자주적인 본성에 생경한 느낌을 주었다. 한 학생은 "유사시를 감안하여 그러한 편제가 대두되었겠지만 평소 학원에서의 여러 활동을 하는 데까지 그러한 칭호를 붙일 필요는 없지 않느냐"고 반문하기도 했다. 즉 자율과 자유의 순수한 분위기가 보장되어야 할 대학의 풍토에서 안보나 위기의식 등을 지나치게 강조하는 것은 자칫 불필요한 위화감을 조성할 여지가 있었던 것이다.178)

---

177) 같은 신문, 1977.10.10, 11.7.
178) 같은 신문, 1977.10.17, 1977.11.7, 1979.4.23.

이러한 문제점으로 인해 학도호국단은 위로부터 주어진 체제로서 자율성을 갖추지 못했을 뿐만 아니라 학생대표기관으로서의 정통성이 없어 학생들로부터 외면당하고 있었던 것이다.179) 특히 학도호국단은 그 존립근거가 학생대표 활동기구라기보다는 군비상 대비체제적 성격을 띠고 있었다.180) 학도호국단은 생길 때부터 학생들의 자율적인 능력배양이나 자치능력의 신장보다는 안보적인 차원에서 생겨났다. 이로 인해 그 목적이나 편제가 군대식으로 획일적이고, 밑으로부터의 집결된 의사를 통합·수렴하는 방식이 아닌 위로부터의 지시로 움직이는 비민주적 구조를 가지고 있었다.181) 즉 학도호국단은 안보적 측면에서 편성된 군대식 조직이며, 조직 자체가 당국에 의해 조직되어 자치활동에 한계점을 드러내놓고 있었고, 대학 내에서 자생한 기구가 아닌 타의에 의해 만들어졌다는 점 등으로 인해 많은 불신을 받았다.182)

한편 간부자격 기준에 있어서도 너무나 일방적이고 지나친 제한을 하고 있었다. 꼭 좋은 성적을 받았다고 해서 그 사람이 능력이 있고 지도자로서의 자격이 있다고는 할 수 없다. 이처럼 성적기준이 너무 강하다 보니 많은 능력 있는 학생들이 학도호국단 간부에 출마할 수 있는 자격마저 박탈당하고 있었다. 재정 및 제반 활동에 있어서도 모든 사항을 학교지도위원회의 승인을 받게 되어 있어 만약 학교 측이 승인을 하지 않게 되면 행사 및 재정집행을 할 수 없게 되었다. 그러다 보니 학생이 원하는 것보다는 학교 측이 원하는 것, 학교 측의 의사에 따라 전적으로 행사 및 예산이 집

---

179) 「학도호국단을 조감한다」, 같은 신문, 1977.11.21.
180) 『전대신문』 1984.9.25.
181) 「학생자치기구 구성은 어떻게 되나」, 『충대신문』 1985.3.11.
182) 「호국단 개선이냐 폐지냐」, 『한대신문』 1984.11.14.

행되었다. 또한 각종 행사나 예산집행에 있어서 너무나 지나친 요식절차와 단계를 거치다보니 많은 시간이 소요되는 등 학생자치활동이 억압받고 위축당할 우려가 있었다. 결론적으로 지도위원회에 너무나 강력한 권한이 부여되다 보니 학생들의 자치력이 발휘될 수 없었던 것이다.183) 또한 학생들이 낸 학도호국단비도 학교의 승인이 있어야 쓸 수 있고, 특히 가장 기본적인 자치활동인 서클활동조차 총학장 등으로 구성된 지도위원회와 지도교수의 감독을 받도록 되어 있어 학생자치는 원천적으로 불가능했다.184)

그리하여 학도호국단은 출범 이후 줄곧 학생들로부터 전폭적인 호응을 못 받아 학도호국단이 진정으로 학생들의 의사와 이익을 대표하는 자치기구로서의 타당성을 가지고 있느냐 하는 의문을 받아 왔으며,185) 학생들은 학도호국단이 그들의 대변기관이라는 인식을 하지 못하고 있었다.186) 따라서 학생들은 학도호국단의 활동에 대해 소극적이고 방관적이며, 무관심하게 되었을 뿐만 아니라187) 더 나아가 맹목적인 거부를 보이기도 했다.188)

또한 학도호국단은 행사에 학생들의 자발적인 동참이 부진했기 때문에 오직 행사를 위한 집행기관에 불과한 감이 없지 않았으며, 절대 다수의 학생들의 건설적인 의견을 종합해 내지 못했다.189) 더 나아가 지금까지 문교부 당국과 각 학교 간의 입장이 획일적으로 문교부가 공문을 발송하면 각 학교가 여기에 맞추어 여러 가지

---

183) 「학생자치기구 구성은 어떻게 되나」, 『충대신문』 1985.3.11.
184) 「총학생회와 호국단」, 『동아일보』 1984.11.14.
185) 「진정한 학생의 자치기구는」, 『충북대신문』 1984.11.29.
186) 「제3대 학도호국단 운영방향」, 『충북대학보』 1977.3.23.
187) 「호국학도로서의 사명 다하자」, 『충대신문』 1976.9.6.
188) 「4대 호국단 출범 특집 좌담회」, 같은 신문, 1978.9.18.
189) 「호국단 운영백서」, 『외대학보』 1978.3.11.

일을 수행하는 그런 과정이었기 때문에 학원의 자율화와 민주화는 실종되었던 것이다.190) 특히 유신체제하에서 지나친 경제성장과 안보일변도의 강조로 인하여 인간의 기본적인 생존권·자유권은 소홀히 되었고, 대학은 학생들의 자치적이고 자발적인 활동을 막고 그 대신에 강연회와 같은 수동적인 활동과 체육과 오락을 장려하여 학교를 유흥의 장소로 전락시키고, 이념서클을 용납하지 않음으로써 학생들의 의식을 말살시키고 말았다. 그리하여 학도호국단은 지나친 중앙통제식으로 인하여 학생들의 자율적인 활동을 저해하고 위로부터 주어진 공문에 따라 획일적으로 활동할 수밖에 없었던 것이다.191)

이처럼 학도호국단 활동도 위로부터의 지시에 의해 피동적으로 이루어지는가 하면 학생활동에 대한 제약이 많아 대학의 자율이나 창조적 정신과는 거리가 먼 상태였다. 또 각종 사업추진 및 예산집행에 있어 학생들의 의사가 전혀 반영되지 못했다.192) 그리하여 과거 서클활동을 적극적으로 하던 학생들마저도 소극적으로 변하고 일종의 안일주의적 성격으로 변화해 학생활동이 침체되었다.193) 특히 학도호국단은 학교당국과 학도호국단 임원진만의 단체로 머물러, 학생들의 요망과는 거리가 먼 실체인 '캠퍼스의 소외자'로 존재했던 것이다.194) 요컨대 학생들은 학도호국단에 대해 맹목적 부정의 태도조차 지니게 되었으며, 학생들과 학도호국단의

---

190) 『고대신문』 1980.3.4.
191) 박일남, 「민주화, 구세력 청산으로 주체적인 창조 이루어야」, 같은 신문, 1980. 3.4.
192) 「문제의 호국단 그 향방은」, 『한대신문』 1980.2.23.
193) 「새학생활동의 집체로」, 『인하대학신문』 1975.10.27; 「제8대 호국단에 바란다」, 『한대신문』 1982.1.1.
194) 『한대신문』 1977.3.29, 1978.9.6.

관계는 '물에 뜬 기름격'이었다.195)

이상과 같이 학도호국단의 간부들은 학생들에 의한 선거제가 아니라 하향식 임명제로 선임되었을 뿐만 아니라, 학도호국단의 조직이 학생들의 의사와는 전혀 관계없이 타율적으로 이루어졌기 때문에 학도호국단이 학생들의 진정한 대변기관으로서의 정당성을 인정받기 어려웠다. 특히 학도호국단이라는 군대식 명칭이나 군대식 편제에서도 학생들은 학도호국단에 대해 친밀감을 느끼지 못하고 있었다. 그리하여 학도호국단은 학생들로부터 외면당하여 그 존재의 정당성을 갖지 못하게 되었으며, 학생들의 대표기관의 성격으로서보다는 유신체제에 동원되는 체제 순응적 성격에 그 존립 근거가 있었던 것이다.

한편 서클활동에서 문제점으로 지적된 것은 첫째, 학생들이 선택할 수 있는 서클 수의 빈곤이다. 둘째, 서클 경비 지원의 문제가 있다. 셋째, 학술활동의 문제이다. 일반적으로 학생들은 강연이나 강좌와 같은 학술적인 행사보다는 흥미를 유발시키는 행사에 더 큰 관심과 참여도를 보이니 서클의 많은 행사가 그쪽으로 유도될 수밖에 없었고 결과적으로 학술활동이 활기를 띠지 못하게 되는 문제를 초래했던 것이다. 넷째, 목적의식의 문제에 있어서 일부 서클의 경우 목적의식을 벗어나 친목단체화되어 가고 있었다는 것이다. 폭넓고 원만한 인간관계나 친목을 위한 모임도 서클 활동에 있어서는 필수 불가결한 요소이기는 하나, 무조건 모여 앉아 얘기하고 노래나 부를 것이 아니라 언제나 자기 서클의 창립정신과 목적을 생각해 가면서 서클 활동을 영위하고자 하는 정신적 자세가 필요하다는 것이다. 다섯째, 지도교수의 문제로서 회원 각자는 지도

---

195) 『전남대학보』 1977.3.3, 1977.9.8.

교수와의 호흡을 더욱 가까이 하여 살아 있는 교훈과 가치 있는 체험을 체득해야 함에도 불구하고 지도교수와의 원만한 유대가 이루어지지 않아 각종 행사에 있어 지도교수의 참석은 단순한 절차상의 형식에 그치는 경우가 없지 않았다는 것이다. 여섯째, 서클 룸의 문제로서 서클 룸 사용의 문제해결을 위해서는 학교공간을 보다 효과적으로 이용해야 한다는 것이다. 일곱째, 서클활동에 임하는 회원들의 열의와 자세에 있어서의 문제점이다. 모든 서클 회원에는 실질적인 회원과 형식적인 회원의 두 가지 부류가 있는데 의외로 형식적인 회원의 수가 상당수에 달한다는 것이다. 여덟째, 지휘 통솔력의 문제이다. 전공과 나이가 다른 회원들을 지휘・통솔한다는 것은 결코 쉬운 일이 아니다. 하지만 어느 모임이나 행사에 있어서 질서정연하고 일사불란한 행동을 요구하지 않는 경우란 없다. 따라서 모든 회원들은 서클 대표자나 그 밖의 지휘자에 자발적으로 호응・협조하는 자세를 취하는 민주적 역량을 가져야 한다는 것이다.[196]

또 한편 일반적으로 서클의 재정은 회원들이 지불하는 회비, 학도호국단 보조금, 선배나 후원단체의 찬조금으로 구성되나 학생의 부담이 가장 컸다. 재정난으로 인한 부담은 흔히 임원들에게 돌아가는 예를 볼 수 있다. 서울시립산업대학의 각 서클은 일률적으로 1년에 2만 원의 기본적인 보조금을 받고 있으며, 축제 때에 행사의 특성이나 규모에 따른 보조금을 받고 있고, 봉사활동 때에는 문교부와 학교로부터 약간의 보조를 받고 있다. 이것들은 활발히 활동하고 있는 서클이 지출하는 1년 경비에서 보면 엄청나게 작은 부분이다. 특히 남다른 보조는 받고 있으나 예술활동을 하는 연극

---

[196] 「서클, 그 만남의 현장」, 『북악』 31, 198~201쪽.

반·민속탈춤반·형설회·사진반의 경우 결과를 이루어 내기 위한 지출은 매우 크며, 4H연구회의 연합회 모임이나 지구별 모임 참석에 따른 비용이나 유네스코 학생반의 회장단 연수회를 비롯한 임원단 훈련 및 school과정, 조국순례대행진 등 기본활동 외에도 전국적인 행사에 대한 참여비를 개인이 모두 지급하게 되므로 참여하는 학생들에 대한 부담은 과중했다.197)

특히 서클과 학도호국단과의 관계를 보면 총학생회 시절의 대등한 관계는 학도호국단 체제가 되면서 산하 부서에 속하게 되어 형식적으로는 종적 체제로서 일원화되어 있었다. 이런 관계로 서클은 학도호국단 간부를 집회나 예산절차상의 존재로서만 인식하게 되고, 학도호국단 간부들도 임명제가 된 후 점차 서클에 관계하지 않게 되는 경향이 짙어 이른바 대화부재 현상이 심화되고 있었다.198) 또한 서클의 다양한 성격으로 말미암아 서클은 서클대로 그 특이성의 국면을 시도하지만, 학도호국단은 학도호국단대로 전체적인 기획과 그 운용에 주력한 나머지 원만한 대화를 통한 상호 이해에 새로운 모티브를 마련하지 못하고, 서클과 학도호국단과의 상호 유기적 연계성을 맺지 못하고 있었다.199)

또 한편 집회실이나 공연장의 부족도 결코 간과할 수 없는 문제로 지적되었다. 대부분 서클의 경우 책상 2개, 걸상 3~4개에 캐비닛 1개 정도가 배정되고 있어 서클의 특성을 살리기 힘들고 서클실 분위기도 시장바닥 같다는 것이 중론이었다. 특히 회원 각자의 참여의식이 문제로 지적되었다. 그래서 대부분의 서클의 경우 몇몇

---

197) 편집실, 「대학생과 서클활동」, 『대학문화』 1(서울시립산업대학 학도호국단, 1978), 265~266쪽.
198) 편집실, 「대학생과 서클활동」, 같은 잡지, 270쪽.
199) 「서클의 활동 여건 모색」, 『외대학보』 1977.5.21.

열성회원이 맡아 하는 경우가 많았다.200)

이처럼 학생들의 자율적 활동을 보장하는 서클활동의 경우 일반적으로 학도호국단 창설의 목적인 면학분위기 조성을 위한 학술활동이나 강연행사보다는 목적의식을 벗어나 친목단체화되는 경향이 있었다. 그리고 서클활동에 참여하는 회원들 역시 실질적 회원 보다는 형식적 회원의 수가 많아서 서클활동이 제대로 이루어지지 못했다. 서클 재정도 학생들의 부담이 많아 실질적으로 학생들이 서클활동을 적극적으로 하는 데 장애가 되기도 했다. 특히 서클이 학도호국단의 산하부서에 속해 있어 횡적인 민주체제가 아니라 종적 체제로 되어 상호 유기적 연관성을 맺지 못하고 있었다.

요컨대 학도호국단은 궁극적으로 유신체제의 통치이념을 실천하는 전위대로서 활동했으며, 유신체제를 유지하기 위한 동원단체로서 존재했기 때문에 학원의 민주화 및 자율화와는 서로 양립할 수 없는 것이었다. 그리하여 10·26 사태로 인해 유신체제가 종식되자 총학생회 부활움직임이 다음과 같이 일어나게 되었다.

5. 총학생회의 부활

10·26 사태 이후 격변했던 국내의 정치·군사적 상황은 한치의 앞도 내다볼 수 없는 오리무중, 바로 그것이었다. 그러한 상황의 여파는 대학에까지 밀려와 각 대학의 학생들은 학원의 자율화 또는 민주화라는 표어를 내걸고 실행단체를 발족시켜 그 첫 번째 작업으로 '호국단 폐지·학생회 부활운동'을 활발히 펴나가기 시작

200) 김수용, 「학생활동의 실상」, 『고대문화』 17(고려대학교 학도호국단, 1977), 232쪽.

했다.201) 특히 10・26 사태 이후 한국 현실의 전반적인 상황은 민주화 달성이란 사명에 의해서 전개되고 있었으며, 그에 따른 학원 내의 민주화・자율화는 매우 중대한 역사적 소명과제로 등장했다.202) 그리하여 서울대는 1979년 11월 27일 과회장, 서클장, 대학신문편집장으로 구성된 '학생회부활추진위원회'를 결성하고 1980년 1월 8일 '서울대총학생회칙시안'을 마련했다. 1월 11일에는 총학생회부활 및 학내문제 해결을 위한 1차 학생공청회를 열었고, 단과대별 학생총회가 2월 5일부터 11일까지 각각 열렸다. 2월 12일과 22일에는 서울대학생총회가 두 번에 걸쳐 열렸다. 각 단과대 선거일정일이 확정되어 각 과회장과 각 계열 대표 및 법학과, 경영학과, 의・치예과 대표로 구성되는 제1차 대의원총회의에서 선거일자를 결정했는데 선거방법은 대의원들이 선거인단이 되어 총학생회장을 뽑는 것이었다. 서울대 학도호국단은 이미 1979년 12월에 임기가 끝나 모든 작업을 단과대표와 추진위원들이 맡았다. 또한 고려대의 경우 학원민주화추진위원회가 1980년 2월 4일과 8일 두 차례에 걸쳐 확대연석회의를 갖고 '학원자율화총연합회'를 발족하기로 의결하고 그 운영위원회를 구성했다. 고려대 학도호국단은 1980년 3월 3일 공식적으로 총사퇴를 선언하고 해체되었다.203)

이러한 분위기를 반영하여 이른바 학도호국단 설치령에 대한 개정령이 1980년 2월 15일 국무회의에서 의결되어 그 다음날인 16일에 '학도호국단개선방안'이란 이름으로 확정 발표되었다. 문교부는 발표문의 취지를 통해 학생들의 호국안보의식 고취, 유사시에

---

201) 『연세춘추』 1980.3.3; 『충대신문』 1980.3.17, 1984.11.26.
202) 「학원의 민주・자율」, 『고대신문』 1980.3.18.
203) 「다른 대학교의 민주화」, 『연세춘추』 1980.3.17.

대비한 비상동원체제. 학도호국단이 폐지될 경우 학생들이 민방위 훈련을 받는 별개의 조직을 가져야 하는 어려움 등을 들어 학도호국단 자체를 계속 존속시켜 순수한 안보적 기능은 그대로 유지하도록 하되, 그 운영방법을 전면적으로 개선하여 학생자치활동의 기능을 최대한도로 신장토록 했다. 이 개선안이 가지고 있는 개편된 내용은 첫째, 지금까지 문교부와 시·도교육위원회에 각각 두었던 중앙학도호국단과 시·도학도호국단을 폐지하고(지도위원회는 존속), 또한 학교학도호국단장제를 폐지하여 학생만으로 구성된 학교학도호국단을 설치했다. 둘째, 학생제대의 편성에 있어 지금까지 일정 인원수를 기준으로 하여 군대식으로 편성하던 것을 학사조직에 맞추어 인원수에 관계없이 학과, 또는 학년단위로 편성하고, 명칭 또한 군대식으로 하던 것을 ○○학생장으로 바꾸었다. 즉 사단(종합대학교)·연대(단과대학)·대대(1개 학년)·중대·소대를 최고제대(○○대학교 학도호국단)·중간제대(○○대학)·단위제대(○○학과)로 바꾸어 군대식 명칭은 폐지하고 중간제대는 실정에 따라 두지 아니할 수도 있게 했다. 그리고 사단장·연대장·대대장으로 부르던 간부명칭도 총학생장·단과대학생장·학과학생장으로 바꾸었다. 셋째, 학장 또는 학과장 추천에 의해 임명하던 간부선임 방식을 선거제로 바꾸되 총학생장은 각급 학장단의 간접선거 후 학교장의 승인을 얻어야 하며, 각급 학생장은 학교장 재량으로 직선 또는 간선제를 채택할 수 있는데 반드시 공영제로 하도록 했다. 넷째, 학생군사교육은 학도호국단 기능에서 제외시키고 일반교육과정에 의거하여 실시하도록 했다. 그리고 국가안보에 관한 정신교육을 실시하며 각종 봉사활동과 새마을사업에 참여를 학술·예술 및 체육활동, 각종 봉사활동 및 새마을운동, 지역개발운동, 기타 학생자치활동으로 바꾸고 국가비상사태 후 지역방위를 위한 각종 지원

또는 협조는 그대로 존재하도록 했다.204)

이때 학도호국단 간부가 임명제가 아니라 학생대표단에 의한 간선제로 선출됨에 따라 표면적으로는 약간이나마 학생들의 관심을 사게 되었다.205) 그러나 근본적으로 간선제 역시 학도호국단과 학생들 간의 거리감을 좁히지 못했으며, 학도호국단은 여전히 학생들로부터 외면당하는 실정에 있었고 학생들의 전반적인 무관심 속에 있었다.206) 그리하여 각 대학에서 총학생회 부활을 위한 운동이 전개되었다.

제일 먼저 고려대학교가 총학생회를 자체적으로 구성했다. 그 뒤 연세대, 서울대 등 서울 소재 5개 대학이 자체적으로 총학생회를 구성했으나 정부 및 학교당국으로부터 인정을 받지 못했다. 그러나 이와 같이 학생자치기구 구성에 대한 학생들의 요구와 일반사회인의 여론이 비등해지자 1984년 11월 정당 차원에서 이 문제의 해결을 위한 방안이 모색되기에 이르렀다. 이에 따라 여당은 1984년 11월 13일 학원자율화 발전 방안을 제시, 기존의 학도호국단과 학생자치 기구로 이원화하여 구성하며 1985년도부터 실시할 것을 골자로 한 자율화 6개 방안을 발표했다. 그러나 이는 11대 국회의 폐회와 더불어 흐지부지 되었다. 그러다가 1985년 1월 24일 문교부는 대학교육협의회로부터 대학의 학도호국단 개편 및 학생자치기구 신설을 위한 건의를 받고 새 학기부터는 사실상 학도호국단을 폐지하고 학생자치기구를 부활시킨다는 방침을 발표했다. 이는 정부가 총선과 개학을 앞두고 펼친 정치적 배려라고도 볼 수 있지만 한편으로는 그동안 줄기차게 전개되어 온 대학인들의 자율화의 요

---

204) 『연세춘추』 1980.3.3; 『충대신문』 1980.3.17, 1984.11.26.
205) 「학생과 함께 호흡하는 자치기구 되어야」, 『연세춘추』 1981.6.1.
206) 「학도호국단 활동」, 같은 신문, 1982.6.14.

구가 어느 정도 받아들여진 것으로 볼 수 있다.207)

이러한 상황 속에서 고려대의 경우 '총학생회부활준비위원회'가 결성되면서 학도호국단 체제를 전면 부정하고 전교생의 직접선거를 통해 1984년 4월 10일 총학생회가 다시 출범하게 되었다. 1975년 15대 총학생회 이후 실로 6년만의 일이었다.208) 연세대에서는 1985년 3월 19대 총학생회장의 취임으로 총학생회가 공식적으로 부활했다. 외대의 경우도 1984년 10월 23일 총학생회부활추진위원회를 구성하여 이를 중심으로 총학생회부활추진을 본격화시켰다. 그리하여 이후 학생들의 직접 선거에 의한 총학생회가 공식적으로 구성되기 시작했다.

6. 맺음말

학도호국단은 1949년 3월 27일 이승만(李承晚) 정권하에서 조직되었다가 4·19 직후 해체되었으며, 학생들의 자치기구인 총학생회가 조직되어 활동했다. 그러나 학도호국단은 1975년 베트남과 크메르가 공산화된 뒤 급격한 국제정세의 변화와 유신체제하 종교계·학원가에서의 반유신체제 저항운동의 격화에 따른 국내적 불안이 반영되어 학원탄압의 극단적인 한 실례로서 재조직되었다.

박정희 정권은 당시 국제정세가 긴장완화와 평화공존을 주류로 하고 있지만 한반도에서만은 불행하게도 평화가 정착되지 않고 있을 뿐만 아니라 긴장이 고조되고 있다고 보았다. 특히 인지사태로 인해 인지반도가 적화되고만 국제 정치정세가 북한의 적화 통일을

---

207) 「학생자치기구에 바란다」, 『충대신문』 1985.2.22.
208) 「총학생회 설치와 폐지의 난산 35년」, 『고대신문』 1984.5.28.

위한 야욕을 더욱 부추기고 있다고 보았다. 그리고 이러한 현실을 직시할 때 박정희 정권은 유신체제를 중단할 수 없으며, 북한의 유일체제와 맞서서 이기기 위해서는 총력안보와 국력배양을 기본적인 통치이념으로 하는 유신체제를 더욱 강화해야 한다고 주장했다.

또한 학도호국단이 설치되게 된 배경은 종교계 및 재야세력 그리고 학원가에서 1973년부터 1975년 사이에 전개된 반유신체제 저항운동이다. 특히 학원가에서 유신체제에 반대하는 운동이 활발하게 전개되자 박정희 정권은 긴급조치 7호를 선포하여 고려대학교에 휴교를 명했다. 이는 점차 악화되어 가고 있는 학생데모와 종교계 및 재야세력의 반유신체제운동에 강력한 제동을 걸기 위한 것이었다. 이러한 엄중한 조치에도 불구하고 학생들은 계속 유신체제를 철폐할 것을 요구하는 시위를 벌였다. 그러나 베트남과 크메르의 공산화는 사태를 반전시켰다. 문교부는 각 대학에 데모재발을 예방하는 대책으로서 학칙엄수 지시를 시달했으며, 각 대학에서는 교수들 및 총학생회의 이름으로 현 시국에 임하는 결의를 밝혀 총력안보 최우선주의의 정당성을 재확인하고, 총화단결과 국론의 통일을 요구하면서 학원질서의 정상화와 면학분위기 조성을 위해 최대의 노력을 기울일 것을 천명했다. 그리고 박정희는 1975년 5월 13일 국가안전과 공공질서의 수호를 위한 긴급조치 9호를 선포하여 학생들의 시위활동 또는 정치관여 행위를 일체 금지시켰다.

이러한 분위기 속에서 학도호국단은 배우면서 지킨다는 호국학도로서의 사명과 함께 면학분위기를 조성한다는 목적 아래 1975년 6월 말까지 고등학교 이상 전문학교, 대학교에 조직·완료되었다. 학도호국단은 학원가에서 격렬하게 일어나는 시위운동을 원천적으로 봉쇄하기 위해서 학생운동을 통제하고 학생들을 유신체제에 동원시키기 위해서 조직된 것이다. 즉 학도호국단은 학생들의 자발적인 의지에 따라 조직된 것이 아니라 국내외의 급변하는 상황을 반영하여 박정희 정권의 필요에 따라서 조직된 '관제학생단체' 이자 '준군사단체'였다. 그리고 학도호국단의 결성취지와 강령에서 보는 바와 같이 학도호국단은 유신체제의 통치이념을 실천하고, 유신체제에 동원되는 전위적 역할을 담당하는 단체였다.

한편 학도호국단은 학풍을 쇄신하고 정신전력을 배양하며, 배우면서 지키는 호국학도로서의 사명을 완수하는 것을 목적으로 하면서 조직된 것이다. 여기에 문교부에 설치되는 중앙학도호국단과 시·도에 설치되는 학도호국단, 그리고 대학과 고등학교에 설치되는 학교학도호국단 등이 있었다. 그리고 총재는 대통령, 부총재에는 국무총리가 추대되고, 더 나아가 중앙학도호국단의 단장은 문교부장관이, 부단장은 문교부차관이 선임됨으로써 관제학생단체로서의 성격을 드러내고 있었다. 특히 시·도학도호국단과 대학학도호국단은 중앙학도호국단의 지휘와 감독을 받게 되어 있었다. 또한 학도호국단의 조직은 종래의 학생회 조직과 달리 선거제가 아니라 분대·소대·중대·대대·연대·사단 등 군대식으로 편성되어 있었으며, 제대장을 비롯해서 중대장까지 모두 학교호국단 단장인 학교장이 임명했다.

이러한 군대식 편제를 통해 유사시 학생들을 동원하고 통제하기 쉽게 했던 것이다. 이처럼 학도호국단은 군사조직체계로 편제되어 유신체제를 물리적으로 뒷받침하고 있었다는 점에서 '준군사단체'로써의 성격도 가진 것이었다. 편제만 보더라도 대통령을 구심점으로 교수·학생의 일사불란한 지도체제라는 것을 알 수 있다. 또한 학도호국단 간부들의 임명기준은 사상이 건전하고 성적이 우수하며 품행이 방정한 학생이어야 하고 학칙에 위반한 사실이 없는 모범적인 학생이어야 했다. 이는 유신체제에 잘 순응하는 학생

|제2장| 유신체제기 학도호국단의 조직과 활동

이어야 함을 의미한 것이다.

또한 학도호국단이 설치됨으로써 기존의 학생서클은 모두 이에 흡수·통합되었고, 이에 흡수되지 못하는 이념서클 등 문제시 되는 학생서클은 모두 자동으로 해산되었다. 이로써 유신체제에 저항하는 학생단체들은 모두 해체되고 원천적으로 그 조직이 봉쇄되었으며, 학생들의 일체의 정치적 활동이나 시위행동은 금지되었다. 더 나아가 학생들의 대외활동은 철저하게 통제되었으며, 간행물 발간 등 사상의 자유도 억압되었다. 그리하여 학도호국단은 유신체제를 옹호하고 유지하기 위한 전형적인 '관제어용학생단체'이자 '준군사단체'로 그리고 유신체제의 대중적 보루로써 조직되었던 것이다.

한편 학도호국단의 기본적인 활동은 국가안보의식의 강화, 면학학풍의 조성, 군사훈련, 새마을운동 및 사회봉사활동의 전개, 서클활동, 비상사태하에 있어서의 사회질서 유지와 지역방위의 분담 등이었다. 학도호국단은 우선 조국통일과 민족중흥의 달성이라는 목표 아래 자유민주주의의 우월성을 확신하고 국가안보의식을 강화하여 올바른 국가관과 통일에 대비하는 사상교육을 강화하며 반공의식을 생리화하는 등 유신정신과 새마을정신을 구현시키고 긴장의 현장인 격전지 순방과 땅굴 견학 등을 통해 호국정신과 멸공정신을 함양시키고자 했다. 그리하여 학생들은 호국학도로서 철저한 이론무장을 통해 북한과의 싸움에서 이기고 더 나아가 남북통일의 역군으로서의 역할도 다짐했다. 이는 학도호국단이 유신이념을 철저하게 실천하는 전위대임을 말해주는 것이다.

또한 면학학풍의 조성은 표면적으로는 수업을 충실히 하고 학습환경을 정비하는 데 목적이 있었으나 근본적으로는 학생들이 시위행동에 나서지 않도록 하는 데 있었다. 그리하여 학생들의 과외활동에 교수들이 의무적으로 참여하고 학내의 건전한 기풍진작을 위한 학생선도활동이 확대되도록 하는 지침이 내려졌으며, 더 나아가 학생들의 교외지도를 강화하고 소지품을 검사하도록 해 학생들의 시위활동을 사전 예방하기도 했다. 요컨대 면학분위기 조성은 결국 학생들의 사상선도 및 데모방지에 그 목적이 있었다고 할 수 있다. 이로써 박정희 정권은 학생들의 사상을 보다 철저하게 통제할 수 있었던 것이다.

또한 학생들에 대한 군사훈련은 배우면서 나라를 지킨다는 호국학도의 사명을 다하기 위하여 실시되었다. 이는 난국에 대비하여 학생들의 단결과 총력안보태세를 가다듬어 학생들의 전력화로 민족의 숙원인 조국통일을 달성하고 국제사회에서의 경쟁을 이겨낼 수 있는 조직적인 국력배양을 목표로 자주국방태세를 갖추며 유사시에 대처할 수 있는 체계를 조직한다는 정부의 굳은 결의를 나타낸 것이었다. 이를 위한 군사훈련의 내용은 군사학에 관한 것으로서 실제 전투기술 연마를 위한 훈련 위주로 되어 있었다. 특히 이러한 군사교육은 필수과목이었으며, 대상이 되는 학생들은 모두 의무적으로 참여하여 학도호국단의 전력화가 이루어졌던 것이다. 그리고 군사교육에 불참하면 졸업을 하지 못하도록 규정되었다. 이러한 군사훈련의 목적은 유신체제의 통치이념인 총력안보의 내실화 및 정착화를 위한 것이었다. 특히 군사집단훈련인 병영집체훈련을 통해 학생들에게 실제로 군대사회를 직접 체험하게 함으로써 학생들의 전투력을 강화시키고 안보의식 강화 및 전시체제를 확립하려고 했다.

요컨대 군사훈련은 학생들에게 배우면서 나라를 지킨다는 호국학도로서의 사명을 높이고 뚜렷한 안보관과 전시 통일체제의 확립 및 건전한 학풍을 확립시키기 위해 유신이념을 고취시키고, 유신체제에 학생들을 동원시켜 유신체제를 유지하려는 데 목적이 있었던 것이다.

　한편 학도호국단의 새마을운동 및 봉사활동은 깊은 연관 속에서 유기적으로 이루어졌으며, 이 역시 조국을 근대화시키고 유신이념을 궁극적으로 실현시킨다는 목적 아래 이루어진 것이었다. 특히 새마을교육은 학생들을 유신체제가 요구하는 인간상으로 만드는 것을 목표로 하는 것이었다. 즉 새마을교육은 국민 모두가 잘 살 수 있는 복지사회를 건설하고 조국통일을 평화적으로 달성하는 데 목표를 두고 한국적 민주주의의 토착화, 민족주체성의 확립 등 유신이념을 실천하는 것을 내용으로 하고 있었다. 그러나 이러한 활동 역시 학생들의 자발적인 참여가 아니라 문교부와 학교당국의 유도정책에 의해 타의적으로 이루어지는 경우도 있어 학도호국단의 타율성이 드러나기도 했던 것이다. 더 나아가 이러한 활동에 대한 주민들의 반응은 소극적인 것이었으며, 학생들의 봉사활동이 주민들의 경제적·사회적 권익옹호에는 근본적인 해결책이 되지 못했다.

　또 한편 서클활동은 일반적으로 그 명칭, 목적, 활동계획 및 대표자 선정 등이 학생들의 자발적 의사에 의해 이루어지는 하나의 자율적 공식집단으로 기능했으나 그 목적이 학도호국단의 정신에 위배되어서는 안 되는 한계를 태생적으로 안고 있었다.

　이상과 같이 학도호국단은 유신체제의 통치이념을 실천하고 학생들을 유신체제에 동원하는 전위적 조직체였다. 따라서 박정희 정권은 이러한 학도호국단을 통해 학생들을 통제할 수 있었고 유신체제를 유지하고자 했던 것이다.

　그러나 학도호국단은 학생들이 선거를 통해 구성하는 자율적 조직체가 아니라 위로부터 주어진 타율적인 조직체였다. 뿐만 아니라 학도호국단 간부들 역시 성적이 우수하고 사상이 건전하여 유신체제에 잘 순응할 수 있는 학생들을 대상으로 하는 하향식 임명제로 되었기 때문에 대표성과 정통성이 없었다. 특히 학도호국단이라는 군대식 명칭이나 군대식 편제에서도 학생들은 학도호국단에 대해 친밀감을 느끼지 못하고 있었다. 따라서 학도호국단 간부와 학생들 간에 갭이 있었으며, 학생들은 학도호국단에 대해 회의적이고 부정적인 태도를 보였고, 무관심하게 되었다.

더 나아가 학생활동에 대한 제약이 많아 대학 본연의 자율이나 창조성과는 관계가 멀었다. 그리하여 학원의 자율화와 민주화는 실종되었고 학생들의 자발적인 활동 대신에 강연회와 같은 수동적인 활동과 체육 및 오락을 장려하여 학교를 유흥의 장소로 전락시키고, 이념서클을 용납하지 않음으로써 학생들의 의식을 말살시키고 말았다. 특히 서클활동과 학도호국단의 관계는 총학생회 시절의 대등한 관계와는 달리 학도호국단의 어느 한 부서에 소속되어 있었으며, 형식적으로는 종적 체제로서 일원화되어 있었다. 따라서 양자는 대화부재 현상이 심화되어 가고 있었다. 더 나아가서 회원들의 참여의식도 낮아서 대부분의 서클의 경우 몇몇 열성회원이 맡아 하는 경우가 많았다. 또한 서클의 유형이 전반적으로 취미·오락영역의 유형이나 종교서클 중심으로 되어 있었으며, 이념서클은 물론이고 학예서클은 열세를 면하지 못하고 있었다. 그리고 학예서클의 경우도 친목·사교적 모임이 대부분이었다.

이러한 현상은 당시 학생들의 자발적인 학생활동이 원천적으로 봉쇄되고 학생들의 사상선도를 목적으로 한 학도호국단만이 존재했던 분위기 속에서 나타난 것이라 볼 수 있다. 따라서 이는 박정희 정권의 의도가 여실히 반영된 현상이라 할 수 있으며, 학생들이 유신체제에 의해 통제되고 있었기 때문이라고도 볼 수 있다.

요컨대 학도호국단은 유신체제의 통치이념을 실천하는 전위적 조직체였으며, 학생들을 유신체제를 유지하기 위한 동원의 대상으로 전락시키고 학생들의 사상과 활동을 통제하는 '관제어용학생단체'였다. 그리하여 유신체제하에서 반체제 저항운동이 전개되었지만 실제로 4·19 당시와 같이 학생들을 중심으로 한 대중세력들에 의해 유신체제가 무너지지 못하고 10·26 사태 이후 유신잔당세력에 의해 군사통치가 또다시 이루어졌던 것이다. 이러한 현상은 그동안 유신체제에 의해 대중들이 통제되어 왔기 때문이며, 더 나아가 유신체제기에 이룩된 경제성장과 유신체제의 통치이념으로 대중들이 유신체제에 길들여져 있었기 때문에 일어난 결과이기도 했다. 그러나 유신체제가 종식되자 학도호국단은 1984년까지 형식적인 형태로 지탱되었으나 학원의 민주화와 자율화를 위한 대세의 흐름을 막지 못하고 결국 총학생회가 부활하게 되었다.

참고문헌

『고대신문』, 『동아일보』, 『서울신문』, 『연세춘추』, 『외대학보』, 『인하대학신문』, 『전남대학보』, 『전대신문』, 『조대신문』, 『중대신문』, 『충대신문』, 『충북대학보』, 『충북대신문』, 『한대신문』

강대민, 『부산지역 학생운동사』(국학자료원, 2003).
김석준, 「박정희 시대 민주화 운동에 대한 고찰」, 『부산대학교 사대논문집』 38, 1999.12.
김수용, 「학생활동의 실상」, 『고대문화』 17(고려대학교 학도호국단, 1977).
김유혁, 「호국단과 새마을운동의 결합」, 『세대』 159, 1976.10.
노무식, 「대학군사교육의 개선방향」, 『군사평론』 185(육군대학, 1976).
『단원』 11(단국대학교 학도호국단, 1979).
「대통령 긴급조치 제9호의 해설」, 『수곡』 6(청주교육대학 학도호국단, 1975).
「대학생과 봉사활동」, 『대학문화』 1(서울시립산업대학 학도호국단, 1978.5).
「대학서클론」, 『개신』 20(충북대학교 학도호국단, 1979).
마인섭, 「1970년대 후반기의 민주화운동과 유신체제의 붕괴」, 『1970년대 후반기의 정치사회변동』(백산서당, 1999).
『박정희 대통령 연설문집』 11(대통령비서실, 1974).

『박정희 대통령 연설문집』 12(대통령비서실, 1975).
박진도·한도현, 「새마을운동과 유신체제」, 『역사비평』 47, 1999 여름.
『북악』 27(국민대학 학도호국단, 1975).
「새마을운동의 전개방향」, 『국민회의보』 13, 1976.
서중석, 「3선개헌반대, 민청학련투쟁, 반유신투쟁」, 『역사비평』 1, 1988 여름.
「서클, 그 만남의 현장」, 『북악』 31(국민대학 학도호국단, 1979).
소광섭, 「1970년대 한국 학생시위의 성격에 관한 연구」(한국외국어대학교 정치외교학과 석사학위논문, 1985).
신광영, 「1970년대 전반기 한국의 민주화 운동」, 한국정신문화연구원 편, 『1970년대 전반기의 정치사회변동』(백산서당, 1999).
양종구, 「국력배양을 위한 학도호국단 운영의 내실화」, 『연구월보』 147(전라북도 교육연구원, 1977.5.6).
윤대화(김해여자고등학교 교장), 「교련교육의 실제」, 『교육경남』 55(경상남도 교육위원회, 1977.6).
윤정원, 「유신체제의 총화이데올로기에 관한 연구」(서울대학교 대학원 정치학과 석사학위논문, 1989).
이광일, 「반체제운동의 전개과정과 성격」, 한국정치학회 편, 『박정희를 넘어서』(푸른 숲, 1998).
이성근, 「10월 유신의 생활화를 위한 새마을운동」, 『국민회의보』 12, 1975.
이일영(김해고등학교 교장), 「교련교육의 실제」, 『교육경남』 55 (경상남도 교육위원회, 1977.6).
이재오, 『해방후 한국학생운동사』(형성사, 1984).

이회우, 「학도호국단 운영에 관한 고찰」, 『수도교육』 21(서울특별시 교육연구원, 1975.11).
이 훈, 「학도호국단의 전통과 사명」, 『자유공론』 106, 1975.8.
전상봉, 『한국 근현대 청년운동사』(두리미디어, 2004).
조덕송, 「학도호국단 출범의 의의」, 『수도교육』 21(서울특별시 교육연구원, 1975.11).
조석호(선린상고 교사), 「학도호국단 운영의 실제」, 『수도교육』 46, 1979.6.
조희연, 『현대 한국사회운동과 조직』(한울, 1993).
「총신대학 학도호국단 사업현황」, 『총신』 1(총신대학 학도호국단, 1976).
최조병, 「학도호국단 활동보고」, 『홍익』 20(홍익대학교 학도호국단, 1978).
「78학년도 학도호국단 사업보고」, 『조대학보』 12(조선대학교 학도호국단, 1978).
편집실, 「대학생과 서클활동」, 『대학문화』 1(서울시립산업대학 학도호국단, 1978).
『학도호국단관계규정』(문교부, 1975).
「학도호국단 신설에 따른 학칙 개정 일람」, 『수도사대』 8(수도여자사범대학 학도호국단, 1975).
한승헌 외, 『유신체제와 민주화운동』(춘추사, 1984).

찾아보기

(가)

가정의례준칙 131, 134, 149
갈봉근(葛奉根) 58
감리교 신학대학 47, 49, 169, 173, 174
강대민 161
강만길 9
강신명(姜信明) 180
강원용(姜元龍) 177, 180, 187
건국대 174, 196
경북대 41, 42, 46, 47, 174
경희대 47, 52, 169, 196
계훈제(桂勳悌) 180
고려대 6, 8, 41, 43, 46, 47, 49, 50, 52, 91, 92, 169, 173, 195, 196, 197, 198, 200, 202, 272, 274, 275, 276
공화당 38, 44
곽상훈(郭尙勳) 88
광복회 89
광주고 41
광주농고 41
광주제일고 41
구경서 18, 19
국민교육헌장 117

국민대 174, 260
국민복지연금제도 137, 139, 149
국책문제중앙협의회 60
근로자저축형성저축제도 133
긴급조치 7호 92, 195, 202, 276
긴급조치 8호 199
긴급조치 9호 92, 94, 199, 200, 276
김기동(金基東) 187
김기춘(金淇春) 58
김대중(金大中) 35, 37, 38, 176, 177, 179, 180, 185
김병걸(金炳傑) 180
김상진 197
김석준 160
김성진(金聖鎭) 58
김세균 15
김수환(金壽煥) 171, 176, 180
김영삼(金泳三)총재 176, 177, 179, 180, 189
김일성(金日成) 88
김재규(金載圭) 80, 141
김재덕(金在德) 172
김재준(金在俊) 177, 180
김정O(金正O) 180
김정렴(金正濂) 34, 58

찾아보기 287

김정한(金廷漢) 180
김종필(金鍾泌) 171
김종호 20
김철(金哲) 180
김치열(金致烈) 58
김홍일(金弘壹) 180
김화영 6
까뮈 6

(나)
남북적십자예비회담 69
남북적십자회담 33, 69
남북조절위원회 34, 69
남조선민족해방전선 140
노무현 22
니체 6
닉슨(Richard Nixon) 57
닉슨 독트린(Nixon Doctrine) 27, 29, 164

(다)
단국대 230
대륜고교 88
대전대학 42
대전실업초급대학 42
대한결핵협회 60
대한교육연합회 60
대한변리사회원 60
대한변호사협회 44, 60
대한복장상공조합연합회 60

대한상이군경도지회 88
대한상이군경회 89
대한적십자사 33, 69
대한전몰군경미망인회 89
대한전몰군경유족회 89
대한조산협회 60
대한치과기공사협회 60
덕성여고 88
동국대 169, 174
동부설초급대학 42
동북고교 88
동성고교 88
동아대 42, 174
드골 헌법 58, 79

(라)
레어드(Melvin R. Laird) 29
리우 쑨 따 18, 19

(마)
명지대 169
문동환(文東煥) 188
민주수호국민협의회 45
민주수호전국청년학생연맹 47
민주회복국민회의 177, 178, 179, 181, 184, 187, 189

(바)
박근혜 5

박성철　34
박정희　5, 7, 13, 14, 15, 17, 18, 19, 21, 22, 23, 25, 26, 27, 28, 31, 33, 34, 35, 36, 37, 38, 39, 40, 42, 43, 44, 48, 51, 52, 53, 55, 56, 57, 58, 59, 61, 62, 64, 66, 67, 68, 69, 70, 71, 72, 73, 74, 75, 77, 79, 80, 81, 82, 84, 87, 89, 91, 92, 93, 94, 95, 96, 98, 99, 100, 102, 103, 104, 105, 106, 107, 112, 113, 114, 115, 118, 121, 124, 126, 127, 129, 132, 137, 141, 142, 144, 145, 146, 147, 148, 149, 151, 159, 160, 163, 164, 165, 167, 168, 171, 172, 184, 188, 192, 197, 199, 200, 201, 202, 203, 205, 229, 236, 252, 254, 281
박조준(朴朝駿)　183
박형규(朴炯圭)　183
백낙준(白樂濬)　177, 180, 182
101호 작전　140
법정(法頂)　177, 180
보성고교　88
보인상고　88
부마사태　141

부산대　42, 169, 174
브란트(Willy Brandt)　26

(사)
4·27 선거　36, 49
4·19　13, 275
사회기풍순화대책회의　128
사회혁신　127, 134, 149, 240
삼선개헌　36, 37, 38, 40, 42, 43, 44, 46, 59, 170
삼선개헌반대투쟁위원회　41
3·1　189, 191, 192
3·15 부정선거　38, 189
새마을운동　5, 56, 99, 106, 128, 159, 218, 227, 229, 232, 233, 252, 253, 254, 255, 256, 257, 258, 278, 280
서강대　47, 50, 52, 169
서울대　41, 46, 47, 49, 50, 52, 91, 112, 168, 169, 172, 174, 182, 194, 272, 274
서울대 농대　197
서울대 법대　43
서울대 음대　196
서울시립산업대학　269
서울신학대　47, 174, 196
서울특별시 청소년 지도협의회　60
서정쇄신년감　130
서중석　161

성균관대　46, 47, 50, 52, 197
소광섭　160
송호근　20
수도권특수지역선교위원회　182
수도여사대　169
수도여자사범대학　228
숙명여대　169
숭문고교　88
숭전대　47, 174, 196
10월 유신　24, 25, 33, 36, 40,
　　　　　　55, 56, 59, 60, 61,
　　　　　　63, 64, 65, 76, 102,
　　　　　　113, 114, 117, 119,
　　　　　　143, 169
신민당　38, 43, 176, 177, 179,
　　　　184, 189
신일고교　88
신직수(申稙秀)　58
심창유(深昶裕)　52
10・2 학생시위　170
10・26 사태　271, 282
싸르트르　6

(아)

안충석(安忠錫)　186
안필수(安弼洙)　180
안호상(安浩相)　161
ROTC　243, 247
애치슨(Dean Gooderham
　　　　Acheson)　29
양일동(梁一東)　177, 180

연세대　41, 42, 43, 46, 47, 50,
　　　　52, 91, 169, 193,
　　　　194, 274, 275
영남대학　42
영남신학교　169
오도넬(G. O'Donnell)　15
5・31 지방선거　22
5・16　57, 67, 93, 114, 204
YH무역 노사분규사건　139
외국어대　41, 52, 275
용산고교　88
유기춘(柳基春)　238
유신체제　5, 6, 7, 14, 15, 16,
　　　　　20, 21, 22, 23, 24,
　　　　　29, 36, 52, 53, 60,
　　　　　61, 62, 64, 69, 71,
　　　　　73, 74, 77, 80, 84,
　　　　　86, 87, 89, 91, 93,
　　　　　94, 95, 96, 97, 100,
　　　　　104, 105, 112, 118,
　　　　　124, 127, 131, 134,
　　　　　142, 143, 144, 145,
　　　　　146, 147, 148, 149,
　　　　　150, 159, 160, 162,
　　　　　166, 167, 170, 172,
　　　　　185, 187, 192, 197,
　　　　　199, 201, 206, 226,
　　　　　229, 233, 240, 242,
　　　　　251, 262, 267, 268,
　　　　　271, 275, 276, 278,
　　　　　279, 280, 281
유신헌법　65, 68, 71, 73, 79,
　　　　　80, 81, 94, 145, 159,

173, 176, 178, 183, 185, 187, 192, 194, 197
유영익 9
유정회 16, 159
유진오(兪鎭午) 177, 180
유혁인(柳赫仁) 58
6·23선언 72
6·25 28, 30, 37, 82, 90, 126, 234, 236
윤보선(尹潽善) 177, 179, 180
윤정원 17
윤제술(尹濟述) 180
윤형중(尹亨重) 177, 180
의료보험제도 137, 139, 149
이병린(李丙璘) 177, 180
이승만(李承晚) 275
E.H. 카아 8
이우영 18
이인(李仁) 180
이재오 160
이정규(李丁奎) 180
이종석 17
이주삼(李柱三) 204
이태구(李泰九) 180
이태영(李兌榮) 177, 180
이해영(李海榮) 180
이화여대 42, 43, 169, 174, 196
이후락(李厚洛) 58
이희승(李熙昇) 177, 180
이희호(李姬鎬) 176
인민혁명당 171, 195
인지(印支)사태 90, 163, 164,

1€7, 199, 275
인하공대 42
인하대학 196, 230
임현진 20

(자)

장로회신학대 196
재불통일교지구 60
재일학도의용군동지회 89
전국교육자대회 118
전국대학생봉사연합회 257
전국민주청년학생총연맹 171
전국사회단체대표자단합대회 61
전국역사학대회 117
전남대 41, 42, 47, 50, 52, 169, 174, 236, 238
전몰군경미망인도지회 88
전몰군경유족회도지회 88
전상봉 161
전재호 18
전태일 40, 43
정구영(鄭求瑛) 180
정석해(鄭錫海) 180
정일형(鄭一亨) 177, 180
정화암(鄭華岩) 180
제3공화국 19, 36
제5공화국 79
조대부고 41
조선대 174, 231, 250
조총련 88
조형(趙馨) 110

중앙대 169, 174, 196
중앙정보부 58
지학순(池學淳) 172
진헌식(陳憲植) 180

(차)

차지철(車智澈) 141
천관우(千寬宇) 177, 180
천주교정의구현전국사제단 172, 184, 186, 187
청주대 42
총력안보국민협의회 90
총신대 232
춘천성심여대 174
충남대 47, 119, 240
7·4 남북공동성명 34, 68, 69

(타)

탁희정 18
토인비 8
통일당 189
통일주체국민회의 16, 65, 68, 88, 103, 159

(파)

8·3 조치 56
8·15 저격사건 88, 89, 91, 93, 145
포드(Gerald Rudolph Ford, Jr)

대통령 174, 175
풍문여고 88

(하)

하현강 116
학도호국단 7, 92, 151, 161, 162, 163, 167, 201, 203, 204, 205, 206, 207, 208, 209, 210, 211, 212, 213, 215, 216, 217, 218, 219, 220, 221, 223, 224, 225, 226, 227, 228, 229, 230, 231, 232, 233, 236, 237, 240, 241, 242, 244, 245, 247, 250, 251, 254, 258, 259, 262, 263, 264, 265, 266, 267, 270, 271, 272, 273, 274, 275, 276, 277, 278, 280, 281
한국기독교교회협의회(NCC) 170, 187
한국노동조합총연맹 54, 111
한국면제조협회 60
한국문인협회 60
한국미술협회 60
한국민족예술연구원 60
한국반공연맹 90
한국사회복지협의회 134

한국세무사회 60
한국수영장경영협회 60
한국신문협회 60
한국신학대 42, 174, 192, 193
한국아동도서보급협회 60
한국연극협회 60
한국영화제작협회 60
한국영화진흥조합 60
한국예술문화단체총연합회 88
한국외국어대 47, 194, 196
한국원자력산업회의 60
한국재봉기공업협회 60
한국정의평화위원회 175
한국주택개발주식회사 60
한국청소년단체협의회 60
한국항공대 169
한나라당 22
한승헌(韓勝憲) 180
한양공고 88
한양대 47, 169, 196
한일회담 40
한태연(韓泰淵) 58
함석헌(咸錫憲) 177, 179, 180
함세웅(咸世雄) 180
홍성철(洪性澈) 58
홍익표(洪翼杓) 180
황호현(黃虎鉉) 180
효성여대 169
휘문고교 88